权威 · 前沿 · 原创

皮书系列为
“十二五”国家重点图书出版规划项目

水利风景区蓝皮书
BLUE BOOK OF WATER PARK

中国水利风景区发展报告（2015）

DEVELOPMENT REPORT OF WATER PARK IN CHINA (2015)

主　编／兰思仁
副主编／董建文　董　青　谢祥财

社会科学文献出版社
SOCIAL SCIENCES ACADEMIC PRESS (CHINA)

图书在版编目(CIP)数据

中国水利风景区发展报告. 2015/兰思仁主编. —北京：社会科学文献出版社，2015.8（2015.11 重印）
（水利风景区蓝皮书）
ISBN 978－7－5097－7736－7

Ⅰ.①中… Ⅱ.①兰… Ⅲ.①水利建设－风景区－白皮书－中国－2015 Ⅳ.①K928.7

中国版本图书馆 CIP 数据核字（2015）第 147133 号

水利风景区蓝皮书
中国水利风景区发展报告（2015）

主　　编／兰思仁
副 主 编／董建文　董　青　谢祥财

出 版 人／谢寿光
项目统筹／王　绯
责任编辑／赵慧英

出　　版／社会科学文献出版社·社会政法分社（010）59367156
地址：北京市北三环中路甲 29 号院华龙大厦　邮编：100029
网址：www.ssap.com.cn
发　　行／市场营销中心（010）59367081　59367090
读者服务中心（010）59367028
印　　装／北京季蜂印刷有限公司

规　　格／开 本：787mm × 1092mm　1/16
印 张：17.5　字 数：232 千字
版　　次／2015 年 8 月第 1 版　2015 年 11 月第 2 次印刷
书　　号／ISBN 978－7－5097－7736－7
定　　价／69.00 元

皮书序列号／B－2015－451

《中国水利风景区发展报告（2015）》
编委会

主　　编　兰思仁

副 主 编　董建文　董青　谢祥财

编写人员　（按报告撰写顺序排序）

李柏文　汪升华　邹秀萍　孙艺惠　周　波

李　鹏　陈远生　邹永广　徐增让　钟林生

李亚伟　温乐平　冯　冲　薛　祺　黄　河

主要编撰者简介

兰思仁　福建农林大学党委副书记、校长、教授、博士生导师。系国务院学科评议组成员、享受国务院政府特殊津贴专家、福建省科技创新领军人才、福建农林大学风景园林学科带头人。

董建文　福建农林大学艺术学院、园林学院院长，博士，教授，博士生导师。世界自然保护联盟（IUCN）最佳保护地绿色名录中国评委会委员，国家水利风景区评审专家、福建省风景园林学会副理事长。

董　青　水利部水利风景区建设与管理领导小组办公室副处长，高级工程师，现从事水利风景资源的开发与保护、国家水利风景区评审及监督管理等工作。

谢祥财　北京林业大学城市规划与设计（风景园林方向）博士，清华大学博士后，副教授。福建农林大学园林学院风景园林系主任。国家水利风景区评审专家、全国风景园林专家库专家，福建省风景园林学会常务理事。

祁正卫　中国水利经济研究会副理事长。

汪升华　水利部水利风景区建设与管理领导小组办公室研究员。

李柏文　云南民族大学教授。

邹秀萍　中国科学院科技政策与管理科学研究所副研究员。

孙艺惠　北京社会主义学院博士。

李　鹏　云南大学副教授。

周　波　中国水利水电科学研究院博士。

陈远生　中国科学院地理科学与资源研究所研究员。

邹永广　华侨大学博士。

徐增让　中国科学院地理科学与资源研究所博士。

钟林生　中国科学院地理科学与资源研究所研究员。

王灵恩　中国科学院地理科学与资源研究所博士后。

温乐平　南昌工程学院教授。

胡咏君　中国科学院地理科学与资源研究所博士。

薛　祺　榆林市水利经济事业管理中心工程师。

冯　冲　福建农林大学硕士生。

摘　要

进入21世纪，中国经济社会发展已步入新的历史时期，在取得巨大经济发展成就的同时，也面临诸多挑战，尤其是资源环境问题成为中国未来经济发展的重大瓶颈。为此，中国政府推出了推进生态文明建设、实现水安全，以及发展新型城镇化等重大战略。水利风景区的产生和发展顺应了人们对良好生态产品的时代需求，是经济社会发展的必然结果，是对国家生态文明战略的积极响应，也是水利行业服务民生的重要内容。

水利风景区工作是水利行业的新领域。2001年，水利部成立水利风景区评审委员会，组织开展"国家水利风景区"评审工作。截至2014年底，全国已批准设立了14批共658家"国家水利风景区"，覆盖31个省（自治区、直辖市），形成了涵盖全国主要江河湖库、重点灌区、水土流失治理区的水利风景区群落。水利风景区具有"维护水工程、保护水资源、改善水环境、修复水生态、弘扬水文化、发展水经济"六大主体功能，景区建设在生态、社会、文化和经济方面取得了显著效益，按照水利工程性质可分为"水库型、自然河湖型、城市河湖型、水土保持型、湿地型、灌区型"等六大类型。

《中国水利风景区发展报告（2015）》分为总报告、专题报告、案例分析和附录四个部分。总报告阐述水利风景区发展背景和相关概念，叙述发展历程，总结发展经验，评估综合效益。专题报告分别针对水利风景区与水生态文明建设的关系、水利风景区的发展机遇与挑战、水利风景区的发展愿景与保障措施等问题形成了专门的研究成果。案例分析部分选取山东临沂市、江苏徐州市、浙江绍兴环城河、河南信阳南湾湖、陕西商洛桃花谷、宁夏沙湖等典型案例，对国家水利风景区的城市水系综合治理、景区建设与城市融合发展、水利风景资源开发与保护等方面进行深入分析。附录部分包括国家水利风景区名录等。

Abstract

In twenty-first Century, China's economic and social development has entered a new historical period, has made great achievements in economic development at the same time, and it also faces many challenges, especially the problems of resources and environment have become a major bottleneck for the future development of China. To this end, the Chinese government launched the ecological civilization, water security and the new type of urbanization and other major strategic. The emergence and development of Water Park conformed to the era of good ecological product demand, is the inevitable result of economic and social development, is a positive response to the national strategy of ecological civilization, and is the inevitable demand of the water conservancy industry service and people's livelihood. The construction of Water Park has obtained significant benefits in ecological, social, cultural and economic aspects.

The work of Water Park is a new field in the water industry. In 2001, the ministry of water resources established Water Conservancy Scenic evaluation committee , and carried out the " National Water Park" selection work. By the end of 2014, the country has approved the establishment of 14 batches of 658 "National Water Park", covering all the mainland provinces, municipalities and autonomous regions, and the development of more than one thousand "Provincial Water Park", formed to cover the nation's major rivers, lakes and reservoirs, water Scenic Spot irrigation, soil erosion control area communities. Water Park has the " maintenance of water engineering, protection of water resources, improving the water environment, repairing water ecology, carrying forward the water culture, the development of the economy" six main body function, and according to the water conservancy engineering properties can be divided into in 6 categories including city reservoir, natural lakes, rivers, water and soil conservation, wetland, irrigation area and so on.

Development report of China Water Park is divided into four parts: general report, special reports, case studies and appendix. The general reports in this paper, describe the background of the water conservancy scenic area development and the related concept, narrates its development course, have a comprehensive analysis and inventory for more than 10 years development of Water Park in our country, sum up the experiences of development and evaluation of comprehensive benefit. The special reports analyze respectively on the relationship between the water park and the water ecological civilization construction, on the water conservancy scenic area development's opportunities and challenges, and water park development's vision and security. Case studies select Linyi Xuzhou, Huancheng River of Shaoxing and Henan Nam Van Lake and other typical cases, having an in-depth analysis of national water park in urban water management, construction and urban development, water park resource development and protection. The appendix part includs national water parks list.

目 录

𝔹 Ⅰ 总报告

𝔹 Ⅱ 专题报告

𝔹 Ⅲ 案例分析

BⅣ　附录

CONTENTS

BLUE BOOK

𝔹 I General Reports

𝔹 II Special Reports

BⅢ Case Studies

BⅣ Appendix

总 报 告

General Reports

B.1 水利风景区发展背景

董 青　祁正卫　汪升华　李柏文　邹秀萍

摘　要：进入21世纪，中国经济社会发展已步入新的历史时期，在取得巨大经济发展成就的同时，也面临诸多挑战，尤其是资源环境问题成为中国未来发展的重大瓶颈。为此，中国政府提出了推进生态文明建设、实现水安全以及发展新型城镇化等重大战略。水利风景区的产生和发展顺应了人们对良好生态产品的时代需求，是经济社会发展的必然结果，是对国家生态文明战略的积极响应，也是水利行业服务民生的重要内容。

关键词：生态文明　水资源　水利风景区　新型城镇化

水是人类赖以生存的根本，经济社会发展的命脉，人类文明的载体。中国是一个治水历史悠久、治水成就丰硕的国家，经过长期的治水实践，形成了壮丽的水景观，积淀了丰厚的水文化。随着时代的发展和社会的进步，水利工程的文化内涵和价值功能，正在由以除害兴利、保障生存和发展为主向同时满足人们物质文化需要等综合服务功能转变。水利风景区是水利综合利用、水利转型发展和大水利格局形成的必然产物，是中国文化强国和旅游强国建设的重要领域，是中国国家公园体系中的主要类型，顺应了生态文明和美丽中国建设的时代要求。

一　经济社会背景

（一）经济发展的需要

党的十一届三中全会后，中国进入新的历史发展时期。随着改革开放政策的实行和社会主义市场经济体制的建立，中国的经济在30多年中实现了腾飞式的发展，到2013年，中国的经济总量已超过日本，成为仅次于美国的第二大经济体，2014年人均GDP达到5000多美元，人均收入超过了中等发达国家的水平，基本实现了小康。但是，中国的经济发展也面临着诸多问题：一是自然资源过度开发。虽然中国是一个地大物博的国家，但由于人口众多，人均资源拥有量相应偏低。自然资源开发过度，消耗过快，必然影响可持续发展。像土地资源如果突破18亿亩耕地红线，势必将威胁粮食安全。像水资源，中国的人均拥有量仅为世界水平的1/4。二是环境污染严重。长期以来，中国经济一直是粗放型增长，高投入、高能耗、高物耗、高污染，使生态环境付出了高昂的代价。三是人口基数大，增长量较大，资源环境与人口很不匹配，且人口结构发生了重大的变化，人口老龄化已经到来并且比例超高。针对这一问题，中国政府提出了资源环境与人口协调发展的战略，以建立资源节约和环境友好型社会，保障经济社会可持续发展。而水利风景区的存在和发展，一方面通过水利工程措施节约了水资源，使河湖库等水域的水资源得到优化配置、合理开发和有效利用，提高了利用效益和效率；同时，通过工程措施和非工程措施，实施有效的保护，净化了水体，涵养了水源，扩大了“水盆”，增加了水域，提升了水质，改善了水环境。许多河湖型、库区型、灌区型、湿地型水利风景区都达到了这一效果。更重要的一方面，水利风景区通过植树、种花、种草，通过绿化，增加了植被，改善了水城水体周边的环境。特别是城市河湖型水利风景区，往往通过一条河道的打造治理，使城市改善了面貌，展现了新生，发展了旅游，提升了功能，置换了产业，促进了经济发展。使城市功能大为提升，旅游业大为发展，城市的产业得以转型升级。自然河湖型或灌区型的水利风景区，使乡村的第一产业与第三产业高度结合，建设了美丽乡村，发展了乡村旅游，转移了农村农业人口，提高了老百姓的生活水平。同时，水利风景区适应了中国经济发展的需要，顺应了资源环境和人口协调发展，实现了“空间均衡”的战略要求。

（二）社会发展的需要

社会是由一定的经济基础和上层建筑构成的统一体。经济在社会发展中起着基础性的作用，而上层建筑（包括社会制度、人们在社会实践中结成的生产关系等）则反作用于经济基础。因此，建设稳定和谐的社会，为改革开放创造一个良好的社会环境始终是党和国家坚持实施的重要战略。一个国家的社会进步，不仅要体现在社会形态和社会制度的进步上（如中国选择社会主义制度和实现共产主义的目标，就是人类最好的社会形态和最崇高的理想社会）；而且要体现在向实现大目标奋斗时完善社会建设的各个环节中，实现社会主义的核心价值观，即“富强、民主、文明、和谐、自由、平等、公正、法制、爱国、敬业、诚信、友善”；同时要体现在每个区域的进步、每个家庭的进步、每个个人的进步，即所有社会细胞的进步中。如果做到这些，整个经济社会就会同步发展，社会环境就会极大改善，社会风气就会极大提升，文明的社会和文明的国度就会尽快实现。而水利风景区的建设和发展，不仅改善了自然生态环境，而且改善了人文生态环境，它以亮丽的风景成为吸引人们关注的事物，为广大居民提供了休闲、娱乐、观光、旅游的场所，也体现了对民生的人文关怀，使广大居民享受改革开放的成果和红利，同时，通过水文化的普及和辐射，“寓教于乐”，使人们在休闲、娱乐中得到文化的启迪和思想的提升，可为社会发展提供一方和谐稳定的环境。据联合国教科文组织统计，在世界各国，凡是风景美好的区域，犯罪现象都是最少的。显然，中国水利风景区的建设和发展，可以达到一个区域一个区域地改善社会环境，一个区域一个区域地促进社会进步，一个区域一个区域地推动社会和谐的目的。它的诞生，顺应了社会发展和社会进步的需要。

（三）文化发展的需要

文化是一个民族的根，是一个民族的魂。一个国家要提升综合国力，不仅要提升经济力量、军事力量、资源力量，也要提升文化力量。文化力量是国家综合实力中重要的软实力，是一种思想动力和精神动力。

毛泽东同志在新中国成立之初就曾经讲过：“随着经济建设高潮的到来，不可避免地要出现一个文化建设的高潮，中国人被人认为不文明的时代已经过去了。”在党的十一届三中全会以后，我们国家在实行改革开放政策促进经济大发展的同时，也带来了中国文化的大发展，特别是中国与世界的大交流，使东西方文化、中国民族文化与各国文化实现了广泛的对接、融合，推进了中国民族文化的繁荣，新理念、新观点、新思维层出不穷。但是，由于“打开了窗户”，难免“蝇蚊”飞进，中国民族文化也受到了西方一些腐朽消极文化的影响，致使少数人的理想、信念以及世界观、价值观、人生观发生了一些变化。因此，发展民族的、科学的、大众的社会主义文化也始终是党和国家的根本战略。水利风景区是具有水利工程元素、资源风景元素和水文化元素的主体组成的综合性的风景区域，其中水文化就是中华民族文化的重要组成部分。水，作为自然资源、生命的依托，与人类的繁衍生息、劳动创造结下了不解之缘。有较好的水环境就有人的居住，就有人的活动，就有思想感情的表达，就有文化的交流。在5000多年的历史发展中，中华民族积淀了博大精深的灿烂文化，而水文化是最活跃的因子，许多文学作品、哲学光焰、思想光芒，都与水息息相关。水文化是文化的重要组成部分。水利风景区将水文化弘扬和水情教育作为景区建设与管理的重要内容，体现了文化进步的客观要求。水利风景区的重要功能之一，就是展示水文化、普及水科技、推行正能量，让人们在享受水利优美环境的同时受到水文化的熏陶。应当说，水利风景区的存在和发展，已经成为并将继续成为发展和建设大国文化的重要载体之一，为弘扬中华传统文化和民族的、科学的、大众的社会主义文化做出新贡献。

二　国家战略背景

（一）生态文明建设

党的十八大提出要把生态文明放在突出位置，融入经济建设、政治建设、文化建设、社会建设各个方面，实现“五位一体”同步发展。党的十八届三中全会，又进一步明确提出了生态文明建设的方向和措施，要求建立系统完整的生态文明制度体系，完善国家主体功能区划和国土空间利用，健全生态文明制度，划定生态保护红线，实行最严格的水资源管理制度，探索资源有偿使用制度和生态补偿机制，实施自然资源用途管制制度，建立国家公园体系。水利风景区的诞生和发展顺应了时代的要求，已发展成为鲜活的生态产品和建设生态文明的生动实践。

（二）新型城镇化

党的十八届三中全会《决定》提出："坚持走中国特色新型城镇化道路，推进以人为核心的城镇化，推动大中小城市和小城镇协调发展、产业和城镇融合发展，促进城镇化和新农村建设协调推进。"2014 年中央城镇化工作会议和中央农村工作会议又进一步提出"把城市放在大自然中，把绿水青山保留给城市居民。要传承文化，发展有历史记忆、地域特色、民族特点的美丽城镇。要体现尊重自然、顺应自然、天人合一的理念，依托现有的山水脉络等独特风光，让城市融入大自然，让居民望得见山、看得见水、记得住乡愁"。城镇化进程，绝不是一般意义上的发展城市楼堂馆所和硬质化道路建设，也不是一般意义上的人口集聚，而是以人为本的综合性建设，尤其是城市环境的宜居应是城镇化发展的主要方向和目标，而类型丰富的水利风景区，尤其是城市河湖型水利风景区以及依托乡村河道、农村灌区建立的水利风景区，则是改善城乡环境、推进城市宜居的重要体现。

（三）水资源安全

水安全问题，既有地理气候环境决定的水的时空分布不均以及由此带来的水灾害，也有水资源短缺、水生态损害、水环境污染等问题。我国水资源十分短缺，人均水资源拥有量只相当于世界人均水平的 1/4。特别是水环境污染没有得到有效遏制，加剧了水资源的紧缺程度。预计到2030年，我国将成为世界贫水国家之一。我国水安全已经亮起红灯，部分地区已经出现水危机。确保水资源安全已成为国家重要战略。水利风景区具有维护水工程、保护水资源、改善水环境、修复水生态、弘扬水文化、发展水经济等多种功能，已为服务经济社会发展、推进水资源安全战略实现提供了重要基础。

三　水利行业发展背景

（一）世界水资源管理发生深刻变化

世界水危机的警讯已经发出。在水资源矛盾日益突出的情况下，各个国家在水资源开发利用管理体制机制方面都发生了深刻变化，都在注重生态环境保护的前提下，依靠现代科技和科学的管理手段，合理有效配置水资源、节约水资源和保护水资源，以保障经济社会可持续发展。对水资源的利用方式已由单一目标向多重目标、直接用水向间接用水、刚性用水向柔性用水转变。不仅满足生活、工业、农业、生态环境用水需求，而且充分考虑人民群众日益增加的文化精神需求。许多国家在开发流域和区域水资源工程的同时，都在打造与水相关的自然风景区，这是一个方兴未艾的趋势。

（二）生态水利已成为世界水利发展的重要内容

世界各国都有自己的治水历史，其治水过程都经历了古代、近代和现代三个阶段，而每个阶段都承担着不尽相同的目标和任务。一般来说，都是从注重解决防洪安全到水资源综合开发利用，再到水生态环境保护和水景观打造。特别是随着工业化推进，城镇化发展和人口的增长，水环境破坏、水污染加剧和水资源紧缺的状况日益凸显，人民群众改善水环境的要求呼声甚高。欧美一些发达国家已经较早地发展了生态水利，亚洲、澳洲、非洲和南美等一批国家紧随其后，特别是中国，在党中央提出大力推进生态文明建设战略以后，生态水利已取得积极进展。因此，生态水利已成为世界水利发展的重要内容。

（三）民生水利是中国水利发展的不懈追求

进入21世纪后，“生态水利”已得到了长足发展。近几年，“民生水利”已成为水利工作的重要指导思想。

水利是国民经济的基础设施和基础产业，水资源是国家的经济资源和重要的战略资源。随着经济社会的发展，特别是小康社会的实现和现代化建设的推进，水利更与人民群众的利益和需求息息相关，无论是防洪工程的建设，还是水资源开发利用，乃至农田水利的发展和供水都直接关系到人民群众的普遍需求，尤其提供清洁安全的饮用水更是须臾不可或缺，因此，民生水利是中国水利必须坚持的发展方向，服务民生更成为水利工作者不懈的追求。

（四）新的治水思路为水利风景区发展指明了新方向

2014年3月，习近平总书记针对中国水利发展实际，从全局和战略高度，高瞻远瞩地提出了“节水优先、空间均衡、系统治理、两手发力”的16字方针，明确了新的历史时期的治水新思路，赋予了水利工作新内涵、新要求、新任务。

所谓“节水优先”，就是要全面建设节水型社会，充分提高水的利用效率和效益，以最少的水消耗满足社会各方面需求；所谓“空间均衡”，就是要针对人口、资源、环境的要求，有效地平衡水资源分布，既保障人们安全饮水的需要，又保证经济社会供水的需要，同时提供良好的生态环境，实现人水和谐均衡发展；所谓“系统治理”，就是要对水资源和水利工程开发利用实施综合治理，达到水利工程的最大效应；所谓“两手发力”，就是不仅要保证公共财政对公益性水利项目的投入，而且要充分利用市场，建立以政府为主导、以市场为辅助的多元化参与机制。

10 多年来的水利风景区建设历程，遵循了保护水环境、节约水资源的原则，体现了综合治理的效应，优化了水资源配置，运用了市场机制，融进了大量社会资本，促进了水利风景区的健康发展。实践证明，新的治水思路即 16 字方针为水利风景区的未来发展拓展了广阔的空间。

B.2

水利风景区资源基础

董 青 祁正卫 汪升华 李柏文 邹秀萍

摘 要：水利风景是一种自然和人文生态相融的资源，这种资源是水利风景区发展的基础。水利风景资源是水域（水体）或水利工程以及与其相关联的岸地、岛屿、林草、建筑等形成的自然和人文吸引物，包括相融的自然景观、水工程景观和水文化景观。水利风景区既为老百姓提供了休闲娱乐的场所，也为广大群众提供了文化科普教育的阵地，因此具有广泛的美学价值、生态价值和文化价值。中国水利风景区发展不仅体现了中国治水思路的转型，也体现了众多的价值理念。

关键词：水利风景资源 分类 价值 开发模式 水利旅游

自然资源指天然存在的自然物，比如土地资源、矿产资源、生物资源、气候资源、水利资源等，是人类生产资料的来源和存储场所。广义的自然资源是实物性自然资源（土地、矿产、山岳等）和舒适性自然资源（气候、气象等）的总和。而狭义的自然资源是指实物性自然资源，是天然物质和自然能量的总和。人类在一定的社会经济技术条件下，通过对自然资源的改造，能够产生一定的生态价值或经济价值为己服务，以提高人类的生存质量。一般来说，早期人类在生产力和经济条件不发达的前提下，对自然资源的改造能力和水平有限，因而较多地利用实物性自然资源或自然资源的实物属性。随着科技的发展和生产力的提高，人类对舒适性自然资源或自然资源的舒适属性关注更多，期盼更多，利用更多。

在水利风景区发展实践中，水利旅游资源也被称为水利风景区资源。在水利部行业标准《水利风景区评价标准》（2012 年）中，水利风景资源是水域（水体）或水利工程以及与其相关联的岸地、岛屿、林草、建筑等形成的自然和人文吸引物。该概念一方面强调了水资源的依托性，另一方面，也强调了旅游吸引物的特点。

一　水利风景资源分类

（一）自然景观资源

自然景观资源是天然的物质资源。这种资源无论是原生性的还是经过后天人工开发的，都能带来一定的经济、社会和生态效益。有许多自然景观资源可以转化为休憩产品。

1. 水文景观

水文景观包括河道、湖泊、湿地、瀑布、泉水、冰川、海域等多种类型，是大自然风景最具灵性的组成部分。有的独立成景，有的多景一体，有的动中有静，有的静中有动。这种景观是大自然对人类的恩赐，也是人类美学的基本元素。主要有江河溪涧、湖泊水库、飞瀑流泉、冰川景观、风景海域等。

2. 地文景观

地文景观包括山、地、滩、岛屿等不同类型。它是由地球内力和外力共同作用，直接受地层和岩石、地质构造、地质动力等因素影响与控制而形成的各种地貌景观。主要有山岳形胜、喀斯特地貌、风沙地貌、海岸地貌、特异地貌等。

3. 天象景观

包括雪景、雨景、雾凇、朝晖、晚霞、云海、佛光、蜃景、极光等天象种类。它是由气候和天象形成的千变万化的气象景观和天气现象。气候气象资源能够与岩石圈、水圈、生物、人文等景观资源进行组合，形成丰富多彩的气候天象资源体系。主要包括舒适气候、降水景观、天象奇观等。

4. 生物景观资源

生物景观包括自然生态、动植物和浮游生物等。它是指地球上的各种动植物资源及其形成的生物链，具有宝贵的物种价值和生态价值。主要包括森林景观、草原景观、古树名木、奇花异草、珍禽异兽等。

（二）水利工程景观资源

“水利”一词最早源于《史记》“水之利害也”。《辞海》释，水利是为开发水力资源以达到除害兴利的目的而兴建的各项工程的总称。水利工程主要包括“防洪、排水、灌溉、水力、水道、给水、治污、港工”等多种类型。水利工程是用于控制和调配自然界的地表水和地下水，达到除害兴利目的而修建的工程。水利工程景观是由水库、水电站、水闸、灌区、泵站、河道、堤防等各种水利主体工程形成的不同的建筑艺术景观。按目的或服务对象可划分为：防止洪水灾害的防洪工程景观；防止旱、涝、渍灾，为农业生产服务的农田水利工程景观，或称灌溉和排水工程景观；将水能转化为电能的水力发电工程景观；改善和创建航运条件的航道和港口工程景观；为工业和生活用水服务，并处理和排除污水和雨水的城镇供水和排水工程景观；防止水土流失和水质污染，维护生态平衡的水土保持工程和环境水利工程景观；保护和增进渔业生产的渔业水利工程景观等。

（三）水文景观资源

水文景观资源，在某种意义上说就是水利文化资源。水利文化是文化的一个重要组成部分。这种文化随着治水活动而衍生，随着历史的发展而积淀，随着人类的传承而丰富，底蕴深厚，源远流长，不仅是一种重要的文化类型资源，也是中华民族宝贵的精神财富。

水文景观资源包括水利工程历史遗迹、纪念物，重要历史人物、事件，民俗风情，建筑风貌及文化科普设施等。

1. 物态水文化

物态水文化是一种以物质形态存在的比较直观的水文化，是人类利用自然、改造自然、治水兴水的体现。是融入了人类劳动的产物。主要包括水形态、水环境、水工程、水工具等物质载体所体现的文化内涵。

2. 行为水文化

行为形态的水文化是人们在水事活动中形成的一种文化类型，这种文化主要是人们通过引水、治水、管水、用水、亲水、避水等社会实践而产生的用水约定、治水方式、管水行为、解决矛盾等法律法规层面的制度性文化现象。

3. 精神水文化

中华民族的历史就是一部与洪水等自然灾害斗争的历史。古代的神话传说，诞生了中华民族的最早文化，实则是诞生了中华民族最早的水文化，“女娲补天”“羿射九日”“嫦娥奔月”，都体现了中华民族与洪水和旱魔的抗争。到大禹治水疏九州而定天下，被后人记述入史，已印证了中华民族探索治水规律的艰难过程和坚定不移的治水精神。同时，丰富的治水实践又使中华民族诞生了一系列璀璨的哲学光焰和美学思想。从老子到孔孟，从《诗经》到《离骚》，从汉赋到唐诗宋词，水，始终成为哲学的借喻、文学的素材和美的话题。从这一意义上来说，久远的治水过程诞生了中国的精神水文化。精神水文化是水文化的核心，主要包括水哲学、水精神、水著作、水风俗等方面。

二　水利风景资源价值

（一）工程美学价值

随着中国社会的不断进步与发展，人们的审美情趣也逐渐提高。在保证水利工程基础功能和安全的前提下，把美学运用到水工水力学，给人们带来了丰富的想象和奇妙的感受；把美学应用到水闸工程，因地制宜地利用天、地、水三系统和横跨特征设计出了合适的水闸景观；把美学应用到渠道工程，综合处理好功能设计与景观设计、水利与园林、防洪与生态、净化与美化、安全与亲水等关系，使渠道变得更为美观、生态、休闲和绿色；把美学与桥梁工程结合，注重桥墩的美学设计，使桥墩除了具有基本传力结构和支撑承重的功能外，还拥有了千变万化的形态，成为一道道亮丽的桥梁标志景观。正是水工美学与水利工程的结合，使建成后的水利工程拥有了美学价值。

（二）生态保护价值

水利风景区的发展，体现了生态保护的重要价值。注重水生态建设，优化水环境，就是要转变人的治水理念和传统习惯，不是就工程建工程、就项目建项目，而是要把治水兴水的过程变成顺应自然、修复自然、完善自然的过程，使人与水达到共融共谐的一种新境界。既要考虑人的减灾需要，也要考虑其他生物物种个体生命存续的需要；既要考虑人的安身立命环境的需要，也要考虑生物物种栖息生存的需要；既要考虑水利工程的主体价值，也要考虑其能够带来的资源效益、环境效益、经济效益。实践证明，发展水利风景区，首先，直接地保护了各类水体资源；其次，发展了景观、增加了植被、涵养了水源、调节了气候；再次，许多湿地型水利风景区提升了水体循环，净化了水源，保护了珍稀动物。这种生态保护价值是巨大的。

（三）文化传承价值

水利风景区承载着水利文化，孕育着水利文明。中国几千年的水利发展不仅留下了丰厚的水利设施遗产，也留下了丰厚的水利文化遗产，特别是水利文化遗产代代相传，已成为人们开发水资源、保护水环境的宝贵精神财富，也是人们继续奋力治水的重要动力来源。水利风景区展现给社会公众的不仅仅是流传下来的优秀水文化形态，还有水利事业的精神面貌和建设成就。其中，水利工程是水利建设者智慧和精神的结晶，是建设过程中将科学技术转化为生产力的体现，不仅形成了工程文化、技术文化，还彰显了水利风景区建设地的流域文化、生态文化以及建设涉及的移民搬迁的移民文化。更为重要的是，这些文化对于后人来说将成为未来的水利文化遗产。比如，中国古代一些伟大的水利工程或水利设施形成的水利文化在历史上熠熠生辉，工程本身甚至在今天还发挥着水利功能，堪称世界水利史上的奇迹。都江堰和灵渠就是这类工程的典型代表。

（四）观赏游憩价值

水是万物生命之源，人类对水具有一种近乎本能的亲近感，“上善若水”“仁者乐山，智者乐水”“临水而观”“滨水而居”等词汇都表达了人水相伴的由衷感情。依托水利工程而兴建的各类水利风景区，充分满足了现代社会人们观光旅游休闲的多种需求，极具旅游休闲价值。中国拥有世界上数量最多的大坝和水库，具备开发水利旅游的得天独厚的条件，许多著名水利工程和新建的水利风景区都成了休闲的场所、旅游的胜地。

三　水利风景资源的特点与功能

（一）水利风景资源的特点

水利风景资源作为与水利工程或水域（水体）关联度相当高的一种特殊类型的资源，有其自身特点：第一，水利工程的主体功能是兴利除害，水利风景资源的开发都是以兴利除害的主导功能为前提的；第二，开发利用水利风景资源的主旨是维护水工程、修复水生态、保护水环境，所打造的诸多水利风景区都体现了这一重要特点；第三，水利风景资源是多种资源的复合体，各种资源本身既有利用的价值，又具有一定的脆弱性，需要在开发利用中注意保护，否则就难以达到自然利用的可持续性。

（二）水利风景资源的功能和作用

中国水利风景资源分布广泛、类型多样。不管是经济发达地区还是欠发达地区，都有水利风景资源。这些风景资源在经济社会发展中已表现出多种功能和重要作用。其一，具有形成水生态产品的功能；其二，具有调节水生态及大生态的功能；其三，具有支持生态系统生物物种多样化存续发展的功能；其四，具有引领绿色发展的功能；其五，具有文化服务功能。水利工程在防洪、防汛、灌溉、航运、发电、水产、供水等水利基础功能方面发挥着巨大的作用。

B.3

水利风景区类型和功能

董 青　祁正卫　汪升华　李柏文　邹秀萍

摘　要：水利风景区是水利与生态、景观、文化、旅游融合发展的产物，是一个新兴的交叉的行业业态。水利风景区是依托水域或水利工程，利用水利风景资源或其与其他资源的组合，具有一定规模和质量的风景资源与环境条件，可以开展观光、娱乐、休闲、度假或科学、文化、教育等活动的区域。水利风景区是水利风景资源科学利用的一种方式，具有“维护水工程、保护水资源、改善水环境、修复水生态、弘扬水文化、发展水经济”六大主体功能。按照水利工程性质可分为“水库型、自然河湖型、城市河湖型、水土保持型、湿地型、灌区型”等六大类。水利风景区与其他旅游景区的最大区别是水利风景区依托水域、水体和水利工程而形成。水利风景区是我国经济社会新常态发展的必然要求，是水利行业现代水利实践的探索与创新，也是全面构建和谐社会的重要体现。

关键词：水利风景区　内涵　功能　分类　主旨追求

一　水利风景区内涵

水利风景区是指以水域（水体）或水利工程为依托，具有一定规模和质量的风景资源与环境条件，可以开展观光、娱乐、休闲、度假或科学、文化、教育活动的区域。其核心内涵包括以下六个方面。

（一）有水域（水体）或水利工程为基本载体。水利工程具有兴利除害功能，而且本身及其水域（水体）就是风景资源，具有一定的审美和观光休闲价值。打造水利风景区，水利工程及其水域（水体）必然成为依托的基础和重要条件。

（二）有一定规模和质量的水利风景资源。水利风景区既有水利工程资源或水域（水体），又有自然景观和人文景观，因而是具有多种景观元素的综合体。水域（水体），水文化遗产，水利工程，或是新建、扩建、改建的水利项目，具有一定的风景资源容量，都可以形成水利风景区。

（三）有良好的生态环境条件。改善生态环境是建设生态文明的重要内容，目前建成的水利风景区都把落实最严格水资源管理制度摆在突出位置，符合《水功能区划分标准》及《全国重要江河湖泊水功能区划》的规定和绿色引领、环境优良、水质达标等条件。

（四）有配套的基础设施和服务设施。水利风景区大多成为观光休闲场所，也有的成为旅游目的地。随着人流、物流、信息流不断增长，须具备配套的基础设施和服务设施，设置基本的标识解说和安全警示系统，保障道路畅通、设施安全、服务规范。

（五）有科学高效的管理与服务水平。有县级及以上人民政府批准设立的景区管理机构和明晰的管理权属与职能，有安全管理应急预案和系列规范的管理制度，以及水利工程运行、管理、经营能力、效益与水平。

（六）有多种功能的自然区域。具有开展观光、娱乐、休闲、度假或科学、文化、教育活动等多种功能和明确的景区范围界限，可以形成让居民在休闲观光中得到水文化与水情教育、寓教于乐、了解水利科普知识的场所。

二 水利风景区分类

按照不同的区分标准水利风景区可以形成不同的分类结果。水利部印发的《水利风景区发展纲要（2005）》按照水利工程性质，将水利风景区划分为“水库型、自然河湖型、城市河湖型、水土保持型、湿地型、灌区型”六大类。另外，按空间区域，可以将水利风景区划分为“城市型水利风景区、城郊型水利风景区、郊野型水利风景区”三大类型。按水利风景区的开发利用导向，可以将其划分为“公益主导型、经营主导型和混合效益型”三种类型。

（一）按水利工程性质分

1. 水库型水利风景区

水库型水利风景区是主要依托水库、坝、闸、堤、堰等水利工程与周围自然环境的结合，辅以人工基础设施形成的风景区，一般有山岳型水库和平原型水库两种基本形式。山岳水库建设水利风景区，具有得天独厚的自然优势，大都依靠丘陵或山岳，具有地形地貌的曲线美感和空间变化感，拥有多样的水域形状、丰富的植被类型及动物资源。规划应当侧重主题性，充分了解治水精神、治水文化、治水历史，感受水利建设的巨大成就和博大精深的水文化。如建设水利工程博物馆、水文化主题公园，或者组合森林公园和湿地等周边资源，打造综合型的水库型水利风景区。平原水库建设水利风景区，其形式相对单一，形状较为简单，水面开阔，空间错落感缺乏，但离城区相对较近，可进入性好，市场条件相对成熟，而且地域开阔。

水库型水利风景区建设往往以水利工程建筑为依托，核心是围绕大坝工程建设和改造，进行工程设施的绿化和美化，交通、通信、供水、供电、供气等基础设施的改善。核心景区建设往往要求以景区的水土保持和生态修复为前提，同时结合水利工程管理突出对水科技、水生态、水文化的宣传展示，因而科技含量高，人文景观丰富。典型代表如河南舞钢石漫滩水库水利风景区、黄河小浪底水利枢纽水利风景区、丹江口大坝水利风景区、江西九江市庐山西海水利风景区等。

2. 自然河湖型水利风景区

自然河湖型水利风景区主要以自然形成的湖泊、河流为依托，大都具有独一无二的形态，不仅可保护原湖泊河道的生态资源，而且可将防洪治涝、生态环境、航运、旅游、休闲娱乐等有机地融合在一起并突出当地的人文特色。自然河湖型水利风景区建设要求在对生态进行有效保护的前提下，维护河湖的自然山水格局，再配套必要的交通、电力、通信设施，提高景区的可进入性和配套水平。重点是要对自然河湖进行生态环境保护和修复，包括对原始景观、水质水量的保护等。如广西百色市澄碧河水利风景区、河北平山县沕沕水水利风景区、安徽亳州市白鹭洲水利风景区、福建南靖土楼水乡水利风景区、江苏徐州潘安湖水利风景区、安徽岳西大别山彩虹瀑布水利风景区等。

3. 城市河湖型水利风景区

城市河湖型水利风景区通过对城市内部或周边的河流湖泊进行治理，使城市河湖成为“水清岸绿、环境优美、风景秀丽、特色鲜明、舒适宜人”的休闲、观光、娱乐和度假区域。城市河湖型水利景区建设除了要求具有防洪、除涝、供水等基础功能之外，其水景观、水文化、水生态、水环境的舒适性功能和作用显得更为重要。城市河湖型水利风景区的建设将城市河湖景观建设纳入城市建设和发展的统一规划，使河湖环境和城市设施有机融合后对其进行综合治理，通过河湖清淤、生态护岸及堤防加固美化，增强近水性和亲水性，使城市河湖区域成为宜居、宜游和宜商的生态城区，典型代表有浙江省绍兴市环城河风景区、山东聊城江北水城风景区、武汉江滩水利风景区等。

4. 湿地型水利风景区

湿地型水利风景区以生态湿地作为核心资源，以保护水生态环境和湿地生境为主要内容，重点进行水源、水环境、水生态的综合治理和水生物群落保护，通过增加水流的延长线，以生态技术为手段丰富物种类型，保护生物多样性。典型代表如河北衡水市衡水湖水利风景区、山东滕州微山湖湿地红荷水利风景区、河南商丘市黄河故道湿地水利风景区、黑龙江伊春市红星湿地水利风景区、江苏扬州市凤凰岛水利风景区、江苏无锡新区梁鸿水利风景区等。

5. 灌区型水利风景区

灌区型水利风景区是由水利工程、天然植被、渠网、田园、水文化等景观的综合体，结合现代农业，辅建以必要的基础设施和服务设施形成的水利风景区。灌区型水利风景区构成了“水渠纵横，阡陌桑图，绿树成荫，鸟啼蛙鸣，环境幽雅”的田园景观，同时结合生态农业、观光农业、现代农业和近年兴起的服务农业，融合发展成为休闲农业业态，对城市居民具有较大的吸引力。如安徽六安市横排头水利风景区、新疆陕西咸阳市郑国渠水利风景区、新疆吐鲁番市坎儿井水利风景区、黄河三盛公水利风景区、福建莆田市木兰陂水利风景区等。

6. 水土保持型水利风景区

是指在国家水土流失重点防治区中的重点预防保护、重点监督和重点治理等修复范围内进行的，也可与水保示范区和科技示范园区结合开展，用以展示水土保护技术、治理成绩的科普教育区域。水土保持型水利风景区在水土流失综合治理的基础上，实施生态修复，具有“山顶松柏槐，山腰干鲜果，山脚高效田，沟谷节节拦，田边生物堰，路渠绕山转”的水保特色，建设重点在于防风护沙、保持水土、保护和修复沙漠化、防止土壤退化等。如陕西商洛市桃花谷水利风景区、江苏苏州市旺山水利风景区、内蒙古赤峰市南山水土保持生态示范园、内蒙古杭锦旗七星湖沙漠水利风景区、山西柳林县昌盛水保示范园水利风景区、贵州遵义市大板水水利风景区等。

不同类型的风景区面向的对象有所不同，水库型水利风景区主要是面向各类游客或国民提供休闲、度假、娱乐、科普教育等服务活动。湿地型水利风景区则强调水生态环境的保护，人工干预少，开发利用强度较低，主要提供休闲与科普教育类的服务活动。城市河湖型水利风景区主要面向城市居民或游客提供滨水休闲服务活动。灌区型水利风景区主要与农业相结合，提供农业休闲度假、娱乐科普教育类的服务活动，客源多为本地城镇居民。水土保持型水利风景区强调水土流失的整治，主要提供科技展示、治理过程、科普教育类的旅游服务活动，面向的服务对象多为科技专业从业者或青少年群体。

（二）按空间区域分类

考虑水利风景区所在位置，以及水利风景区与城市的空间关系，可以将现有的水利风景区分为“城市型水利风景区、城郊型水利风景区、郊野型水利风景区”三种类型。

1. 城市型水利风景区

城市型水利风景区与城市生活紧密相关，空间上与城市融为一体，城区内水清岸绿、环境优美、风景秀丽，与城市建筑交相辉映，一般有河流型和湖泊型两种形式。在城市河流型水利风景区中，一部分以古运河、古护城河等水利遗产为依托，这些水利遗产经过几百年的历史沉淀，具有丰富的历史文化、水利文化内涵，重点突出其文化性，游客可以体验当地的水文化、水民俗、水风情等，如山东枣庄市台儿庄运河水利风景区；另一部分则以优美的自然河流城区段为依托，与城市建设相融合，突出观赏性、生态性和环境性，不仅保障城市防洪，而且提升城市的环境形象，如山东潍坊市诸城潍河水利风景区、山东临沂市滨河景区等。

城市湖泊型水利风景区多依托人工湖泊或天然湖泊，面积有大有小，可以调节城市小气候，形成舒适性小气候环境，多与城市河流水系相联通，突出滨水型和亲水性，为市民或游客提供更多亲水平台，使其能直接欣赏水景，甚至接近水面打造戏水场所，满足人们对水边散步、戏水、玩水等的需求，打造宜居水旅游休闲条件和环境，比较有代表性的有山东肥城市康王河公园、山东胶州市三里河公园、山东菏泽市赵王河水利风景区等。

2. 城郊型水利风景区

城郊型水利风景区是依托城郊天然河流、湖泊，以生态修复为主，保持河湖原有风貌和自然特点，结合小型水利工程建设而成的风景区。城郊型水利风景区一方面承担着城市生态保持和修复的功能，另一方面还为城市居民提供具有一定观光、游览和休闲价值的空间，承担着为城市居民提供周末休闲场所的社会功能。

3. 郊野型水利风景区

郊野型水利风景区是指远离城镇和人口聚居地，受人类社会影响较少，依托天然河流、湖泊，以防洪、发电、灌溉功能为主的风景区。郊野型水利风景区大多远离主要客源市场，不具备作为城市居民主要休闲空间的条件，但由于远离人口聚居地，生态环境较好，且一般具有较高的观光价值，因此，郊野型水利风景区适宜开展大众生态观光旅游。

（三）按开发利用导向分类

按水利风景区的营利性质，可以将水利风景区分为公益主导型、经营主导型和混合效益型三种类型。

1. 公益主导型水利风景区

公益型水利风景区是以社会公益性为指导思想，依托水利风景资源，面向全社会特别是风景区所在地的居民免费开放的风景区，如山东临沂滨河景区等。公益型水利风景区建设投入和管理运营的资金都靠政府财政支出，其根本目的是丰富民众生活、提升民众生活质量、增加当地居民幸福感、促进和谐社会的建设。

2. 经营主导型水利风景区

经营型水利风景区属于企业性质，是一种依托水利旅游资源，为游客有偿提供滨水游览、休闲及餐饮等多种服务获取收益的风景区。经营型水利风景区大多属于中小尺度的旅游空间，以水库和湖泊居多，在财政资金有限的情况下是对公益型水利风景区的一种有益补充。

3. 混合型水利风景区

混合型水利风景区结合了公益型水利风景区和经营型水利风景区的特点，兼顾经济效益和社会效益的平衡。混合型水利风景区一般采取无门票特许经营的方式，将特定空间的商业经营权有偿授权给特定的商家，商家通过缴纳一定的管理费用，按照市场规律为游客提供有偿服务获取收益。

三　水利风景区的主旨追求

在水利风景区的双重性中，其载体属性以及其所表现出来的环境生态功能是其主旨追求所在，水利风景区的核心是水资源与水利风景资源，这是与其他景区不同的最本质、最关键特征。当前，国务院决定在全国实行最严格的水资源管理制度，对用水总量、用水效率和水功能区限制纳污做出硬性要求。根据党的十八大建设生态文明精神的要求，水利部提出“水生态文明”的核心概念，即把生态文明理念融入水资源开发、利用、治理、配置、节约、保护的各方面和水利规划、开发、建设、管理、运营的各环节，大力推进水生态文明建设工程，实现水资源可持续利用，提高生态文明水平。由此可见，“通过改善水环境、保护水资源、修复水生态，建设水生态文明”既是水利风景区工作的主旨追求，也是最严格水资源管理制度的必然要求，从而为水利风景区建设提供了新的发展观、新的发展空间和新的发展动力。

水生态文明建设是以区域水资源和水环境承载能力为约束条件，以维持河湖健康、水生态系统良性循环和水环境健康为目标，以落实最严格水资源管理制度为门槛要求，通过优化水资源配置、强化水资源节约保护、实施水生态综合治理、加强涉水制度体系建设，来实现水资源可持续利用，促进“人水和谐、水与自然和谐发展”。据此，准确理解水利风景区的主旨追求需把握以下三点：第一，要正确把握水利风景区的发展目标和发展定位，明确水利风景区的公益性质和非营利性质，以水生态系统保护与修复工作为切入点，通过一系列工程与非工程措施，实现水系连通、河畅其流、动而不腐，加速水体置换，提高自净能力，构建稳定、健康、完整和循环的水生态系统。第二，注重水利风景区制度的建设与实施，注重水利风景区文化的发展，注重工程文化提升，美化亮化，实现水利风景区建设与人文生态有机结合，同步发展。第三，关注水利风景区建设中的人水和谐关系以及可持续发展问题，特别要关注水利工程安全、水资源保护、水生态建设，在这些方面对水利风景区与对其他景区相比有更高要求。

随着经济的发展和社会的进步，中国的水利事业也与时俱进，一直在不断探索发展和改革创新。在新的时期，水利工程在保障传统的防洪、灌溉、供水、发电等基本功能的同时，又在向增加科普、观光、休闲、旅游等功能延伸拓展，这不仅是量的增加，更是质的提升。水利事业的文化内涵和价值功能也发生了重大变化，在实现水利“兴利除害”基础功能的前提下，开始向注重“物质、精神和文化”多功能转变，民生水利、文化水利和休闲水利在当代的需求中越来越重要。在这种背景下，有关部门发展水利将更加注重其舒适性属性、审美属性、文化属性和生态属性的挖掘与开发，而水利风景区迎合了这一时代的发展需求和趋势，已经逐渐成为现代水利发展中不可或缺的内容，在促进现代水利转型升级和可持续发展方面具有重要的现实意义。

（一）维护水工程

水利风景资源是水利资源的重要组成部分，水利工程特色化、美观化和亮化之后可以成为水利风景资源的有机组成部分或重要组成部分。例如，湖南省皂市水库，其大坝和附属工程在可研、规划、设计、施工、建设期间就预见性地统筹考虑了未来水利风景区的旅游休闲功能。通过工程美学设计，工程呈现出美观大方、风景秀丽优美的格局，实现了“建设一个水利工程、美化一片周边环境、塑造一个现代景区”的水利工程综合开发利用的新模式。水利风景区 10 多年来蓬勃发展的实践经验证明，水利风景区建设不但提高了人们对水利资源、水利工程、水生态、水文化、水景观、水环境等方面价值的认识，还科学规范了人们对水利风景资源开发利用的行为和理念，促进了水利风景区行业走上“科学开发，综合利用，有效保护，生态文明”的健康发展之路；同时，有的水利风景区的开发还可以从经济上反哺水利工程。

（二）保护水资源

水利风景区建设一直以水生态文明为理念，以“山清水秀、蓝天白云”为基本要求，每一项水利工程都是水生态工程、水资源保护工程、环境美化和亮化工程，都在利用水利风景区探索一条人与自然和谐相处的新路子。为了防止涉水活动污染水生态，破坏水环境，目前，众多的国家水利风景区坚持把其开发建设纳入水资源流域规划范围内统筹规划，充分考虑水利风景区的环境承载力，实施保护型开发模式，贯彻落实水生态文明理念。水利风景区建设还有利于全社会水意识的增强、水观念的转变和水文化的传播，引导社会树立水生态文明观和培养人水和谐的生产生活方式。水利风景区既满足人类对水资源的合理需求，也满足维护水生态健康的基本需求；既注重水利工程设施的景观化建设，又注重水利风景资源的生态化建设；既开发利用水资源，又保护水资源。因此，以水利风景区为依托的水利旅游发展越好，接受水资源、水生态、水环境教育的人们就越多，群众保护水生态、节约水资源的意识和知识的普及程度就越高，就越有利于全社会水生态文明价值观的培育和增强。

（三）改善水环境

纵观千百年来的中国水利发展史乃至世界水利发展史，只有顺应自然规律，科学合理利用水资源，并充分发挥水生态系统的自我修复能力和水环境自我净化的内部修复能力，才能统筹协调水资源开发利用与水生态环境保护二者之间的关系，才能防治水害，并化害为利，服务人类文明的建设和发展。水利风景区利用水的流动和水的存储，建立“人与水、水与自然”的和谐系统，可以优化人类的生态生存空间，大力改善人类生活的水环境，提升人类的生活品质和品位。比如，江苏南京市通过整治秦淮河水环境，使秦淮河重新焕发了生态环境风采，成为一条“美丽的河、流动的河、文化的河、生态的河”，施惠于当地百姓和两岸社区。浙江绍兴市通过综合整治和改善城市水环境和建设市民亲水景观体系，创建了环城河水利风景区，彻底改变了过去污水横流的脏乱环境，提升了城市品位，实现了“水清岸绿、风景优美、人水和谐”的水城新格局。

（四）修复水生态

水利风景区的建设有助于修复水生态。10 多年来，水利风景区在建设开发与运营管理中，通过景区规划、生态景观设计、环境绿化等生物措施和其他生态技术，极大地改善了景区整体生态环境，保护修复了水生态，提高了区域生态系统的多元化和稳定性，推动了水生态环境和陆地环境的保护与和谐发展。科学合理地开展水利风景区建设，大力发展水利旅游，不仅可以带动地方经济发展和经济结构的优化升级，同时可以为水生态环境质量的改善提供资金和人力的常态化支持，从而确保水利资源的合理开发和科学利用，最大化发挥水利工程的生态效益。通过调查发现，各地水利风景区建管单位通过大量的工程、生物、管理等措施，在提高林草覆盖率、减少控制水土流失率、改善水质、提高水量、创造生态景观、保障工程安全和水生态系统的安全等方面取得了显著成效。据不完全统计，国家水利风景区范围内的水土流失综合治理率高达90%以上，污水处理后100%达标排放，水质等级平均提高1个等级以上，自然生态的完整性、多样性和生态环境保护度均有显著提高。

（五）弘扬水文化

人类自始至终对于孕育生命、蕴含智慧的水具有一种本能的亲近感，正所谓“仁者乐山，智者乐水”“上善若水”。水利风景区承载了丰厚的水文化以及水利文化，人们以水利工程为依托，通过开发水文化景观来展示悠久深厚的水文化和水利文化，注入景区文化品位，塑造景区文化特色，可使人们在感受现代水利建设成果、享受优美水生态环境景观的同时，进一步了解中国悠久的治水历史、水利名人、水利故事和水利科学知识，并理解水文化的深刻内涵，提高大众的水利资源保护和综合利用意识，培养良好健康的水文化氛围。水利风景区与大自然结合，与清秀灵动的水体融合，与源远流长的水文化契合，使水文明在历史发展的长河里一直延续流淌。事实证明，水利风景区的建设和发展极大地提升了水利工程的文化含量和文化品位，拓宽了水利的生态服务和文化服务功能，提高了水利行业的生态地位、社会地位和经济地位。水利风景区的建设和发展是实现水文化和水利文化可持续利用的重要举措，极大地丰富了生态治水的思路，营造了传统水利向现代水利转型升级的文化氛围。

（六）发展水经济

利用水利风景区平台，大力发展吃、住、行、游、购、娱等旅游要素产业，通过市场化的运作提供高水平的管理和服务，综合带动一大批相关产业的发展，为水利多种经营和综合利用开辟了新途径，创造了新的经济增长点。不仅为改制后的水管单位创造了更多的工作机会和经济收入，同时可以提高职工收入和稳定职工待遇，为实现管养分离提供了经济保障。水利风景区的建设和发展还统筹兼顾了景区周边社区居民的利益，为当地社会人员提供了大量的就业和创业机会。据不完全调查，水利风景区工作开展得好的水管单位，其管养分离的改革都比较成功。尤其是一些“老大难”水库管理单位，通过水利风景区建设和发展，以水利旅游整合库区所有资源，利用旅游不断开拓市场，综合开发利用，经济收入显著提高，不仅平稳妥善地安置了分流职工，甚至还反哺了水利工程的管理与养护，有力地促进了水库的体制改革和稳定发展。例如，河南青天河水库以水利旅游有效地整合库区多种资源，综合开发利用，职工工资年平均收入由原来2001年的7000余元增长到目前的10000余元，先后安置职工就业150余人，同时也带动了周边村庄第三产业的发展。湖北的漳河水库通过景区经营，安置分流了147名职工。

B.4

水利风景区发展状况

董青　祁正卫　汪升华　李柏文　邹秀萍

摘　要：水利风景区诞生于21世纪之初。它在实践中孕育，在成长中完善，在发展中提升。其发展历程大体经历了自发萌芽、探索起步、规范管理与品牌提升四个阶段。特别是从2001年探索起步以后，呈现了蓬勃发展之势，主要原因是，在行业管理上有了重大的突破。其重要标志有：一是2001年成立了水利部水利风景区评审委员会，同年发布了《关于加强水利风景区建设与管理工作的通知》，标志着水利风景区进入了规范管理阶段，体现了水利事业向生态水利、民生水利拓展的趋势。二是2004年，国务院将《设立水利旅游项目审批》明确为政府管理事项，行政主体为县级以上水行政主管部门，这是水利风景区管理的里程碑事件，水利部颁布了《水利风景区管理办法》和《水利旅游项目综合影响评价标准》，据此启动了重大涉水水利旅游项目的审批工作，为涉水旅游活动的安全保驾护航。三是2009年，成立了水利风景区建设与管理领导小组，强化了水利风景区的领导组织机构，颁布了《水利风景区规划编制导则》等技术标准。四是2011年，水利部景区办开展对国家水利风景区的动态评估，加大监督检查和复查力度，逐步建立了国家水利风景区退出机制，标志着水利风景区步入了质量提升与品牌化建设阶段。

关键词：水利风景区　发展　阶段　现状　问题

一　水利风景区发展历程

水利风景区建设与水利事业发展息息相关，水利风景区经历了从无到有、从小到大、从星星之火到燎原之势的发展过程。这一事业的兴起，是对水利资源综合开发利用的创新，是对水域（水体）及水利工程兴利除害功能的拓展和延伸，也是对生态文明建设的大胆探索和深入践行。其发展历程大体经历了自发萌芽、探索起步、规范管理、品牌建设等四个阶段。

（一）自发萌芽阶段

新中国成立以来，中国建成了一大批水利基础设施，形成了防洪、排涝、灌溉、供水、发电等工程体系，在抗御水旱灾害、保障经济发展和维护社会稳定等方面发挥了重要作用。20 世纪 80 年代初，在全国经济体制改革的浪潮下，一些基层水管单位为促进体制改革，解决基层水管单位运行管理经费不足、职工经济收入较低等问题，尝试依托水利工程设施，开展种植、养殖、农副产品加工等水利多种经营，并取得了一定的成效。特别是一些工程管理单位，在做好工程管理工作的情况下，广大职工不断植树栽花种草，美化单位环境，为之后水利风景区的确立和发展，积累了原始的资源元素。到 20 世纪 90 年代，随着改革步伐的加快，在国内市场总量短缺的状态下，开展水利多种经营的热情空前高涨，水利多种经营的内容不断扩展，水利旅游开始成为水利多种经营的一个重要方面。1997 年 8 月 31 日水利部公布《水利旅游区管理办法（试行)》。一些地方利用水域（水体）和水利工程及其周边积累的风景元素，发展水利旅游，取得了一定的效益，如都江堰、天目湖、千岛湖等都是当时发展水利旅游的典型，为以后水利风景区的发展提供了宝贵的经验。可以说这一阶段是水利风景区的自发萌芽阶段。

（二）探索起步阶段

2001 年，为科学保护和合理利用水利风景资源，水利部成立了水利风景区评审委员会，组建了管理机构，改水利旅游区为水利风景区，出台了《关于加强水利风景区建设与管理工作的通知》（水综合〔2001〕609 号)，提出了水利风景区的相关要求和标准，以评代管，启动水利风景区评审工作，同年批准设立了首批 18 处国家水利风景区。2002 年、2003 年又分别批准了第二批和第三批国家水利风景区。可以说这一阶段是水利风景区的探索发展阶段。

（三）规范管理阶段

2004 年，国务院实行行政审批制度改革，在各部委有关行政审批项目减缩的情况下，却增设了水利旅游审批项目。从此，水利风景区建设和水利旅游项目管理步入了有序管理的新阶段。水利部及时出台了《水利风景区管理办法》（水综合〔2004〕143 号)。该办法对水利风景区的范围、对象、功能作用、管理主体、开发建设原则、申报基本条件、申报流程等做了明确规定。并相继颁布实施了《水利风景区评价标准》（SL300－2004)、《水利风景区发展纲要》（水综合〔2005〕125 号)、《水利旅游项目管理办法》（水综合〔2006〕102 号）和《水利旅游项目综合影响评价标准》（SL422－2008）等一系列规范性文件和技术标准，极大地提高了水利风景区的标准化管理水平。在此阶段，建设水利风景区成为水利工作的新领域，成为公众事业的新亮点，也为积极推动水管单位管养分离和职工再就业做出了积极贡献。

（四）品牌建设阶段

为了加强对水利风景区工作的领导，2009 年水利部成立了水利风景区建设与管理领导小组，下设办公室，挂靠水利部综合事业局。随着国家水利风景区建设实践和行业发展的深入推进，水利风景区的内涵更加丰富，外延也更加宽广，综合考虑其在水利改革发展中的作用，水利风景区建设由数量扩张转向质量提升。水利风景区的社会、经济、文化和生态影响力日渐提高，水利风景区的建设也从水利行业开始走向了全社会，成为地方党委政府推动当地经济社会发展的一个重要抓手和工作平台，对地方社会经济的发展产生了积极而深远的正面影响。水利风景区品牌质量的提升，成为国家水利风景区发展和管理的核心议题。2010 年水利部发布《水利风景区规划编制导则》（SL471－2010），用以指导各地编制水利风景区发展规划。2011 年，水利部景区办开展对国家水利风景区的动态评估，加大了监督检查和复查力度，逐步建立了国家水利风景区退出机制，标志着水利风景区步入了品牌建设阶段。

二　水利风景区发展现状

（一）发展规模与空间分布

截至 2014 年底，已批准设立 14 批 658 个国家水利风景区，年均增长 47 处。全国 31 个省（自治区、直辖市）（除港澳台之外）均有分布。按经济区域分布，经济发达的东部地区居多，东部包括北京、江苏、浙江等13省份，14年总共发展了228处国家水利风景区；中西部地区也不断追赶和兴建，中部地区包括山西、河南、湖南、湖北、安徽、江西等6个省份，14年共发展了219处国家水利风景区，西部地区14年共发展了211处国家水利风景区。其分布见图1、表1。

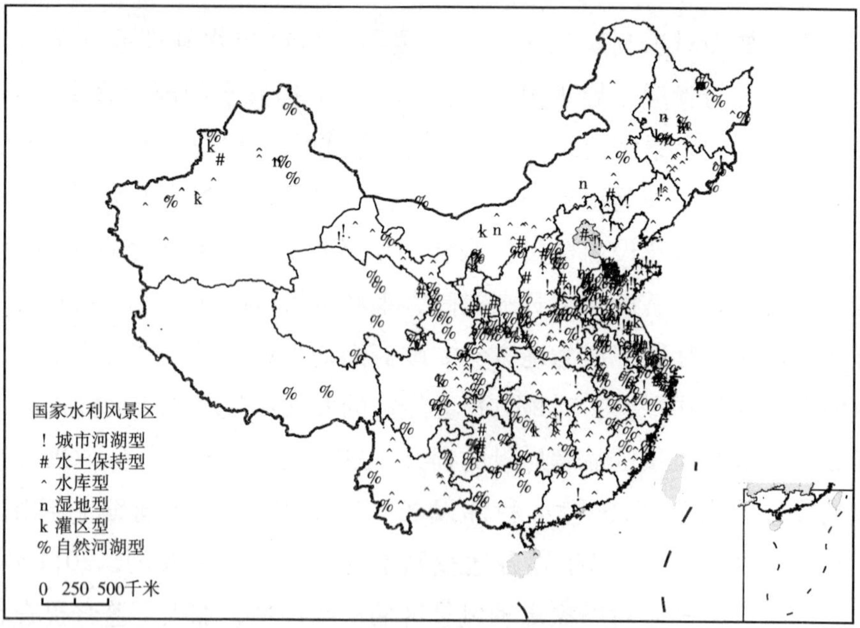

图1 国家水利风景区空间分布（截至2014年底）

表1 中国国家水利风景区经济区域分布情况（截至2014年底）

经济区域	包含省、区、市	省、区、市数量(个)	国家水利风景区数量(处)	比重(%)	面积(万平方千米)
东部	北京、天津、河北、辽宁、吉林、黑龙江、上海、江苏、浙江、福建、山东、广东和海南	13	228	34.7	106
中部	山西、安徽、江西、河南、湖北、湖南	6	219	33.3	167

续表

经济区域	包含省、区、市	省、区、市数量(个)	国家水利风景区数量(处)	比重(%)	面积(万平方千米)
西部	四川、重庆、贵州、云南、西藏、陕西、甘肃、青海、宁夏、新疆、广西、内蒙古	12	211	32.1	688

注：本表中各流域机构所辖水利风景区也归入各地区，因而各省区市所辖数量之和与后面图表不一致。

但是具体分析每年获批的国家水利风景区数量，中西部尤其是西部的国家水利风景区增长速度在加快。2001 年，国家水利风景区共有 18 处，东部有 9 处，占 50%，中部有 6 处，占 33%，西部只有 3 处，占 17%。而到 2004 年、2005 年，西部地区国家水利风景区占全年总数的比重已大幅上升，分别达到 41% 和 38%，而东部比重大幅下降，只占 17% 和 30%，之后历年西部地区国家水利风景区所占比重都在 25% 以上（见图 2）。

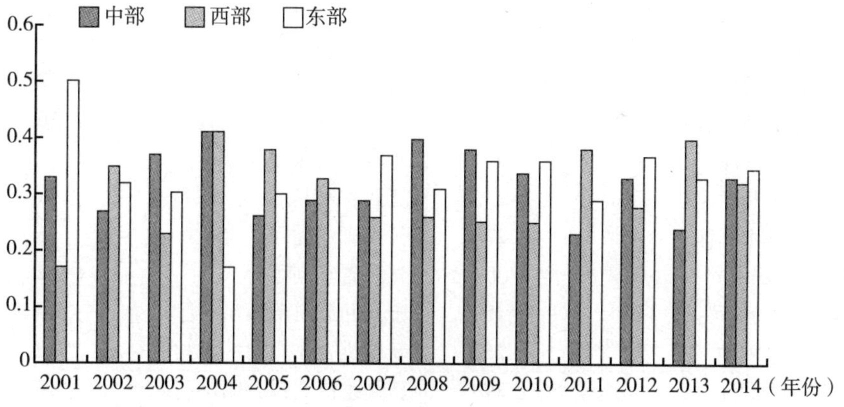

图 2　中国东、中、西部国家水利风景区发展轨迹（2001 ~ 2014 年）

（二）省（区、市）数量分布情况

按省域划分，分布最多的为山东省，共有国家水利风景区 77 处，其次是江苏省和河南省，分别以45处和34处位居第二位和第三位，分布最少的是海南省和西藏自治区，分别只有2处。各流域机构下辖管理的国家水利风景区数量较少，除黄河水利委员会有21处外，其余只有1~2处（见表2）。

表2　国家水利风景区行政区域分布情况（截至2014年底）

主管机构	数量(处)	主管机构	数量(处)
水利部	2	江西省水利厅	32
长江水利委员会	2	山东省水利厅	77
黄河水利委员会	21	河南省水利厅	34
淮河水利委员会	2	湖北省水利厅	14
海河水利委员会	2	湖南省水利厅	29
松辽水利委员会	2	广东省水利厅	10
太湖流域管理局	1	广西壮族自治区水利厅	10
北京市水务局	3	海南省水利厅	3
天津市水务局	2	重庆市水利局	12
河北省水利厅	16	四川省水利厅	25
山西省水利厅	16	贵州省水利厅	22
内蒙古自治区水利厅	23	云南省水利厅	16
辽宁省水利厅	8	西藏自治区水利厅	2
吉林省水利厅	22	陕西省水利厅	29
黑龙江省水利厅	27	甘肃省水利厅	25
上海市水务局	4	青海省水利厅	12
江苏省水利厅	45	宁夏回族自治区水利厅	10
浙江省水利厅	26	新疆维吾尔自治区水利厅	12
安徽省水利厅	29	新疆生产建设兵团水利局	10
福建省水利厅	21	合计	658

（三）类型分布

我国水利风景区分为水库型、自然河湖型、城市河湖型、湿地型、水土保持型和灌区型六类。在658处国家水利风景区中，水库型共有323处，占总量的49.09%，自然河湖型132处，占20.06%，城市河湖型120处，占18.24%，水土保持型有24处，各占3.65%，湿地型有35处，占5.32%，灌区型最少，只有24处，占3.65%。

在国家水利风景区中，水利部管辖的风景区有32处，黄委下属的21处水利风景区中，自然河湖型占据了81%的比重，水库型占14.3%，水土保持型占4.8%。其余流域机构下辖的风景区多是水库型和自然河湖型水利风景区。除七大流域委（局）管辖的32处国家水利风景区外，我国各省（区、市）下辖的国家水利风景区共有626处。

三　水利风景区发展存在的问题

（一）基础较薄弱

全国水利风景区发展不平衡、不协调等问题依然突出，在水利行业内外的认知度和美誉度不够，品牌影响力需进一步提升。政策支持、组织队伍建设、理论技术研究等基础工作依然薄弱，后续发展动力不足，发展瓶颈依然存在。缺乏长远规划和专项引导性资金支持，投入渠道单一。

（二）政策不配套

随着经济社会的发展和工作的推进，各地水利部门对水生态文明、水利风景区的功能作用的认知逐步深化，也程度不同地期望建设和发展水利风景区。水利部2013年颁发了《水利部关于进一步做好水利风景区工作的若干意见》，明确要求开展资源调查、编制发展规划、融入水利工程建设等工作。但现行的工程规划、设计和建设管理规定对此没有相应的要求，水利工程技术规范、定额标准等对水生态文明的响应远远不够，“瓶颈”问题亟待解决。

（三）发展不平衡

国家水利风景区的分布，从空间来看，区域进展差异较大、建设发展布局不尽合理；东中西部、各省区市发展差距很大，东中部较多，东北地区、西部较少；从流域来看，黄河流域和长江流域较多，海河流域、珠江流域、松辽流域较少。

（四）建管不协调

专业人才缺口较大，建管失衡、重建轻管现象不容忽视。经济欠发达地区尤其是西部省区市对于水利风景区建设有想法、没办法，缺资金、缺技术、缺管理。景区对水利工程文化和区域特色文化的挖掘、表现不够，一定程度上存在同质化现象。景区经营管理和风景品位等方面距社会公众的期望有较大距离。

B.5

水利风景区综合效益

董青　祁正卫　汪升华　李柏文　邹秀萍

摘　要：水利风景区建设在生态、社会、文化和经济方面已经取得了显著效益。以水生态系统修复为重点，根据区域水资源条件和水环境状况以及河流水系分布和工程布局特征，因地制宜地通过工程与非工程措施，推进水生态修复和水环境改善，显著提升水体自净能力和生态的自我修复能力，极大地修复了区域水生态，改善了区域水环境，再现青山碧水，收到了明显的生态成效，同时为贯彻实施“预防和治理兼顾、治理与养护并重”的水土保持方针探索出了新途径。秉承人与水和谐相处的理念，努力促使人与水、水与陆和人与地在生活、生产、生态方面和谐共存共生。统筹考虑水资源保护与利用、防汛减灾、维护水体健康和提高城市供水与饮水安全之间的关系，在经济发展、民生保障与可持续发展等方面做出了重要贡献。水利风景区依托湿地、灌区、河流和湖库进行建设，充分考虑到河道、山体和绿地之间的协调，成为联结城乡发展的自然生态纽带，构建山、水、林、村（镇）交相辉映的景观格局，对消除城乡二元结构、促进城乡统筹协调发展发挥了重要作用。

关键词：水利风景区　生态效益　经济效益　社会效益

培育生态、优化环境、保护资源、实现人与自然和谐相处是水利风景区建设与发展的核心思想。全国各地区通过水利风景区的开发与建设，积极带动全社会进行水环境治理、水生态修复及水文化遗产的传承与保护实践，日益显现出水利风景区在社会发展中所具有的生态、社会、经济和文化等效益。

一 水利风景区的生态效益

（一）水环境明显改善

随着中国工业化、城镇化的高速发展，水环境的恶化已经成为中国资源环境问题中最突出的公共问题。水利风景区通过工程的和非工程的措施和手段，显著提升水体自净能力和生态的自我修复能力，极大地修复了区域水生态，从而改善了区域水环境。例如，山东省临沂市沂河风景区的打造，就为城区增添了48.5平方千米的水域面积，通过回灌提高了地下水位1.59米，通过稀释作用降低了环境污染负荷10%～15%，通过气候调节作用降低了城区温度1～2℃，提高了相对湿度10%～15%，形成了舒适的小气候环境，有效地缓解了市区的热岛效应。

（二）水生态功能逐渐恢复

在中国，不少地方因水土资源过度开发，出现了河道断流、湖泊萎缩、湿地退化、地面沉降、海水倒灌、“水盆”变小等现象，并导致了水生动植物大量死亡、蓝藻频发、生物多样性遭破坏等后果，已经开始影响经济发展、社会进步和人民生产生活，社会各界反响强烈。水利风景区建设以水生态系统修复为重点，根据水资源条件、水环境状况以及河流水系分布和工程布局特征，因地制宜地通过工程与非工程措施，推进水生态修复和水环境改善，再现青山碧水，收到了明显的生态成效。例如，浙江绍兴环城河水利风景区，按照“防洪、城建、环保、文化”等多重功能要求，对环城河进行综合治理，通过水体置换，提高了自净能力，水质也由劣于Ⅴ类提升为Ⅲ类，使原本岸塌、水脏、淤深、乱建、绿少的环城河面貌焕然一新，逐步恢复了河湖生态系统的功能。

（三）水安全保障显著提高

当前，中国经济社会发展与水资源供给不足的矛盾非常明显，水资源对于经济安全、生态安全和环境安全的影响尤为突出。水利风景区建设秉承人水和谐的理念，促使人与水、水与陆、人与地在生活、生产、生态方面和谐共存共生。水利风景区建设统筹考虑水资源保护与利用、防汛减灾、维护水体健康和提高城市供水与饮水安全之间的关系，在经济发展、民生保障与可持续发展等方面做出了应有的贡献。山东滨州通过四环五海水利风景区建设，使区内河湖调蓄能力加强，蓄存水量也大大增加，有效缓解了水资源短缺的困境，很好地满足了工农业及生活用水要求；通过采取工程措施优化其灌排系统布局，实现了水资源的优化配置，提高了城市防洪除涝和郊区农业灌溉的能力；通过水循环系统构建提高水体置换率，对盐碱地洗碱、压碱的效果显著，极大地改善了地下水、地表水水质，保护并修复了水生态环境。滨州四环五海水利风景区建设充分展示了水利风景区在水安全保障方面具有的效应。

（四）水土保持能力稳步提升

水土保持型水利风景区是利用水土保持工程兴建的一种水利风景区类型，综合运用人工治理与自然修复能力，促进生态效益与社会效益相结合，使无数荒山秃岭变成绿树成荫的风景区，为贯彻实施

“预防和治理兼顾、治理与养护并重”的水土保持方针探索出了新途径。例如，内蒙古鄂尔多斯砒砂岩水利风景区，采取植物种植与淤地坝建设相结合的水土保持方式，利用油松封顶、杏树环腰、沙棘封沟的立体防治法，顽强地打造出黄土高原地区罕见的植被景观，该景区已有效治理砒砂岩面积 132 万亩，植被覆盖率由 12% 增至 79%，每年减少 4000 多万吨粗泥沙进入黄河。在此基础上利用砒砂岩地质景观开展的观光休闲和科普旅游成为当地的一个产业。

（五）乡村景观逐步美化

大部分水利风景区依托湿地、灌区、河流和湖库进行建设，充分考虑到水体、山体和绿地之间的协调，成为联结城乡发展的自然生态纽带，构建山、水、林、村（镇）交相辉映的风景格局，对于消除城乡二元结构、促进城乡统筹协调发展发挥了重要作用。例如，山东、安徽、河北、江苏一些重要灌区，通过水利风景区建设，形成了沟、渠、田、林、路与桥、涵、闸站、井组合的景观格局，其中田成方、渠成网、林成带，充分展示了现代田园风光和浓郁的地方风情。再比如，苏州的一些乡村，通过道路硬质化、沟渠生态化、降渍暗管化、田间园艺化，不但给农村水利现代化提供了一个示范，也为社会主义新农村建设开创了成功范例。一些外国元首也去参观考察了这些乡村，对这一新型的农田水利模式和灌区的水利风景给予了高度赞誉。

二　水利风景区的社会效益

（一）提升了群众幸福指数

中国社会经济正在迈向全面小康，人民群众对生活质量和幸福生活的期望越来越高。水利风景区拥有丰富的景观资源、生态资源和文化资源，凭借这些资源所形成的休闲、旅游、娱乐、养生空间，已经成为独具魅力的景区景点。特别是依水兴建的特色水镇，成为居民近水、亲水、放松身心、锻炼身体、陶冶情操的重要场所，到这些景区景点游憩、休闲、唱歌、跳舞、锻炼身体，已成为人们生产和生活的一部分，有效地提高了人民群众的生活质量和幸福指数。如湖北长阳土家族自治县清江水利风景区，依托隔河岩水库、电站与清江河道，融入土家族文化元素，使人文景观与自然景观有机结合，地方百姓积极参与景区共建，参与经营管理，形成群众与景区同兴共荣的良好局面。

（二）发展了水利旅游

水利风景区富含独特的山水景观和优美的生态资源，是发展第三产业（特别是旅游业）以及其他绿色产业的产业平台，也是调整地方经济结构、培育无烟产业、减少碳排放、实现绿色增长的重要抓手。例如，浙江富阳利用富春江水利风景区的山水和文化资源，打造“运动休闲之城”，融合了一、二、三产业：农业利用山水优势，发展农家乐和乡村游；制造业利用山水环境特色，推进产业转型提升，走发展与山水特征相吻合的低能耗、高附加值、新型工业化道路；服务业立足独特的山水文化资源禀赋，大力发展运动休闲产业。目前，富春江水利风景区成为拉动富阳经济增长的强大引擎和增长极。据统计，通过水利风景区建设，富阳 2011 年实现第三产业增加值 116.8 亿元，同比增长 18.5%，对 GDP 增长的贡献率达 95% 以上。

（三）推动了社会和谐

水利风景区的建设和发展，既提升了人民群众的生活质量，也为建立和谐社会做出了贡献。水利风景区能够带给老百姓一个娱乐休闲的空间，给他们一块清净的圣地，让他们呼吸一下清新的空气，静涤一下烦躁中产生的浮躁情绪，提高了社会的文明程度。据联合国教科文组织统计，在世界各国所出现的公共场所犯罪中，风景区的犯罪率是最低的。发展水利风景区还极大地提高了当地居民收入，具有扶贫脱贫功能及维护社会稳定的作用。另外，一些经济欠发达地区的水利风景区，通过其建设可以带动旅游业的开展，吸引游客进入，开阔景区所在地居民的视野，革新陈旧的传统生活方式，形成良好的现代社会新风气。

三 水利风景区的经济效益

（一）推动地方绿色发展

水利风景区为地方经济的发展带来了巨大的经济效益。据不完全统计，水利风景区年收益约 10 亿元。利用风景资源打造水利风景区，可以利用旅游作为媒介，促进区域人流、技术流、物流、信息流、资金流的增长。现在许多城市都在利用河湖水库，打造滨水的城市河湖型水利风景区。往往一个成功的水利风景区，就是城市的一张新名片，代表这个城市的品牌形象，决定这个城市的影响力，也增强了这个城市的对外辐射力。比如，陕西西安市通过扩大旅游产业拉动地方的经济发展，近几年内投资 30 亿元，将一个垃圾成堆、污水满盈、杂草丛生、蚊蝇遍地的城区团结湖水库，打造成为流水潺潺、水体清澈、园域广阔、汉文化汇集的汉城湖水利风景区。该风景区于 2011 年 10 月 1 日开放，当天游人就多达 13 万人，在网上掀起了一场“到西安看看”的点击浪潮，使西安游客量迅速增加。由此可见，水利风景区的建成可有力地推动地方经济的发展，而这种增长模式与传统的工业增长相比更为低碳和生态。

（二）增加社会人员就业

旅游业是一个关联性很强、带动性很强、产业链很长的产业，易于与相关产业互动融合发展，从而带动交通、通信、建筑、餐饮、商业、饭店、娱乐等100多个部门的发展，对就业有很大的容纳作用。因此，开展水利旅游，可以有效解决水管单位下岗职工问题，同时吸纳社会闲散劳动力，有助于增加社会就业。据对全国207个水利风景区的调查，由水利风景区建设和经营而形成的贸易、餐饮、住宿服务等建筑总面积约为365.9万平方米，创造就业岗位3.5万个。其中，水利风景区共安置本单位闲置职工3905人，占本单位职工总数的44.41%；安置本单位职工子女、家属1034人；安置社会人员8102人，其中残疾人176人，约占2.2%。这些水利风景区仅近3年内就接收已毕业的大学生1354人、复员退伍军人996人、社会下岗人员2054人以及其他人员4802人。

（三）反哺水利工程

据不完全统计，国家水利风景区旅游年收入在1000万元以上的约占1/4，旅游年收入在500万至1000万元之间的占近1/2。例如，长春市的净月潭水利风景区，年门票收入就高达3000万元。一些水管单位通过建设水利风景区整合水土资源进行综合开发和利用，不仅妥善安置了内部职工就业，还实现了反哺水利工程的管理与养护。再如，河南林州市红旗渠水利风景区经济实力迅猛增强，职工的工作环境明显改善。现在每年仅旅游收入就达到1500多万元，每年还可以从景区门票收入中拿出800多万元用于水利工程的维护和管理。

四　水利风景区的文化效益

（一）丰富了水文化内涵

水文化是与水利建设和发展相随相伴而产生的一种独特文化，是新时期社会主义精神文明建设的重要内容和表现形式。水文化是中华文化的有机组成部分。在建设文化强国的当下，加强水文化的建设与推动水文化的传承和发展是一个长期而重大的任务。水利风景区正越来越成为传承水文化的重要阵地和拓展水文化的重要载体。例如，江苏淮安市古淮河水利风景区依托古淮河清河辖区段，将古淮河文化与生态河湖建设有机结合，建设古淮河文化广场、淮河老街、中国城市化史馆、淮扬菜文化博物馆等项目，形成了特色鲜明的文化体验与科普教育主题景区。再如，湖南省常德市柳叶湖水利风景区集水文明、水精神、水哲学、水艺术、水科技于一体，成为展示常德独特地域文化和水文化的重要场所。

（二）推动了水文化发展

水利风景区通过水利功能、生态功能和人文功能的有机结合，极大地推进了水文化的发展。特别是在水利风景区建设中，要求各地将每一个工程建设成为生态修复工程、水资源保护工程、环境美化工程、水文化弘扬工程，不断展示治水思路和水利文化思想，宣传现代水利治水理念和时代内涵。例如，江都水利枢纽在环境改造过程中，处处保护历史、把握文脉、彰显文化，通过精致的建筑美学和管理区环境艺术整体设计，体现了水文化的内敛含蓄之美。再如，21 世纪初南水北调东线工程兴建后，江都管理处塑建了一个东线南水北调“源头碑”，其碑文依实而撰，文采飞扬，大气磅礴，众游人驻足皆朗读抄记，形成了一个重要的水文化传播现象。

（三）弘扬了水利精神

“为政之要，其枢在水”。中国历朝历代无不把治水当作第一要务，特别是新中国成立后治水成就显著。长期以来，由于计划经济体制的影响和对水利工作宣传的不到位，水利的功能和作用不被大众熟知，水利的地位在全社会不突出；另外，由于水利的公益属性，水利创造的价值难以用直观方式去统计，也不可能用货币定量表征。水利风景区以人们喜闻乐见的方式，寓教于乐地让游人了解治水科学原理，体验水利文化，学习国家水利政策，感受工程设计者和建设者的艰辛和背后的故事，提高了对水利事业繁荣地方经济、促进社会发展的认识。通过水利风景区能够拉近普通大众与水利工作的距离，吸引社会各界人士了解、关注进而支持水利事业的发展，因此水利风景区具有不可替代的宣传作用，是展示水利成就、弘扬水利精神的窗口。

（四）传播了水科普知识

水利风景区凭借其独特的水景观、良好的水环境、优良的水生态和丰富的水文化，为人民群众提供了赏心悦目、陶冶情操的景观空间和增长水利知识的重要学习平台。人们通过玩赏水、了解水，会进而爱护水和珍惜水，为建立节水型社会、实施最严格的水资源管理制度打下良好的基础。例如，黄委山东局在沿河地段合理设置了大量精致的雕塑、纪念碑和广场等设施，生动地展现了治河名人的丰功伟绩、治河思路的科学转变以及治河成败的经验教训等丰富内容，宣传推广了母亲河黄河的文化，普及了知识，增强了民族认同感。

B.6 水利风景区发展经验

董 青　祁正卫　汪升华　李柏文　邹秀萍

10多年来，水利风景区工作秉持“保护谋发展，发展促保护”的思路，积极探索建设与管理的内在规律，并通过组织制度建设、试点推动、规范化管理与品牌化建设等一系列举措，推动了水利风景区的健康发展，积累了诸多宝贵经验。

一　顶层设计、制度建设是基础

做好顶层设计与制度建设是保障水利风景区健康有序持续发展的基础。从2001年开始，景区办就组织专家开展制度体系建设研究，提出了《水利风景区制度体系框架（2006~2015年）》，建立了水利风景区发展的长效机制，确保发展中出现的问题都能在制度确定的框架内解决，确保制定的政策措施都经得起实践检验。颁布了《水利风景区发展规划纲要》，明确了水利风景区建设的指导思想、发展目标、发展布局、建设重点、保障措施等内容，指导近、中、远期水利风景区发展。目前，正在组织编制《水利风景区发展战略规划》。与此同时，指导各省加强顶层设计，山西、贵州、江苏等省编制完成了省水利风景区发展规划，陕西省出台了《陕西省水利风景区“十二五”开发建设规划纲要》，推动了江西、河南、甘肃、陕西等省将水利风景区建设作为一项重要工作内容列入水利发展规划。四川省乐山市积极出台鼓励政策，从项目资金、法规体系建设等方面为景区申报与发展注入新动力。

二　组织保障、政府支持是前提

水利风景区建设与管理工作的顺利开展，得益于水利部党组和各级政府部门的持续关注与一贯支持。在水利部的推动下，这一领域建立了部—省—景区三级行业管理体系，29 个省（自治区、直辖市）成立了领导小组，由分管副厅（局）长主抓，专人负责，职能明确。水利风景区的发展，除了需要水管单位、水利风景区等行业自身努力外，地方领导的关心关注也往往是水利风景区发展的重要前提。一些城市河湖型、湿地型等风景区大都在地方政府管理范围内，建设、管理、经营与服务涉及水利、国土、林业、城建、物价、旅游、发改委、财政等多个部门，特别是资金投入，更是一个重大问题。如果没有地方政府以行政手段去协调各个方面的关系，则水利风景区难以启动和发展；如果地方政府不从投入上给予安排（包括融资、集资或者以资源换资产），水利风景区更不可能发展这么快，成效也不会这样好。景区办根据地方经济社会发展的需求，加大对水利风景区的宣传，调动了地方政府发展水利风景区的积极性，使水利风景区在关内关外、边塞内外、大江南北都得到认同与着力发展，这是一条值得认真总结的重要经验。从水利部的“我要办”到地方政府的“我愿办”，集中体现了社会对水利风景区从一般认同到自觉发展的过程。陕西凤县嘉陵江源水利风景区、湖南常德市柳叶湖水利风景区等，都是政府主导建设的成功例证。

三　解放思想、改革创新是关键

坚持解放思想、改革创新是水利风景区得以持续发展的关键。同时，解放思想必须创新思路。如果不创新发展思路，在一无经费、二无经验的情况下，任何事情都难以有所作为。景区办实施“以评促建”发展方略，集中体现了思路创新；特别是提出了“维护水工程、保护水资源、保障水环境、修复水生态、弘扬水文化、发展水经济”的理念，更是一种理论导向的创新。江苏苏州市旺山水利风景区依托吴中区水土保持科技示范园，通过封山育林、修建山塘、布设截排水系统等生物、工程措施，形成了融“山、水、村、绿”为一体的绿色生态系统，通过科技手段传播水土保持知识。陕西省柞水县政府主导，累计投资3.1亿元，对秦岭牛背梁南坡的“山、水、土、林、田”进行整体谋划，系统治理，高起点、高品位、高质量地建设了乾佑河源水利风景区，并使之成为丹江口库区及上游水土保持工程与小流域综合治理示范区。“一个龙须沟变成朝阳沟”，是一班市民和文化人积极建议的理想局面，一个西安污染池变成“汉城湖”也是水利人解放思想与前卫思考的良好结果。

四　科技支撑、专家队伍是重点

水利风景区建设与管理的实践告诉我们：借助专家力量，应用现代科技，实施科技兴水，实现科技兴景，是水利风景区发展的不竭源泉。在现代化发展日新月异的情况下，任何事业的成功都必须有高素质的人才队伍去担纲和引领。虽然水利风景区不是高精尖产业，但由于起步晚，专业人才稀缺，缺乏团队管理经验。景区办依托水利风景区评审委员会及专家队伍，通过“以评促建”的方式，“借脑袋”工作，“借智慧”发展，聘请和组织全国水利、生态、环境、规划、旅游、管理等领域专家参与其中，参加评审、巡查指导、授课教学。科技应用与专家队伍建设，是水利风景区不断发展并逐步提高层次的重要保障。

五　以评促建、以评促管是良策

水利风景区良性发展的生动实例说明：以评促建、以评促管是水利风景区可持续发展的良策。评不好就会误导，建不好就会白费力，管不好就会前建后丢。在水利风景区已获社会广泛认可的背景下，如何使各级水行政主管部门和地方政府以及社会力量投入水利风景区建设，是水利风景区能否加快发展和持续发展的关键。因为水利风景区建设投入较大，完全依靠从水利工程项目投入中划出一些资金难以实现。但是，水利风景区又要发展，这是行政审批制度改革形势下水利行业面临的一个重大问题。为此，水利部景区办建立了“以评促建”的机制，实施建管结合，以效益做驱动，激励行业、地方和社会共建共赢，实现了“评—建—管”联动提质量、上水平、上台阶的目标。

六　示范带动、典型引导是良方

多年的实践探索表明：试点探索，典型推广，示范引路，榜样带动，是推动水利风景区建设与管理工作科学发展的重要途径。景区办在全国先后组织召开了“水利风景区助推城市发展”“水利旅游发展战略”“湿地水环境保护管理制度体系建设”“水利风景区动态监管与信息化建设”等30多次学术研讨会，探索水利风景区建设管理的新思路、新方法、新途径。创新发展模式，建立国家水利风景区的“达标升级”激励约束机制和淘汰机制，加强品牌与精品工程培育，发挥品牌的示范带头作用，通过联动辐射效应，不断提升国家水利风景区的品质。塑造了一批定位准确、思路清晰，在水利风景区资源保护与开发、水文化建设、区域经济带动等方面成效显著的水利风景区。积极参加全国水利科技推广大会，介绍水利风景区建设管理的科技项目需求，引进、吸收和集成先进技术100多项，并通过现场会、经验交流会、技术推广会和科普展览、宣传技术手册等形式进行推广应用。大力开展水利风景区动态监管信息平台建设，指导陕西、江苏、山东、贵州等省开展水利旅游资源动态监控信息化建设，基本实现了部、省、景区三级管理部门的景区动态监控和实时信息传输，不断推进水利风景区建设与管理工作优化升级。景区建设与管理工作坚持抓先进，促后进，带中间，推动水利风景区工作整体发展。

七　多元机制、两手发力是方向

市场经济是资源配置的基础。计划经济的特征是资源调拨靠指令、事业发展靠命令、利益分配靠固定，没有动力，没有活力。在建立社会主义市场经济的大背景下，景区办注重借鉴有关部门利用市场经济机制发展事业的经验，倡行“政府主导、社会参与、企业介入、市场运作”，使市场机制的作用在水利风景区的发展中得到充分发挥和展示。安徽岳西县大别山彩虹瀑布水利风景区，利用政府融资平台，招商引进社会资金和民间资本，加速了景区建设速度。吉林省鹭鹭湖水利风景区在建设与管理实践中探索出了一条企业管理中小型水利工程，并协调周围的林地、湿地、农业用地联合经营的景区管理模式。

专题报告

Special Reports

B.7

水利风景区与水生态文明建设

孙艺惠　李鹏　祁正卫　周波

摘　要：水利风景区与水生态文明建设互为促进，共同发展。水利风景区是水生态文明建设的先行实践，孕育水生态文明城市理念，为水生态文明建设奠定坚实基础，展示水生态文明建设成果。水生态文明建设引领水利风景区发展航向，指导并促进水利风景区健康发展。

关键词：水利风景区　水生态文明　水生态文明城市

一　水生态文明建设

水生态文明是生态文明的重要组成部分，是生态文明在水资源利用和管理领域的综合实践。水利风景区在全国范围内迅速发展，离不开生态文明发展理念和水生态文明发展理念的正确指导。水生态文明建设方略的提出为水利风景区未来的蓬勃生长夯实了理论依据，勾画了目标蓝图，塑造了成长灵魂，坚定了发展信念，指引了发展方向。

（一）生态文明与水生态文明

1. 生态文明

生态文明是在人类与自然相处过程中形成的更高级文明形态，是人类文明的重要组成部分。迄今，人类经历了原始文明、农业文明、工业文明，而生态文明时代则是人类要开创的崭新时代。同时，生态文明建设也是水利风景区发展的长远目标和方向。

生态文明是追求人与自然和谐的文明形态。生态文明是指人类自觉遵循自然、社会和经济发展规律，在改造客观世界的过程中，采取生态化的生产、生活、生存方式，使人的行为顺应自然，而不超越自然承载能力，从而达到人与自然和谐相处、平衡相依的一种友好环境状态。这是人类文明的一种最高境界，是相对于古代的农耕文明、近代的工业文明的一次新的文化启蒙，也是使人类变混沌发展为科学发展、变非理性发展为理性发展、变“黑色发展”为“绿色发展”的正确选择。

生态文明的本质内涵包含两个侧面、三个基本点。两个侧面是节约资源、保护环境；三个基本点是绿色引领、循环经济、低碳发展。把握这一本质内涵，就可以形成节约资源、保护环境的空间格局、产业结构、生产方式、生活方式，从而从源头上扭转生态环境恶化的趋势，并使资源得到永续利用。

生态文明体现生命价值、资源价值和环境价值。一是体现了保障生命存在的意义。地球上任何一种物种及其生命个体的存在，都是相互关联和影响的，有了这种关联和影响，才使地球形成了一个完整的

“生物圈”“生物链”，也才使地球充满了“生命力”，从这个意义上来说，生态文明实则体现了“生命价值”。二是体现了保障资源永续利用的意义。地球之所以是有生命力的，从根本上在于它是一个由人和其他生物以及无穷的无机物质组成的世界，多种多样的资源处于相互依存、相互利用、相互转化的状态。虽然资源的开发利用和物质的转化提高了人们的物质文明，但如果由于人类的一些“异化”行为，不注重资源节约和保护，地球上的资源将被掏空耗尽，那么地球的生命力将萎缩。从这个意义上说，这个生态文明体现了“资源价值”。三是体现了保障生存环境的意义。地球上的任何生物物种和生命个体，都需要一定的生活环境才能生存发展。“有了阳光雨露，禾苗才能成长”，这是最浅显不过的道理。特别是人，不仅要有好的生存环境，也要有好的生活环境。环境的恶化特别是水环境的污染，已经给人类带来了诸多的灾难。从这个意义上说，大力推进生态文明建设所产生的生态价值则体现了“环境价值”。

生态文明是中国转型发展的必然选择。从当前和今后我国的发展形势看，抓紧实施以节约能源、资源和保护环境为基本原则的生态文明建设是十分迫切的战略任务。2007 年，中国共产党十七大正式提出生态文明概念；2012 年，十八大报告中提出“从源头上扭转生态环境恶化趋势”的目标，提出“给自然留下更多修复空间，给农业留下更多良田，给子孙后代留下天蓝、地绿、水净的美好家园”的愿景，并将生态文明建设与经济建设、政治建设、文化建设、社会建设一起，列入“五位一体”的总体布局，把生态文明建设放在突出地位，融入经济建设、政治建设、文化建设、社会建设的各方面和全过程；2013 年，中共十八届三中全会通过的《中共中央关于全面深化改革若干重大问题的决定》进一步提出紧紧围绕建设美丽中国深化生态文明体制改革。这些决策和方略，为中国经济的转型发展提出了新的方向，是历史性的、必然的、正确的选择。

2. 水生态文明

水生态文明是对生态文明的理念和思想的响应，是生态文明理念在水资源利用和水资源管理实践中的运用。水生态文明以尊重自然生态环境为主旨，通过开发水利发展经济，为人类社会发展服务，实现经济、社会、环境并重的可持续发展三维目标。

水生态文明是以维护水生态健康、构建和谐人水关系为目标的文明形态。在水生态文明理念指导下，人类在水资源开发、利用、管理等活动过程中，遵循自然和生态法则，以水生态系统的基本需求为出发点，在保证水生态系统动态平衡的前提下和谐统筹水资源的开发、利用、治理、配置、节约和保护，实现人水和谐发展的状态。水生态文明程度代表了人水关系演进的阶段及人们对人水关系发展的认识水平。水生态文明将水的资源功能、环境功能、生态功能和经济功能相统一，为解决我国面临的多重水危机提供了新的思路和方向。水生态文明的内涵体现在以下几个方面：第一，水生态文明是通过水利工程设施和手段防治水旱灾害的一种水安全文明；第二，水生态文明是使水满足人类需求，实现水资源永续利用的一种水资源文明；第三，水生态文明是提高人们的生产、生活、生存环境的一种水环境文明；第四，水生态文明是使人亲水近水爱水惜水保护水的一种水文化文明。

水生态文明与生态文明理念一脉相承。生态文明遵循“人与自然和谐”的生态自然观，倡导尊重自然、顺应自然、保护自然的基本理念。水生态文明倡导“人水和谐”的水生态观，崇尚以人为本、全面协调可持续的科学发展观，致力于解决人口增长和经济社会高速发展中出现的洪涝灾害、干旱缺水、水土流失和水污染等水生态问题，以期使人和水的关系趋于和谐，使有限的水资源为经济社会可持续发展提供有力的支撑。水生态文明与生态文明的本质目标相一致，即构建和谐生态关系，构建和谐社会。水生态文明思想与生态文明思想一脉相承，突出特征也是尊重自然，坚持水资源可持续利用与管理的思路，要求在水资源的利用和管理中全面协调经济社会发展需求与水资源水环境承载能力的关系，以水资源的可持续利用支撑经济社会的可持续发展。

水生态文明是生态文明的核心组成部分。水是基础性的自然资源和战略性的经济资源，自然和社会发展的各个方面都不可或缺。水资源和水环境是资源和环境领域的基本组成部分，坚持水资源节约和水环境保护是建设生态文明的重要内容。加强水资源保护和用水总量管理、推进水循环利用、建设节水型社会，是全面促进资源节约的重要方面。推进水土流失综合治理，加快水利现代化建设，增强城乡防洪排涝能力，强化水污染防治，是自然生态系统和环境保护的重要措施。完善最严格水资源管理制度是生态文明制度建设的重要保障。水生态文明建设的主要内容包括防洪保安、水资源保障、水环境治理、水生态修复和保护、水经济发展以及水文化继承和培育等方面，涵盖了生态文明建设的核心内容，是生态文明建设的核心因素。

水生态文明是生态文明的根本基石。水是生态与环境的基本要素，也是生态系统中最活跃的控制性因素，是人类生活和生产活动必不可少的物质基础。我国历史上历来认为善治国者必重水利，中华文明实际上是治水文明，也正是因为重视水的价值，中华文明才能绵延数千年，不断繁荣发展。随着人类文明的不断发展，工业文明带来的环境污染、资源枯竭、极端气候、生物物种锐减等问题不断加剧，人们愈来愈清晰地认识到水是生命之源、生产之要、生态之基，水作为生态系统控制性要素的重要地位更加突出。不解决好水的问题，就无法克服人与自然可持续发展过程中的各种矛盾，就无法实现工业文明到生态文明的转变，生态文明将无从谈起。可以说，水生态文明建设是生态文明建设的重要基础和保障。

水生态文明是指导水利工作的重要理念。水生态文明建设的最终目的，是水资源的可持续利用和人类高质量的生活。因此，水生态文明建设是生态水利工作的升华，它将生态水利与民生水利和资源水利三者之间的关系协调统一起来，三者的和谐发展是水生态文明建设的理论精髓。正因为此，水生态文明成为指导我国水利工作的重要理念。根据水生态文明建设的总体部署和要求，面对我国一些地方水资源短缺、水污染严重、水生态退化等问题日益凸显的状况，水利发展必须正确处理好人与自然的关系，坚持人与自然和谐相处，从源头上扭转水生态环境恶化的趋势，这既是生态文明建设的重要内容和基础保障，也是人类生存发展的重要任务和基础支撑。推进水生态文明建设要求治水的各项工作必须坚持以人为本，必须坚持人与自然关系的平衡和协调，在整个生态系统可持续的框架下处理好兴水利、除水害与生态环境保护的关系，合理地趋利避害，给子孙后代留下山青、水净、河畅、湖美、岸绿的美好家园。

（二）水生态文明建设

1. 水生态文明建设的背景及意义

党的十八大在科学判断我国 21 世纪经济社会发展阶段性特征、深刻把握人类社会发展规律的基础上，把生态文明建设提升到与经济建设、政治建设、文化建设、社会建设并列的战略高度，从优化国土空间开发布局、全面促进资源节约、加大自然生态系统和环境保护力度、加强生态文明制度建设等四个方面对推进我国生态文明建设做出了战略部署。

根据生态文明建设的总体部署和要求，面对我国一些地方水资源短缺、水污染严重、水生态退化等问题日益凸显的状况，水利部将水生态文明建设作为在更深层次、更广范围、更高水平上推动民生水利发展的重要任务，作为促进人水和谐、推动生态文明建设的重要实践，作为实现“四化同步发展”、建设美丽中国的重要基础和支撑，举全部、全行业之力加以重点推进。2013 年初，水利部成立了以陈雷部长任组长，胡四一副部长、周学文党组成员、汪洪总工任副组长，各司局主要负责同志为成员的水利部水生态文明建设领导小组。3 月，出台《关于加快推进水生态文明建设工作的意见》，按照十八大报告关于生态文明建设的要求，对水利系统加快推进水生态文明建设进行了全面部署，提出了水生态文明建设的指导思想、基本原则和目标，明确了八项主要工作内容。

加快推进水生态文明建设，对转变经济发展方式，实现我国经济、社会和生态环境和谐发展，建设中国特色社会主义具有重要意义。

加快推进水生态文明建设，是解决目前我国水问题的根本途径。水是重要的生态环境要素和生态资源。水资源好不好，水生态好不好，直接影响生态文明建设的质量和效果。我国水情复杂，水问题由来已久，特别是随着工业化、城镇化快速发展和人口的增长以及全球气候变化影响的加大，水资源短缺、水污染严重、水生态环境恶化等问题依然突出。加快推进水生态文明建设，就是要加强水生态环境保护，不断改善水生态环境质量，加快推进节水防污型社会建设，从根本上解决困扰我国经济社会发展的水问题，以水资源的可持续利用保障经济社会的可持续发展。

加快推进水生态文明建设，是实现经济社会与生态环境和谐发展的基本要求。近几十年来，中国经济的高速发展是以水资源的高度消耗、水环境的急剧恶化为代价的。未来要实现经济社会与生态环境和谐发展的要求，必须转变经济发展方式，必须转变用水方式。加快推进水生态文明建设，就是要正确处理经济社会发展和水资源条件的关系，引导各地在发展过程中主动适应水资源和水环境承载力，既满足经济社会发展的合理需求，又满足河湖健康的基本要求。

加快推进水生态文明建设，是提高人民福祉的必然要求。水利发展经历了从工程水利到资源水利再到民生水利的过程。民生水利实质就是水生态文明建设的水利，满足人民全方位的需求。让水利更好地惠及民生，必须要在水生态文明建设上有新的作为。水生态文明建设是使水利更好地惠及人民、满足更高层次要求的最有利举措。

加快推进水生态文明建设，是促进城市健康发展的重要支撑。良好的水生态环境是现代城市文明的重要标志。我国正处于工业化、城镇化快速发展阶段，解决城镇化过程中的水生态环境问题，打造和谐优美人居环境，也要求加快水生态文明建设，为城市经济社会可持续健康发展提供有力支撑。

2. 水生态文明建设的目标和要求

推进水生态文明建设，就是要以科学发展观为指导，全面贯彻党的十八大关于生态文明建设的战略部署，把生态文明理念融入水资源开发、利用、治理、配置、节约、保护的各方面和水利规划、建设、管理的各环节，坚持节约优先、保护优先和自然恢复为主的方针，以落实最严格的水资源管理制度为核心，通过优化水资源配置、加强水资源节约保护、实施水生态综合治理、加强制度建设等措施，大力推进水生态文明建设，完善水生态保护格局，实现水资源可持续利用，提高生态文明水平。

水生态文明建设的目标：一是最严格水资源管理制度有效落实，“三条红线”和“四项制度”全面建立；二是节水型社会逐步建成，用水总量得到有效控制，用水效率和效益显著提高；三是科学合理的水资源配置格局逐步形成，防洪保安能力、供水保障能力、水资源承载能力显著增强；四是水资源保护与河湖健康保障体系逐步建成，水功能区水质明显改善，城镇供水水源地水质全面达标，生态脆弱河流和地区水生态得到有效修复；五是水资源管理与保护体制逐步理顺，水生态文明理念深入人心；六是水生态环境显著改善，河湖更加美丽。

水生态文明建设是一项涉及生产方式、生活方式和发展模式的全方位变革，是一个复杂的系统工程。水生态文明建设主要体现在5个维度和3个尺度上。5个维度是指水生态文明建设在生态、经济、管理、制度和文化5个维度上的体现和要求。生态维度指水生态系统结构和功能的完整性，包括水文、河流地貌、水体物理化学环境和生物等方面；经济维度指水资源系统对经济持续发展与协调发展的支撑；管理维度指水生态系统相关行为的文明，包括水资源开发的科学性、利用的高效性、排污的有序性等内容；制度维度即维持水生态系统健康和水资源高效循环利用的有效的制度安排；文化维度指对水生态文明的认知，包括全社会正确的水生态伦理价值观的确立、水资源节约保护意识的普及、对经济社会与水生态系统相互依存伴生关系与规律的科学认知等。

水生态文明建设的3个尺度是指生态文明建设在国家、流域、地方三个层面上的具体要求与体现。在国家层面上，水利部印发的《水利部关于加快推进水生态文明建设工作的意见》（水资源〔2013〕1号）中明确提出了水生态文明建设的主要内容：（1）落实最严格水资源管理制度；（2）优化水资源配置；（3）强化节约用水；（4）严格水资源保护；（5）推进水生态系统保护与修复；（6）加强水利建设中的生态保护；（7）提高保障和支撑能力；（8）广泛开展宣传教育。在流域层面上，水生态文明建设以流域水资源保护与水生态修复为核心，从流域防洪减灾、水资源供给与保障、水资源保护与水生态修复和流域综合管理四个方面进行流域水生态文明建设。在地方层面上，水生态文明建设围绕江河湖库水系联通、水资源的统筹保障、用水总量控制管理、水功能区划定、水务一体化改革、水生态补偿、水价市场调节机制建立等方面展开。

3. 水生态文明建设的实践及成效

水生态文明是新时期治水理念与治水方略的全新变革，是从更深层次、更广范围、更高水平上推动民生水利新发展的必然要求，也是实现从传统的供水管理向需水管理转变、从水资源开发利用为主向开发与保护并重转变、从局部水生态治理向全面建设水生态文明转变的重要途径。尽管水生态文明是一个全新的概念，但水生态文明建设的实践却早已开展，并积累了丰富的经验。

1998 年长江全流域洪水的警示，迫使人们对传统治水思路进行深刻反思，治水理念开始从传统的工程水利向可持续发展水利、资源水利、民生水利转变。国家在全国开展了水系综合整治、河湖健康评估、流域生态调水、水生态系统保护与修复试点、国家水土保持重点工程建设、水利风景区建设、水生态文明城市创建等一系列实践活动，为水生态文明建设的系统推进奠定了基础。2013 年，水利部印发了《水利部关于开展全国水生态文明建设试点工作的通知》（水资源〔2013〕145 号）、《水利部关于加快开展全国水生态文明城市建设试点工作的通知》（水资源〔2013〕233 号），正式启动了水生态文明建设试点与水生态文明城市创建工作。

此外，各地也积极探索适合地方特点的水生态文明建设模式，发挥了积极的示范和引领作用。2012 年，山东省率先探索建设省级水生态文明城市，并制定颁布了《山东省水生态文明城市评价标准》，将城市水资源体系、水生态体系、水景观体系、水工程体系和水管理体系作为衡量水生态文明城市的标尺，为地方水生态文明建设提供了借鉴。济南市将建立健康优美的水生态与环境系统，实现“泉涌、湖清、河畅、水净、景美”作为水生态文明建设的目标。江苏无锡市通过构建安全集约的水资源体系、健康畅达的水环境体系、和谐秀美的水生态体系、严格现代的水管理体系和彰显特色的水文化体系，全面落实最严格的水资源管理制度，深化水环境治理与保护，加强水生态保护与修复。

总体来讲，我国在水生态文明建设的实践中进行了积极的探索，并取得了一定的成效。首先，在国家层面上，水利部重视顶层设计和科学指导，制定了水生态文明建设的目标和要求，重视建设工作的科学化、规范化引导。在实践中，以水生态文明城市的创建为突破口，提出了水生态文明建设进城、下乡、城乡一体化建设的发展思路。其次，在地方层面上，各省（区、市）结合自身发展条件和问题，积极探索水生态文明建设模式。最后，在水生态文明城市的建设中，形成了国家引导与地方实践紧密互动的关系。水生态文明建设既需要自上而下的顶层设计与规划，也需要自下而上的实践与创新，更需要将两者结合起来的科学的制度体系与运作机制。

二 水利风景区是水生态文明建设的先行实践

作为现代水利的拓展延伸，水利风景区以其独特的工程、资源、环境优势，在发挥工程效益、涵养水源、保护生态、改善环境、促进区域经济社会发展等方面发挥着重要的作用。水利风景区建设是水生态文明建设的重要组成部分，为水生态文明建设提供了先行实践。

（一）水利风景区发展理念自觉契合水生态文明建设的战略思路

1. 人水和谐是水生态文明建设的核心

水是人类赖以生存和发展的基础性和战略性自然资源，人类自诞生之日起就开始了人水关系的实践，在人类历史进程中，随着人与自然关系的发展，人水关系大致经历了水侵人、人避水、人争水、人亲水四个阶段（见表1），而人水和谐的理念，正是基于人争水发展阶段中日渐凸显的水资源和水环境问题而提出的，它的提出，开辟了人水关系的新领域。

表 1 人与自然、人与水关系发展对比图

	第一阶段	第二阶段	第三阶段	第四阶段
人与自然的关系	依附自然	顺应自然	改造自然	与自然和谐
人与水的关系	水侵人	人避水	人争水	人亲水

人水和谐是人文系统与水系统相互协调的良性循环状态，即在不断改善水系统自我维持和更新能力的前提下，使水资源能为人类生存和社会经济可持续发展提供久远的支撑和保障。它有三个核心构件，即水系统自身健康得到不断改善；人文系统走可持续发展道路；人类主动采取一些措施来改善水系统健康，协调人水关系。

水生态文明要求把生态文明理念融入水资源开发、利用、治理、配置、节约、保护的各方面和水利规划、建设、管理的各环节。具体说来，就是在实行严格的水资源管理制度的基础上，进一步优化水资源配置、加强水资源节约保护、进行水生态综合治理、加强制度建设，以完善水生态保护格局，实现水资源可持续利用。水生态文明建设的本质，就是充分协调人类经济社会发展与水资源和水环境承载力间的关系，使人文系统和水系统形成一个可持续的互动关系。由此可知，人水和谐是水生态文明建设的核心，具有充分的内核驱动作用。

2. 人水和谐是水利风景区建设与发展的基本要求

人水和谐是水利风景区建设及发展的基本要求，《水利风景区管理办法》（水综合〔2004〕143 号）中明确规定：水利风景区的设立，应当有利于加强水资源和生态环境保护，有利于保障水工程安全运行，有利于促进人与自然和谐相处。随后，为了进一步明确水利风景区的建设与发展思路，有计划、有步骤、科学合理地开发利用和保护水利风景资源，水利部于 2005 年制定并发布了《水利风景区发展纲要》。《纲要》规定，水利风景区的发展要统筹人与自然和谐相处，科学、合理地利用水利风景资源，保护好水生态环境，切实体现科学发展观的内在要求，为建设秀美山川、改善人居环境、促进全面建设小康社会做出新贡献。《水利风景区规划编制导则》（SL471－2010）提出，水利风景区的规划应突出“维护水工程、保护水资源、改善水环境、修复水生态、弘扬水文化、发展水经济”的理念，体现科学性、合理性和可操作性，并特别强调在水利风景区的发展规划中必须有水资源保护及水生态环境保护与修复的专项规划。一系列的政策法规，充分体现出人水和谐的理念在水利风景区可持续发展中的重要导向作用，并使之成为水利风景区发展的基本要求。

3. 水利风景区承载水生态文明建设的价值传递

作为水生态文明建设的重要实践基地，水利风景区承载着传递人水和谐这一水生态文明核心价值的重要功能，其中，水利风景区的游憩和教育功能的发挥，是水利风景区进行水生态文明价值传递的主要途径。

首先，水利风景区的开发是实现人水和谐的重要方式。水利风景区所拥有的水域及相关联的岸地、岛屿、林草、生物、建筑等构成要素，往往是具有较高观赏价值、能对人们产生视觉吸引力的自然和人文景观；良好的水质、适宜的气候和丰富的植被等所构成的舒适性生态环境，则是开展多种类型休闲度假、康体娱乐活动的重要基础；景区水域及周边地域所出产的各种水产资源和农林土特产品，多为游客所喜爱，构成重要的旅游餐饮、购物业的开发对象；而通过工程建设、环境治理而形成的各类水利人文景观，则为游客和其他公众提供了科普修学、科研考察、文化教育的服务平台。水利风景区的开发在对水资源进行合理开发和利用的同时，又对其进行有效保护，不会过多地干预水生态系统的运转。实践表明，在水利风景区内合理地开展旅游活动，既是人水和谐的表现，也是人水和谐的实现方式。

其次，水利风景区发展有助于人水和谐理念的传递。水环境、水文化和水工程既是水利风景区旅游活动赖以发展的资源基础，也是长期以来人水关系演变发展的凝聚和投影，根据《水利风景区规划编制导则》（SL471－2010），各个水利风景区设置了水科技和水文化的展示设施，并构建了相应的传播机制，更加有利于对人水和谐的价值理念进行传递。

（二）水利风景区的尝试和探索为水生态文明建设奠定了坚实基础

1. 水利风景区建设成为水生态文明建设的重要载体

随着时代的发展和社会的进步，中国现代水利所进行的兴利除害事业，不仅要满足人民群众生存和经济发展的基本需求，而且要为物质文明、精神文明、政治文明、社会文明和生态文明等“五大文明”建设做出应有的贡献。而水利风景区的存在和发展，恰恰顺应了时代的要求，它不仅以工程设施保障了防洪安全、饮水安全、粮食安全和经济安全，而且有的水利工程还以其恢宏的构架成为亮丽的景观，特别是诸多的滨水区域通过自然力量或后天人工打造形成了优美的滨水景观，为人们提供了一个又一个宜居环境，同时创造了一个又一个可以休闲、观光、旅游和度假的空间。因此，从资源保护观出发，在对水利风景资源进行科学认识的基础上，本着人水和谐的宗旨，进行有计划、有步骤、科学合理的水利风景区建设，不仅成为建设现代化水利的重要组成部分，成为民生水利的必由之举，亦成为建设水生态文明的重要实践途径和重要实践载体。

2. 水利风景区的理论和实践探索为水生态文明建设提供经验借鉴

水利风景区，是水利综合利用开发、水利转型发展和大水利格局形成的必然产物。水利风景区的发展，从无到有，从自发形成到规范开展，从资源利用到生态保护，经历了一个水利资源管理和保护逐步常态化、制度化、持续化和科学化的发展历程，推动了水生态文明建设的成长。水利风景区的不断发展，本质上是对人文系统与水系统不断进行协调的过程，是水利资源保护与经济社会发展逐步趋于平衡的过程，也是人水关系不断和谐发展的过程。在实践过程中，我国水利风景区已经形成了水库型、湿地型、自然河湖型、城市河湖型、灌区型、水土保持型等六大类，类型齐全。各级水利风景区在水利风景资源普查、水利风景区发展规划、水环境保护、水土保持和生态修复、专业人才队伍建设和经营管理以及相关理论研究和科技成果转化应用等方面进行了卓有成效的尝试和探索，为水生态文明建设的全面开展奠定了坚实的基础，积累了有益的经验。

3. 水利风景区建设目标任务明确，能够迅速成为水生态文明建设工作的切入点

近年来，水利风景区管理部门通过《水利风景区发展纲要》《水利旅游项目管理办法》《水利风景区评价标准》《水利风景区管理办法》《关于加强水利风景区建设与管理工作的通知》等一系列政策法规使水利风景区的建设和管理工作逐渐规范，建设任务逐渐明确。目前，水利风景区的重点任务主要包括：调查、了解、掌握水利风景资源的分布及利用和保护情况；科学、合理地编制水利风景区发展规划；加强环境保护、水土保持和生态修复；加强水利风景区的基础设施和服务设施建设；加强专业人才队伍建设和经营管理，探索加强水利风景资源综合开发利用和保护管理的体制和机制；加强相关理论的研究、科技成果的转化和应用，逐步提高水利风景区的建设管理投资回报率。这些建设内容与水生态文明建设的要求具有一致性，这些重点任务的落实同时也是在落实水生态文明建设的总体部署和要求，在目前水生态文明建设全面推进的背景下能够迅速成为水生态文明建设工作的切入点。

4. 水利风景区框架体系成型，能够对水生态文明建设在全国推广发挥带动作用

水利风景区从无到有，从省级到国家级跨越，构建了一个以层级为标志的金字塔形水利风景区体系。任何一个层次水利风景区的正向发展，都会形成相关的联动效应。具体说来，位于顶层的国家水利风景区的发展，在拓宽体系框架的同时，会对省级水利风景区的发展形成强有力的带动作用；而居于中间层次的省级水利风景区的发展，不仅夯实了水利风景区的发展基础，还为潜在的（具有资质而尚未被纳入）水利风景区形成发挥了示范作用。良好的正向联动效应，可为水利风景区体系的壮大提供充分的内生力，从而形成对水资源利用和管理的普遍保护，也为相应的水生态文明建设发挥带动作用。

（三）水利风景区发展成就展示了水生态文明建设成果

从 21 世纪初至今，经过十几年的努力，水利风景区的发展取得了一系列的相关成就。截至目前，水利部共批准设立了 14 批 658 个国家水利风景区，带动了约 3000 家省级水利风景区建设。水利风景区发展是对水生态文明建设的充分实践，丰硕的水利风景区发展成果，既是水生态文明实践的积累，更是水生态文明建设成果的重要展示。

1. 体现生态水利发展要求，使水资源得到保护，水生态得到修复，水环境得到改善

首先，水利风景区的发展保护了水资源、水生态和水环境。水利风景区的诞生和发展，就是秉持对水资源、水生态和水环境进行保护的原则，对水域、水体或工程设施进行的适宜性开发。其保护范围涉及河流、湖泊、湿地等多种水生态系统，具有广泛而充分的保护作用。

其次，使水生态及大生态环境的功能更加优化。水利风景区比较充实的元素，是水利工程元素和景观元素。水利工程元素包括工程设

施和非工程设施，通过这“两个设施”在景区及其周围调蓄地表水、补给地下水，不仅保障了防洪安全，而且推动了地下水源的逐步平衡，同时可以通过生物、物理措施，促进水体净化，提升水质。景观元素主要指广泛的大面积的植被，可以增加“水盆”，涵养水源，净化水源，调节气候。这种功能对改善水生态环境及整个大生态环境大有裨益。

最后，在水利风景区开发过程中进一步规范了水资源的利用范围和利用方式。实施严格的水资源管理制度，是水利风景区的首要实践原则，为此，水利部门还制定和颁布了一系列相关的法规和行业标准，以对水利风景区的发展提供一个约束和引导轨道。于本质而言，这是对水资源利用的空间和用途做出的规范性管理，且随着水利风景区数量的增加，这一规范的作用会越发显著。

2. 体现民生水利发展要求，兴建了“美丽家园”，提高了人民群众的幸福指数

党的十一届三中全会以来，我国经济有了快速的发展，人民群众的生活水平得到快速提高，在解决温饱以后，正在向小康型社会过渡和转变。在这一过渡和转变中，人民群众对生活质量和幸福指数提升的愿望十分迫切。而城乡水利风景区的建设和发展，恰恰与人民群众的愿望一拍即合。水利风景区的打造，实质上给人民群众兴建了一个“美丽家园”，给了老百姓一个休闲娱乐的空间，给了他们一块清净的圣地，让他们呼吸一下清新的空气，静涤一下烦躁中产生的浮躁情绪；不仅是对人民群众生活质量的提升，增加了他们的幸福指数，也为建设和谐社会做出了贡献。据联合国教科文组织统计，在世界各国所出现的公共场所犯罪中，风景区的犯罪率是最低的。

党的十八大明确将生态文明建设纳入国家未来“五位一体”发展的重大战略，涉及自然、地理、天文、气象、生物、历史、经济、政治、科技、人文等各个领域，需要多个部门、多个行业以及全社会共同行动。水利风景区建设作为其中的一部分，或者说是重要的组成部分，能够也必须要为“美丽中国”“美丽家园”的建设做出不懈努力。

3. 挖掘并展现水资源的文化内涵，引导水生态文明的文化认同

水文化，是与水利建设发展相随相伴而产生的一种独特文化，它是中国历史文化的重要组成部分，也是新时期社会主义精神文明建设的重要内容。在建设文化强国的今天，加强水文化建设，推动水文化的传承和发展，是一个重大而紧迫的任务。而水利风景区正越来越成为传承水文化的重要阵地、发展水文化的重要载体。

水利风景区的开发建设使水文化得到充分的发掘和传承。一方面，水利风景区蕴含的或从水利风景区挖掘打造出来的丰富水文化，使人们在休闲娱乐中学到了历史知识、科学文化知识，增加了美的感受，陶冶了情怀，能够引导公众对水生态的认知，包括全社会正确的水生态伦理价值观的确立、水资源节约保护意识的普及等。另一方面，水利风景区开发建设过程中对水文化的挖掘，特别是景观化、场景化的展示，也使中华民族的文化特别是水文化得到传播和弘扬。例如山东临沂市沂河水利风景区，以传播历史文化为核心，融众多历史名人风情于风景之中。实际上，这一风景区已成为以水域为依托，以历史文化和水文化为灵魂的文化公园。

4. 实现水资源的经济价值，促进水利的综合利用

现代水利一直在改革与创新当中求新求变求发展，不仅要遵循水资源可持续利用、人水和谐等大的方针战略，还要保证水管单位的深化改革，丰富水利多种经营。建设水利风景区，通过市场化运作提供相应的管理和服务，尤其在游客吃、住、行、游、购、娱等方面，拉动了一大批相关产业的发展，为水利多种经营创造了新的经济增长点，为水管单位和当地社会人员提供了大量直接、间接的就业机会，不仅统筹兼顾了景区周边社区居民的利益，而且为水管

单位创造了更多的经济收入，增强了单位的经济实力。如吉林的“净月潭”水利风景区年收入3000多万元；陕西的铜川水利风景区，年创收1000多万元，有力地补偿了运行经费的不足，也改善了职工的生活，稳定了水管单位职工队伍。从实践效果来看，水利风景区工作开展得好的单位，改革和发展态势都比较好。特别是一些水库管理“老大难”单位，通过建设水利风景区，以水利旅游整合库区资源，综合开发利用，经济收入迅猛提高，不仅妥善安置了分流职工，还反哺了水利工程的管理与养护，有力地促进了水库的改革和发展。

三　水利风景区推动水生态文明城市建设

从实践来看，是水利风景区的不断“进城”催生了水生态文明城市这一新事物的诞生。自从水利风景区工作开展以来，城市河湖型水利风景区不断涌现，数量在增加，规模在扩大。可以说水生态文明城市是河湖型水利风景区拓展与延伸的新形态。

（一）水生态文明城市是水生态文明建设的重要抓手

1. 水生态文明城市的提出

自古以来，城市与水密不可分。人类伴水而居，城市依水而建，形成了诸多人、水、城和谐共生的城市形态，为人类的繁衍进步创造了良好的环境保障。但同时古今中外也有许多水资源问题导致生态破坏、城市衰败的惨痛案例。我国在城市发展中，特别是在改革开放以后大力推进城镇化的过程中，许多城市的发展遭遇了诸多瓶颈，尤其是在生态文明建设上出现了一系列问题。党的十八大提出了新的重大发展战略：把生态文明建设放在突出地位，融入经济建设、政治建设、文化建设、社会建设的各方面和全过程，努力建设美丽中国，实现中华民族永续发展。党的十八届三中全会通过的《中共中央关于全面深化改革若干重大问题的决定》明确指出，要加快生态文明制度建设，用制度保护生态环境。

为落实党的十八大提出的加快生态文明建设的战略，从水的本质属性出发，特别是从水是生态环境的基础和支撑性的要素资源出发，从水利行业应有的优化配置水资源的职能出发，并且在实践工作中受“山水城市”理念的启发，以及水利风景区“进城”实践的催化，从 2010 年开始，景区办围绕水利风景区建设与管理、水生态文明城市建设进行了积极有益的探索。山东省在水利风景区建设实践中，不断总结提炼，拓展提升。2011 年 10 月，水生态文明城市概念在山东省水利部门酝酿诞生，水生态文明城市建设也在该省随之启动。2013 年 7 月《水利部关于加快开展全国水生态文明城市建设试点工作的通知》出台，水生态文明城市开始在全国开展试点。目前，水利部已批准济南等 105 个城市为全国水生态文明建设试点城市。开展水生态文明城市试点，是加强水生态文明建设的重要举措。

2. 水生态文明城市的本质要求

水生态文明城市，是按照生态学原理，遵循生态平衡的法则和要求建立的，是满足城市良性循环要求的，水资源可持续利用、水生态体系完整、水生态环境优美、水文化底蕴深厚的城市。传统的山水自然观和天人合一的哲学观在水生态城市发展中得到具体体现。水生态城市是城市未来发展的必然趋势，是“城在水中、水在城中、人在绿中”，人水城相依相伴、和谐共生的独特城市风貌和聚居环境。在水生态城市中，人工环境与自然环境得到协调发展，物理空间与文化空间得到有机融合。它不但要保持良好的自然生态环境，还应具有适宜的人工环境和丰富的人文内涵，核心是以人为本，目标是人与自然和谐相处。经济健康发展、人水相融相依、水情势可调可控、水环境比较优美、水文化不断弘扬、水生态基本平衡、水工程安全保障、水景观亮丽呈现、水资源永续利用，是水生态文明城市建设的基本要求。水生态文明城市是城市水利发展的必然目标，也是生态文明建设对城市发展提出的必然要求。

3. 水生态文明城市建设的核心要素

水生态文明城市可以看作以水为源的“有机秩序”控制下的“有机体”。水生态文明城市建设利用城市河湖、水库建设水利风景景点和公园，形成水景观，能给城市健康生命带来生气，植入灵气，提升城市形象，提振城市和居民的精气神。水生态文明城市的生命力在于人水城和谐的根本发展理念和建设思路。

第一，以人为本。人民拥护不拥护，赞成不赞成，反对不反对，是衡量一项工作的根本出发点和落脚点。得到人民群众拥赞的事业，是最有生命力的事业。第二，以水为媒。通过水利工程对水资源的调控和优化配置，使水的兴利功能发挥到极致，特别是通过改善城市的水循环和修复水生态、保护水环境，可使城市活起来、灵起来。第三，以景为形。通过大量的植被、绿地、公园与滨水景观建设，改造城市滨水空间，让水景观装扮与美化城市，可使城市增添品位与生机，让城市绿起来、秀起来、美起来。第四，生态为基。把生态作为城市的本质生命要素，可改善城市的生产、生活、生存环境，保护生物多样性，使城市不光有高楼大厦和硬质道路，也有清清的河水，宁静的花园，同时水中有鱼、有虾、有蟹，地面有小松鼠等动物跑动，空中有飞鸟、蝴蝶和蜻蜓。第五，文化为魂。文化是城市软实力的体现。一座城市不在于奢华，而在于它的历史文化底蕴使城市不再失去历史的记忆，同时增加现代文明的文化内涵。第六，制度保障。当前就是要以全面贯彻落实最严格的水资源管理制度为核心，构建完备的水生态文明城市建设制度体系，推进制度文明建设，为水生态文明城市建设保驾护航。

（二）水利风景区发展孕育了水生态文明城市理念

为探索在人口最集中的城市地区建设发展水利风景区，让多数人更好地分享现代水利发展成果，从 2005 年起，水利部在系统总结水利风景区建设发展经验的基础上，以城市河湖型水利风景区建设为抓手，组织专家指导、帮助部分城市综合治理城市水系，开展水生态文明城市建设试点，着力打造人水城相依相伴、和谐共生的独特城市生活环境，提升城市品位，增强城市活力，塑造融水文化特色和城市特色于一体的水城新形象。

1. 从水利风景区到山水城市的探索

在水利风景区事业发展过程中，水利部不断拓宽思路、创新理念，拓展和延伸水利风景区的内涵，紧紧围绕水利风景区与城市建设的良性互动进行了积极有益的探索。

2010 年 9 月在广西兴安县召开了水利生态旅游发展战略研讨会，提出了“水利风景区是促进城市发展，建设小康社会，提高广大百姓生活质量不可缺少的重要内容”的思路，研讨了创建生态旅游城市的工作方案。

2011 年 4 月，在北京召开了水利风景区业务发展研讨会，会议提出要将水利风景区建设提升到推动城市发展和社会进步的高度，为城市发展服务，可以先行试点探索创建中国山水文化名城，实现水利风景区建设新局面、新跨越。会议研讨了创建中国山水文化名城的实施方案。

2011 年 6 月，又在湖南耒阳召开了水利风景区推动山水文化名城建设高层研讨会，研讨水利风景区对于完善水利工程的功能、改善人居环境、打造山水文化名城、提高居民幸福生活指数的作用以及新形势下水利风景区发展的思路。

同年 9 月，在广西来宾召开了以“水让城市更秀美”为主题的首届中国山水城市发展论坛，研讨打造山水城市，提升城市品位，改善人居环境，实现城市与水利风景区协调发展。会议认为，“山水城市”是未来城市发展的方向，引水入城、以水定城、因水兴城，可实现“水在城中、城在绿中、绿在阳光中，水、绿、城共生共荣”。会议提出，鉴于山东城市河湖型水利风景区发展迅速，在水利风景区促进城市经济社会发展方面取得了较大成效，可在山东先行先试山水城市或水生态文明城市创建工作。

同年12月，在浙江杭州召开了“山水城市”研讨会并起草了《浙江省山水城市评价标准》（地方标准）。

至此，在水利风景区发展的基础上，早期山水城市的理念逐步清晰，即以治理水环境、修复水生态为抓手，加强水景观和水文化建设，促进水生态文明建设，打造“人在画中游”的山水意境城市景观，实现人们对完美生活环境的向往。

2. 从山水城市到水生态文明城市的提出

水利部在开展“水生态修复城市”“山水城市”“山水文化名城”探索的同时，也开始着手“水生态文明城市”的理论探讨，从2010年开始，围绕水利风景区建设与管理、水生态文明城市建设进行积极有益探索，先后举办了“水生态文明城市发展论坛”“水利旅游助推城市发展论坛”等研讨会。

2012年4月，在山东济南召开了水生态文明城市研讨暨《山东省水生态文明城市评价标准》（初稿）审查会。会议认为，水生态文明城市建设是水利风景区由野外乡村走向城市的具体体现，是城市河湖型水利风景区建设的拓展和延伸，也是城市区域整体范围内水利风景区的打造和建设。在山东先行试点水生态文明城市创建工作并尽快出台地方标准，对推进生态文明建设具有十分重要的意义。

同年8月，《山东省水生态文明城市评价标准》经山东省质监局发布实施，全国第一个水生态文明城市省级地方评价标准面世。

2012 年 9 月，济南市向水利部提出创建国家水生态文明城市试点的申请。

2013 年 7 月，《水利部关于加快开展全国水生态文明城市建设试点工作的通知》出台，水生态文明城市建设开始在全国开展试点。

与此同时，水利部也在积极指导上海、江苏、四川、安徽、福建、河南等地依托水利风景区的建设和发展，大力加强水生态环境保护，改善城市环境，提升城市品位，推进水生态文明城市创建，促进城市发展，实现人、水、城和谐发展，为推进“水生态文明”建设先行试点积累了经验。

3. 水生态文明城市试点暨济南市创建水生态文明城市的实践

山东省济南市是水利部确定的第一个水生态文明建设试点城市。济南是享誉中外的“泉城”和国家历史文化名城，水是其独特的自然景观和深厚的历史文化的重要载体。依托城市丰富的水资源，济南市的水利风景区建设也走在全国前列。截至 2012 年，济南市已建成的水利风景区有“百里黄河水利风景区”“小清河市区段水利风景区”“长清湖水利风景区”“白云湖水利风景区”“历城八达岭水库水利风景区”等。其中，“百里黄河水利风景区”被列为国家水利风景区。

在此基础上，2012 年 10 月，水利部印发《关于确定济南市为全国水生态文明建设试点市的通知》。通知指出，为深入贯彻落实中央加快水利改革发展决策部署和国务院关于实行最严格水资源管理制度的意见精神，加强水资源节约与保护，促进人水和谐，建设生态文明，确定济南市为全国水生态文明建设试点市，通过先行先试，为全国水生态文明城市建设积累经验，发挥示范引领作用。

通知同时指出，济南是闻名遐迩的“泉城”，自然风貌独特、文化底蕴深厚，但同时也是全国 40 个严重缺水的城市之一，人均占有水资源量平均为 373 立方米，不足全国人均占有量的 1/6，存在地表水体环境质量较差、天然河湖湿地生态系统受损、自然生态需水保障率较低和水资源配置体系不完善、水资源利用效率偏低、污水处理率不高等问题。通知要求济南市加强组织领导，完善工作机制，以科学发展观为指导，围绕落实最严格水资源管理制度的重点任务，编制水生态文明城市建设试点实施方案，加快推进试点工作开展。

2013 年 1 月，济南市和山东省呈报《济南市水生态文明建设试点实施方案》，经水利部批复同意后开始实施。方案对济南市水生态文明建设试点工作的指导思想、基本原则、建设目标、总体布局、建设任务与内容做了总体规定，济南市水生态文明城市试点工作全面展开。

一是明确水生态文明城市建设的总目标和具体目标。总目标是要形成“河湖连通惠民生，五水统筹润泉城”的现代水利发展格局，实现“泉涌、河畅、水净、景美、人和”的城市建设总体目标。具体目标包括自然文明目标、用水文明目标、管理文明目标、意识文明目标。根据四个方面目标，选取 47 个指标作为济南市水生态文明试点建设的目标表征指标。

二是对济南市水生态文明城市建设布局与功能分区进行总体谋划，确定重点工作任务。明确建设南部生态保护区，强化“补”的功能；建设城市泉水景观区，彰显“景”的特色；建设北部湿地风貌区，发挥“净”的作用；建设北部平原水网生态功能区，提高“网”的效益。着力构建 4 个体系（健康优美的水生态体系、安全集约的水供用体系、科学严格的水管理体系、先进特色的水文化体系），围绕 4 个体系建设，制定 28 项建设任务，对应目标指标的责任分工，落实具体建设任务和措施。

三是建立健全工作机制。在创建水生态文明城市的过程中，济南市建立健全了政府负总责、部门承担、双重监督、委托专业机构进行跟踪评估的水生态文明城市建设机制，取得了良好的工作实效。①政府负总责。成立以市政府主要领导为组长，分管领导为副组长，市有关部门和区县主要负责人为成员的创建水生态文明市试点工作领导小组。下设综合、水生态、水供用、水管理和水文化工作组。②部门承担。将目标任务分解到县（市）区、落实到部门、具体到项目、量化到个人，形成人人有责、层层落实、环环相扣、行之有效的齐抓共管的工作推进机制。③双重监督。建立市人大对于试点建设的定期检查和监督机制，政府开展自评自查，向人大汇报，接受人大监督；建立社会公众监督的机制，年初向社会公布试点建设的目标与任务，年终形成报告在媒体或相关平台上公示，接受社会监督。④委托专业机构进行跟踪评估，出具报告，为下阶段工作改进、试点中期评估提供依据。

济南市水生态文明市试点建设期为 2013 ~ 2015 年，计划到 2020 年争取实现“泉涌、河畅、水清、景美”的目标。目前，济南市正按照水利部和省委的要求，以增进社会福利、提升城市品质为主题，以转变水资源开发利用方式及涉水的生产与消费方式为主线，通过水生态系统保护与修复、各行业节水减污体系的建设、科学严格的水资源管理和现代泉城水文化的培育，建设包括自然文明、用水文明、管理文明和意识文明为支撑的水生态文明，塑造人水和谐关系，着力将济南建成水生态文明建设的先行区、集成区和示范区。

（三）水利风景区建设助推水生态文明城市建设实践

1. 水利风景区建设与发展，是创建水生态文明城市的重要基础

在全社会越来越重视生态环境的背景下，水生态环境的维护和提升是生态环境建设的重要内容。水利风景区以水生态保护为基本目标和任务，倡导“水清、岸绿、景美、城秀、人水和谐”，成为水生态文明城市创建的重要抓手和载体。以山东省为例，山东省水利厅制定了《山东省水利风景区“十二五”发展规划》，通过水利风景区建

设，带动了全省水生态环境明显改善，水质达标率、水土流失综合治理率等显著提高，城市水生态环境质量得到明显改善，城市品位和城市形象得到显著提升。山东经验证明，水利风景区的建设与发展，是创建水生态文明城市的重要基础。

我国658处国家水利风景区中，除去七大流域（委）管辖的风景区32家，各省（区、市）所辖水利风景区626处。水利风景区拥有量居前10位的10个省份，水生态文明城市数量也遥遥领先（见图1）。10个省份共有国家水利风景区351家，占全国总数的56%，水生态文明建设试点城市有49家，占全国总数的47%。尤其山东、江苏两地，水利风景资源较为集中，水利风景区建设起步早、建设力度大，为其水生态文明城市创建提供了良好的基础，使之也走在全国前列。

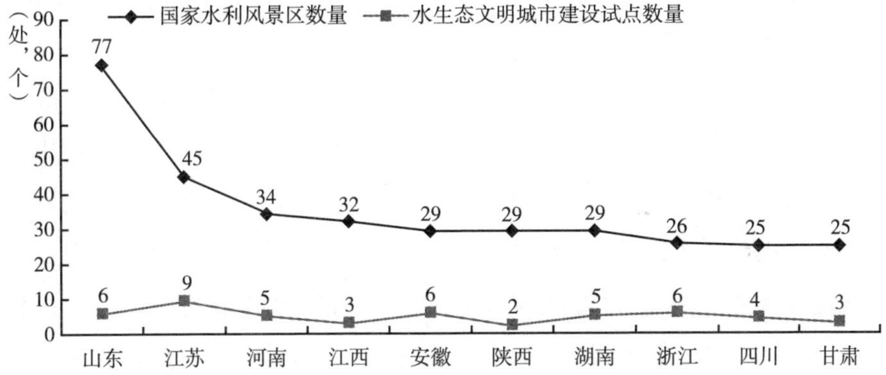

图1　山东等十省份国家水利风景区与水生态文明城市建设试点情况

城市河湖型水利风景区与城市建设和发展的关系尤为密切，更能体现水利风景区推动城市建设和经济发展的重要性。如图2所示，城市河湖型水利风景区拥有量排名前12位的省份（个别省份水生态文明城市试点数量相同），有水生态文明城市试点单位53家，占全国的51%。基本上，城市河湖型水利风景区数量多的省份，其水生态

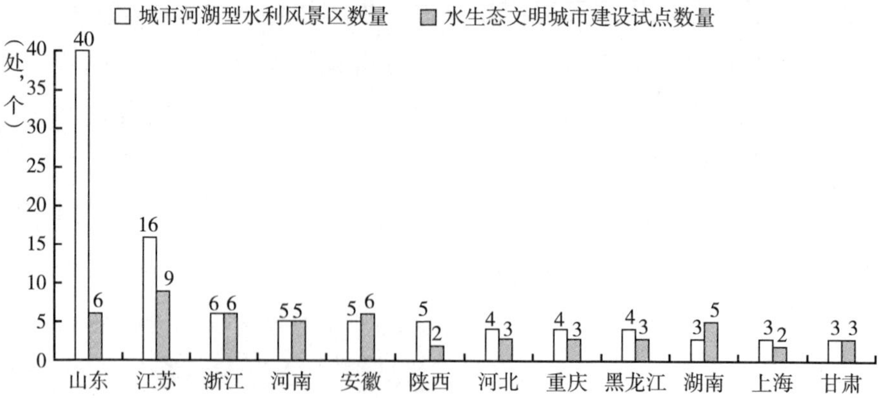

图2　山东等十二省份城市河湖型水利风景区与水生态文明城市建设试点情况

文明城市建设试点的数量也相对较多。

2. 水利风景区的数量和级别是水生态文明城市评价的重要指标

水利风景区建设以“人水和谐”为理念，以“山青、岸绿、水美”为基本要求，力求每一项水利工程都成为生态工程、水资源保护工程、环境美化工程、民生水利工程，利用水利风景区建设走出一条人水城和谐相处及生态文明和水生态文明建设的新路子。在创建和评价水生态文明城市的过程中，由于指导思想、核心理念和建设目标的高度一致性，水利风景区本身成为水生态文明城市的重要评价指标之一。《全国水生态文明市评价标准（试行）》规定，水生态文明城市的评价指标体系包括水安全、水生态、水环境、水节约、水管理、水文化6大类别30个指标，其中国家水利风景区数量就是一项重要的评价指标。

2012年8月推出的全国首个地方标准《山东省水生态文明城市评价标准》，也将水利风景区建设作为水生态文明城市创建的重要评价内容，设“水利风景区数量、级别”评价项目，满分5分，规定：“有1处国家水利风景区或2处省级水利风景区，5分；1处省级水利风景区 3 分。”

3. 打造水利风景区成为创建水生态文明城市的一项重要内容

不仅因为在水生态文明城市创建的过程中，水利风景区本身成为水生态文明城市的重要评价指标之一，更因为水利风景区作为现代水利的拓展延伸，义不容辞地担负了构建人水和谐局面、推进生态文明建设的重大责任，在可持续利用水资源、践行现代治水思路、弘扬水文化、展示水文明、彰显水利文化传承、推动水管单位改革、促进水利的综合利用、拓宽水利服务范围、全面提升水利影响以及大力改善水环境、保护水资源、修复水生态等方面发挥着巨大的作用，水利风景区的建设和发展成为水生态文明城市建设的重要组成部分，成为创建水生态文明城市的一项重要内容。

以山东省德州市为例，山东省启动水生态文明城市创建工作之后，德州市积极响应，创建省级水生态文明城市。在创建过程中，德州市把打造水利风景区作为创建水生态文明城市的一项重要内容来抓，取得了良好实效。2014 年，德州乐陵市跃马河水利风景区、平原县琵琶湾水利风景区和武城县四女寺湿地公园风景区被省水利厅评为省级水利风景区。在此过程中，德州市紧紧围绕水生态修复和水环境保护，统筹水利工程建设与水利风景区建设，扎实抓好水利风景区建设管理，不断筑牢水利风景区发展根基，拓展水利风景区发展空间，水利风景区建设工作取得了长足进展。与此同时，德州在水资源管理、节水型社会建设、水资源配置等方面都取得了大量先进经验，正朝着水生态文明城市的目标大步迈进。

4. 水利风景区成为水生态文明城市的亮丽名片

一个区域和城市的发展需要对外有影响力、辐射力，影响力和辐射力来源于外在形象的树立和内在素质的积淀。在创建水生态文明城市的过程中，水利风景区的打造和发展，改善了地方的环境，塑造了地方的形象，创造了美的境界，为地方和城市打造了一张崭新的名片。例如，西安“汉城湖”的建成和发展，在网上掀起了一场“到西安看看”的点击高潮，使西安在2014年国庆期间游客量倍增。再如山东省临沂市，一个沂河水利风光带的出现，使大美沂河展现于世人面前。到临沂参观考察和投资兴业的人蜂拥而至，临沂也从昔日鲁西南最贫瘠的地区一跃而成为富饶美丽的小康地区。

水利风景区水之所以能够成为所在城市的名片，其主要原因在于以下几个方面。

一是水利风景区是影响广泛的景区。水与人民群众的生命健康、生活质量以及生产发展息息相关，是最公平的公共产品和最普惠的民生福祉。水利风景区的发展，在水系统保护和经济社会发展之间构建了一个相对平衡的状态，并在社会上产生了广泛而深远的影响。水利风景区的存在和发展，必然会更有力地推动水生态文明城市树立良好社会形象，使其更有吸引力、更有生命力。

二是水利风景区已经成为重要的休闲娱乐空间。水利风景区的资源组合方式多样化，形成了水库型、城市河湖型、湿地型、自然河湖型、灌区型和水土保持型六个基本类型的水利风景区，涵盖了多种水利资源，并形成了各具特色的水利旅游产品，具有充分的休闲娱乐价值，为水利风景区周边居民提供了广阔的休闲空间。水利风景区改善了居住生态环境，使社会可以共享水利发展成果，使水生态文明城市能够更体现民生水利的要求，使城市更具有亲和力和包容度。

三是水利风景区已经成为重要的旅游景区。特别是坐落于水生态文明城市内部或者近郊的一部分水利风景区，因价值突出、旅游功能较为强大，而同时被赋予了A级旅游景区的称号。例如江苏省常州市的天目湖水利风景区、南京市秦淮河水利风景区都是5A级景区。这些5A级景区为游客休闲娱乐、观光度假和接受科普教育提供了较为理想的场所。同时此类景区游客数量较大，社会影响也较为巨大，成为宣传水利建设成就、扩大水利事业影响、树立行业形象的重要窗口，并在传承与弘扬水文化和展示水生态文明城市形象，提升水生态文明城市影响力等方面发挥着巨大的作用。

四 水生态文明建设引领水利风景区发展

水利风景区与水生态文明建设是相辅相成、互相促进的。水利风景区在技术上对水生态文明起到了支撑作用，推动了水生态文明建设的发展；与此同时，水生态文明建设也促进了水利风景区的发展，提升了水利风景区的建设水平，促进了水利风景区的生态保护，也促进了水利风景区与城市建设的融合发展。

（一）水生态文明理念是水利风景区建设的指导思想

1. 水生态文明理念与水利风景区建设具有内在统一性

水利风景区建设与水生态文明理念具有内在统一性，两者的内在统一性具体表现在：一是从建设和发展思路来看，水利风景区开发建设是对水利风景资源的保护和利用，保护是利用的前提，利用是为了更好的保护，因而符合水生态文明建设的要求；二是从功能和作用来看，水利风景区在维护工程安全、涵养水源、保护生态、改善人居环境、拉动区域经济发展诸方面都有着极其重要的功能和作用。加强水利风景区的建设与管理，是落实科学发展观，促进人水和谐、人与自然和谐相处，构建社会主义和谐社会的需要；三是从总体目标来看，水利风景区建设希望求得经济效益、社会效益和生态环境效益的有机统一，并实现可持续发展。此外，水利风景区建设的原则、任务、程序等无不体现了水生态文明理念的要求。

2. 水生态文明理念是实现水利风景区可持续发展的重要前提

无论从生态文明理念还是从水生态文明理念来看，它们都与可持续发展存在必然的联系，相辅相成，是一个不可分割的、人类发展必不可少的系统。水生态文明理念下的水生态产品、水生态产业，能克服现代工业在创造物质文明的同时带来生态危机的弊端，使经济效益、生态效益及社会效益相得益彰。对于水利风景区的建设与发展而言，水生态文明的核心就是通过合理利用水利风景资源，达到持续获取经济效益、社会效益和文化效益的目标。因此，只有掌握了生态规律，运用科学的理论做指导，将生态文明理念和水生态文明思路融入水利风景区的发展建设中，正确处理水利风景区开发中资源与环境、开发与生态之间的关系，使水利风景区所依托的资源得到更好的利用，并且在资源的消耗速度与再生速度之间保持适当的比例，实现人类与环境协调发展，才能达到永续利用的目的，即实现水利风景区可持续发展必须以水生态文明理念的确立为重要前提。

3. 水生态文明理念是指导水利风景区建设的核心理念

水生态文明建设的核心，在于正确处理人水关系。在价值理念上，水生态文明要求尊重和顺应水的规律，保护水资源，防止人对水的侵害；而在社会实践上，它要求人要能动地与水相处，在开发利用水资源的同时更保护水资源，实现水资源的可持续利用。水利风景区的发展理念，正充分体现了水生态文明建设的这一要求。水利风景区秉承尊重自然、顺应自然、保护自然的理念，坚持人水和谐发展，以优化水资源配置、保护水环境、修复水生态、营造水景观、弘扬水文化为内涵，全面体现了水生态文明建设的核心理念。

近年来，各级水利部门以“山青、岸绿、水美”为基本要求，对水利风景资源进行保护性开发，发挥其涵养水源、保护生态、维护河湖健康的重要作用。实践表明，水利风景区的发展始终践行“以开发促保护，以保护促发展”的发展理念，充分体现了水生态文明建设的基本要求。水利风景区的建设与发展是顺应自然、尊重规律，亲近水、涵养水、善待水的重要举措，在生态文明建设中发挥着重要的示范作用，为践行民生水利、可持续发展水利开辟了新的领域。

（二）水生态文明建设促进水利风景区健康发展

1. 水生态文明建设提升水利风景区建设水平

水利风景区的建设发展催生了水生态文明的建设，在水生态文明的建设过程中，水利风景区的建设水平也得到了进一步的提升。这体现在水利风景区的建设和发展被纳入水生态文明建设的总体构架中，水利风景区的建设水平在某些方面体现了水生态文明的建设水平。

近年来，在建设水利风景区过程中，各地充分考虑了统筹水资源保护与利用、防汛减灾、维护水体健康之间的关系，在经济发展与可持续发展、用水安全及生态用水安全等方面做出了重要贡献。水利风景区的建设理念和水平不断提高，水利风景区的生态文明水平不断提高。尤其是水土保持型水利风景区，使无数荒山秃岭变得绿树成荫，同时，使其具备了风景游览、接待服务等功能。例如，内蒙古鄂尔多斯砒砂岩水利风景区，在利用砒砂岩地质景观开展观光旅游、科普旅游的同时，采取植物种植与淤地坝建设相结合的水土保持方式，利用油松封顶、杏树环腰、沙棘封沟的立体防治法，顽强地打造出黄土高原地区罕见的植被景观。该景区范围内已有 132 万亩砒砂岩得到有效治理，植被覆盖率由 12% 增至 79% ，每年减少 4000 多万吨粗泥沙进入黄河。

2. 水生态文明建设促进水利风景区生态保护

在生态文明战略思想的指导下，水利风景区近年来的建设遵循了顺应自然规律、坚持“天人合一”的理念。水利风景区在认识水和尊重水的客观规律的基础上，坚持人与自然和谐、可持续发展等原则，以山水风景为吸引物，以深厚的水文化为内涵，以宏大的水利工程为依托，对水利旅游资源进行保护性开发，在创造出优美旅游环境的同时，起到了涵养水源、保护生态、维护河湖健康的重要作用，促进了水资源利用与水生态环境保护的平衡。

例如，江苏镇江滨水区在开发建设过程中，以人水和谐理念为先导，顺自然之势整治水环境、修复水生态和传承水文化，使现代水利与传统文化有机结合，将自然生态环境与人居环境融为一体，打造出“城在水中坐，人在画中游”的诗情画境，创造了人水和谐的理想范例；江苏南京市按照自然与人文环境协调的理念来整治秦淮河水环境，加强秦淮河水域生态系统的保护和修复，使秦淮河重新焕发了迷人风采，真正成了一条“美丽的河、流动的河、文化的河”，吸引了国内外众多游人流连驻足。

3. 水生态文明建设促进水利风景区与城市融合发展

在水生态文明城市试点建设的过程中，试点城市将水利风景区作为其试点建设的重要内容之一，通过水利风景区打造，不仅给人们提供了一个休闲娱乐的空间，也为老百姓找到了一个静心的场所，提高了生活的幸福指数，为老百姓增添了新的福气，使人、水、城的关系更加和谐美好。从这种意义上说，水生态文明建设为水利风景区与城市建设融合发展提供了机会。

例如，苏州市在试点期间提出以保护和修复良好的水生态环境为基础，全面提升景区水环境质量，挖掘苏州市水利风景区开发潜力。试点期间苏州市新增省级水利风景区 5 处，构筑了具有苏州水乡特色的水利风景区群，全面打造城市亲水休闲系统，提升了市民和游客的宜居感受。再例如，江苏省委省政府曾考察所有行政部门的行政作为情况，省水利厅的赞成票比例是最高的，达到 98%。究其原因，是这几年水利部门组织打造了许多水利风景区，开展了水生态文明建设，较好地解决了人民群众多年期盼解决的系列实际问题。

（三）水生态文明建设对水利风景区提出更高要求

1. 以水生态文明建设为契机，推动水利风景区事业持续健康发展

党的十八大在科学判断我国21世纪经济社会发展阶段性特征、深刻把握人类社会发展规律的基础上，把生态文明建设提升到与经济建设、政治建设、文化建设、社会建设并列的战略高度。水利部贯彻落实党的十八大精神，从保障国家可持续发展和水生态安全的战略高度，做出了加快推进水生态文明建设工作的总体部署。国家大力推进生态文明建设和水生态文明建设的重大战略决策为水利风景区的发展提供了良好的契机。我们必须抓住政策机遇、利用政策支持，促进水利风景区事业的发展，充分发挥水利风景区在生产、生活、生态方面的重要作用，扩大其社会综合效益及影响力，助推水利风景区快速、健康发展。

一是要进一步提高对水利风景区工作的认识。大力推进生态文明建设，建设"美丽中国"，实现中华民族永续发展，是党中央做出的重大战略决策，也是实现中华民族伟大复兴的中国梦的根本方略。水生态文明是生态文明建设的重要组成部分，建设水利风景区是践行生态文明建设和水生态文明建设的重要举措。其在改善生态环境、提高城市的发展活力、提高人民群众的幸福生活指数、增进社会和谐等方方面面，具有重大的现实意义和深远的历史意义。

二是要深刻领会水利风景区建设的本质要求。水生态文明是水生态系统平衡、水资源永续利用的一种状态。水生态文明的本质内涵是人水相和相融，水安全得到保障，水生态达到平衡，水环境得到优化，水资源得到永续利用，水文化得到不断弘扬。建设水利风景区，就是要以人水和谐为宗旨，实施人口资源环境共同发展、相互融合的系统工程。

三是要加大宣传力度，动员全社会参与推进水利风景区建设。要

进一步培养公众的生态意识、节水意识，推动和启发他们自觉行动，努力营造保护生态环境、亲水惜水的良好氛围和风气。坚持制度与文化同行、规范与宣教同施，推进水利风景区建设可持续发展。

推进水利风景区事业健康持续发展，需要全社会的实际行动，更需要水利人的率先引领。必须要以对国家和人民高度负责、对子孙后代高度负责、对中华民族高度负责的精神，扎实做好各方面工作，共同维护资源环境对人类的长远供养能力，携手保障后代具有生存和发展的公平机会，实现中华民族的永续发展和中华文明的代代相传。

2. 以人水和谐为导向，在水利风景区工作中更加强调水生态文明建设的内涵要素

作为生态文明的重要内容和基础保障，水生态文明建设客观上要求人类把生态文明理念融入兴水利、除水害的各项治水活动中，按照人与自然和谐相处的原则，遵循自然生态平衡的法则，采取多种措施对自然界的水进行控制、调节、治理、开发、保护和管理，以防治水旱灾害、开发利用水资源、保护水生态环境，从而达到既支撑经济社会可持续发展，又保障水生态环境良性循环的目标。

目前，多数国家水利风景区已率先有效落实最严格的水资源管理制度，水资源保护与河湖健康保障体系基本建成，水质、水环境明显改善，水生态得到有效修复，防洪保安能力、水资源承载能力显著增强，水生态文明理念渐入人心。未来，还要继续着力将水生态文明建设的内涵要素融入水利风景区工作的各个环节，把水生态文明建设的目标作为水利风景区建设的基本要求，把水生态文明建设的重大举措作为水利风景区发展的基本内容，严格要求，狠抓落实：一是将在景区范围内有效落实最严格水资源管理制度作为硬性条件要求，纳入国家水利风景区评价内容；二是在水利风景区规划审查中，更为强调河湖水系的功能分区、科学布局和合理连通；三是在水利风景区的复查监督管理中，重点检查水利旅游等活动对水资源、水环境和水生态的影响。

3. 以科学发展为目标，在水利风景区建设中更加强调“五位一体”的发展布局

党的十八大报告指出，建设中国特色社会主义的总布局是经济建设、政治建设、文化建设、社会建设、生态文明建设“五位一体”。“五位一体”的新布局是在科学发展观指导下产生的，更加强调均衡、可持续和以人为本的发展。

“五位一体”的布局理论对水利风景区的发展建设具有指导意义。按照水生态文明建设的部署和要求，水利风景区的建设是水工程安全、水资源保护、水景观优美、水文化弘扬和水生态平衡“五位一体”的有机整体。“五位一体”的水利风景区建设系统布局是一个相互联系、相互影响、相互作用、相互协调、相互促进、相辅相成的有机统一体。

水利风景区建设要切实维护水工程安全。既要确保水利工程主体功能的实现，还要充分发挥水工程的综合功能与效益。

水利风景区建设要更加保护水资源。把严格水资源保护放在首位，作为水利风景区的立身之本，在严格资源保护基础上进行资源的开发，推进水利风景区建设。

水利风景区建设要更加打造优美水景观。注重借水造景，体现水资源的景观美感；以景传文，体现水利风景区的文化内涵；以人为本，营造人水相依的和谐美景。

水利风景区建设要更加弘扬水文化。着力把水利风景区建成展现水文化的窗口和传播水文化的平台，凝聚水资源可持续利用的社会共识，促进公民对我国建设人水和谐社会之国家水利战略的认同与支持。

水利风景区建设要更加保育水生态。切实把加强水生态环境保护、确保水生态平衡作为水利风景区建设的基础性工作和保障性要求，继续加强水生态环境监测和管理工作；通过水利风景区建设促进水生态修复，促进生态和谐理念传播。

B.8

水利风景区建设与管理面临的机遇与挑战

陈远生　邹永广　徐增让　吴　戈*

摘　要：水利风景区建设与管理机遇与挑战并存。生态文明建设对水利风景区发展提出新要求，经济社会发展对水利风景区发展提出新需求，人民群众对水利风景区发展提出新期盼，水文化建设对水利风景区发展带来新契机，旅游业快速发展助推水利风景区持续发展，各级政府大力推动水利风景区健康发展。水利风景区建设与管理面临观念认识的问题、制度体系的问题、运行管理的问题和基础投入的问题，面临国家水安全高度保障的挑战，国家经济转型新兴支撑基础的挑战，水文化挖掘传承、融合光大的挑战。

关键词：水利风景区　机遇　问题　挑战

经过近20年的发展，目前我国共已批准设立有国家水利风景区658家、省级水利风景区约3000家，涵盖水库型、自然河湖型、城市河湖型、湿地型、水土保持型、灌区型等类型，形成了一个数量可观、地域特色鲜明、类型多样的水利风景区体系。水利风景区管理水平逐步提高、社会效益日益显现。在国家大力建设生态文明的形势

* 吴戈，水利部综合事业局工程师。

下，水利风景区发展面临着巨大的机遇。但同时要清醒地看到水利风景区是水利工作新领域，不论在思想认识上、体制机制上还是组织管理上都还存在一些不足。而且，在今后很长一段时间里，水资源趋紧与水环境污染对国家社会、经济、人口可持续发展的掣肘作用将愈发凸显。如何探索水利风景区可持续发展模式、如何处理好水利风景区发展与水利的关系、如何以水利风景区发展为抓手扎实推进生态文明建设都是摆在决策者及学者面前的新挑战。科学梳理水利风景区发展面临的机遇，客观分析存在的问题与面临的挑战，对确定水利风景区发展目标、理清水利风景区发展思路具有重要意义。

一　水利风景区建设与管理面临的机遇

（一）生态文明建设对水利风景区发展提出新要求

人多水少、水资源时空分布不均是我国的基本国情水情。当前和今后很长一段时间，水资源供需矛盾突出仍然是可持续发展的主要瓶颈，水利设施薄弱仍然是国家基础设施的明显短板，加上工业化、城镇化加速推进，全球气候变化影响加大，我国水利面临的形势更趋严峻。水生态环境已遭到了巨大破坏，一些地区出现河湖污染、地下漏斗、湿地萎缩、河道断流、地面沉降、生物多样性减少等一系列生态环境问题。应对上述生态环境问题对水利风景区建设与管理提出了新要求。

1. 严峻的“水情”倒逼水利风景区发展要关注水生态环境

水资源供需矛盾的加剧，直接导致工农业争水、城乡争水、地区间争水愈演愈烈。部分地区用水量已大大超过水资源可利用量，无节制地开发利用水资源，导致江河断流、湖泊萎缩和地下水超采，生态用水被挤占。湖泊和天然湿地的萎缩和丧失，导致水资源调蓄能力和水体自净能力下降，加剧了洪涝灾害的危害和河流水质的恶化。如果任其发展，我国相当一部分地区有可能在未来出现严重的水危机。另外，水污染形势依然十分严峻，污染物排放量呈增长趋势。在部分流域和地区，水污染已呈现出从支流向干流延伸、从城市向农村蔓延、从地表向地下渗透、从陆域向海域发展的趋势。水污染不仅加剧了水资源短缺，而且直接威胁着生产、生活用水安全，水生态环境安全面临严重威胁。水环境治理和水生态修复已经到了非常迫切的地步，水利风景区发展同样面临着如何在改善水情方面有所作为的课题。

2. 生态文明建设要求水利风景区积极融入水生态环境治理与保护

党的十八大把生态文明建设纳入中国特色社会主义事业五位一体总体布局，努力建设美丽中国，实现中华民族永续发展。水是生命之源、生产之要、生态之基，水环境和水生态的文明程度，对整个生态文明的建设和发展起着至关重要的作用。着力加强水环境治理与保护应是推进水生态文明的有效手段，亦是带动生态文明建设发展的重要途径。十八大报告在第八章“大力推进生态文明建设”中，明确了生态文明建设的四项重点任务，强调了加快水利建设和水资源管理。这是生态文明建设对新时期水利发展的战略部署和创新要求，进一步深化了水利工作的内涵，拓展了水利发展空间。在水利风景区建设与管理工作中，要坚定信念，更加自觉地走可持续性、保护性开发利用水利风景资源的道路，以节约水资源、保护水环境、修复水生态、维护水工程安全、促进人与自然和谐为前提，做好规划，搞好建设，加强管理，为人民群众提供更加优美的环境和人性化的服务。水利风景区建设要积极主动融入水生态环境修复与保护工作，依托水土保持、水源区保护、小流域治理等项目，统筹景观元素、文化元素和旅游功能，突出环境作用和生态功能，着力开展水利风景区生态环境建设。

3. “美丽中国建设”要求水利风景区建设要有新发展

生态文明理念是水利风景区建设的灵魂，是实现水利风景区可持续发展的重要前提。水生态文明是生态文明的重要组成部分，是建设美丽中国的资源环境基础之一。水生态文明建设是水利部门贯彻党的十八大精神、推进生态文明建设的重要抓手。水利风景区是美丽中国的“新窗口”。水利风景区建设以尊重自然、顺应自然、保护自然为前提，竭力维护大自然的秀美景色、原生态的环境资源。水利风景区建设把水资源保护、水生态修复、水土流失治理放在重要位置，将人工治理与自然修复相结合，在改善水环境、修复水生态、减少水土流失等方面取得了巨大的生态效益，展现了“美丽中国”生态之美；水利风景区建设强化水利工程基本功能之外的美学元素和生态功能，统筹工程建设与生态建设，强调工程造型与周边景观相协调、工程布局与自然生态相适应，努力将水利工程建设成为生态工程、景观工程和环境美化工程，展现了“美丽中国”工程之美；水利风景区建设通过水利功能和人文内涵的有机结合，成为传承和弘扬先进水文化的重要载体，展现了“美丽中国”文化之美；水利风景区建设突出人水和谐理念，走“有效保护，科学开发，合理利用，人水和谐”的良性发展之路，展现了“美丽中国”人水和谐之美。

（二）经济社会发展对水利风景区发展提出新需求

当前和今后一个时期，随着国民经济持续快速发展和人民生活水平逐步提高，人们对蓝天碧水的渴求与日俱增。水利风景区建设应以其独特的工程、资源、环境优势，发挥其涵养水源、修复生态、改善环境、维护工程、塑造景观等多种功能，在促进区域经济社会发展等方面发挥重要作用。

1. 统筹人水和谐为水利风景区发展指明本质要求

国民经济发展水平的不断提升，促进了社会物质文化水平的提高，人们对水功能的需求也经历了从防洪和饮水等最基本的安全性需求到生产发展、生活富裕的经济性需求，再到当前享受美好生活的舒适性需求的转变。山清水秀、碧水蓝天、亲水近水，已成为人们物质文化生活的重要组成部分，成为社会公众的普遍需求，也成为全面建成小康社会的重要评判指标。因此，水利风景区工作要充分体现水利发展的时代特色，明确功能定位，开展顶层设计，循序渐进、因地制宜地推动各项工作。以人为本、人水和谐的治水新思路赋予了水利风景区新的内涵。

水利风景区建设与管理对实现人水和谐具有重要支撑作用。由于水的环境和生态属性与水所蕴含的多方面美学特性，水利风景区逐渐成为人们放松紧张心情、陶冶生活情操、投身大自然的重要场所。因此，新建水利工程时要统筹考虑水资源利用、生态环境维护与景观休憩等多种功能，在保障工程主体功能的前提下，把水土流失治理、生态环境建设和保护放在重要位置，要在工程设施规范允许的范围内，辅以合理的人文景观设计，充分考虑其建筑风格的观赏性，以及与周围自然景观的协调性，为水利风景区的建设创造有利条件，最大限度地发挥工程的经济和社会效益，真正达到生态景观工程的效果，实现水利风景区发展的多功能化。

2. 统筹区域发展为水利风景区建设提供广阔发展空间

中国东中西部、南方北方、不同流域间区域特色鲜明，区域发展差距不断扩大，统筹区域发展是经济发展到一定阶段的必然要求，是市场经济制度下宏观管理的重要内容。统筹区域发展，是政府在科学发展观指导下，从全局出发综合考虑区域发展的各个层面、各个环节，以资源为基础，以制度为保障，整合社会资源，逐步协调区域关系并促进各种类型区域的经济社会实现动态协调发展。水利风景区建设是生态效益和社会经济效益的有机统一，是统筹区域可持续发展的重要途径。水利风景区建设既要强调加强植被绿化，以保水保土为中心，又要注意改善生态结构和美化效果，提高综合开发利用价值，改善当地居民的生存环境。应科学利用水利风景资源，开展水利旅游项目，推动当地相关产业、事业的发展，为区域发展创造更多的经济社会效益。

3. 统筹城乡发展为水利风景区发展提供新路径

统筹城乡发展是指改变“城市工业、农村农业”的二元思维方式，将城市和农村的发展紧密结合起来，统一协调，全面考虑，树立工农一体化的经济社会发展思路，以全面实现小康社会为总目标，以发展的眼光、统筹的思路，解决城市和农村存在的问题。统筹城乡发展是今后我国很长一段时期的发展战略。新农村建设是统筹城乡发展的具体实践，为水利风景区建设提供了发展思路。我国绝大部分水利风景区远离喧闹的都市，地处农村，与农村存在非常密切的联系。中央提出要按照“生产发展、生活宽裕、乡风文明、村容整洁、管理民主”的要求建设社会主义新农村，这无疑也为水利风景区的开发创造了有利条件和可借鉴的经验。新农村建设为水利风景区开发提供了坚实的产业基础，提供了大量劳动力，提供了良好的生态环境、便捷的交通条件、整洁的村容村貌等重要的保障条件。

（三）人民群众对水利风景区发展提出新期盼

水利风景区建设是民生水利的重要内容，是满足群众多元化休闲需求的重要手段。水利风景区的发展顺应了时代的要求，不仅以工程设施保障了防洪安全、水资源水环境安全、饮水安全、粮食安全和经济安全，而且以水利工程的恢宏气势成为亮丽的风景，特别是诸多滨水区域通过自然力量或人工打造形成了优美的滨水景观，为人们提供了一个又一个宜居环境，创造了一个又一个休闲、观光、旅游和度假的空间。

民生水利为水利风景区发展指明了工作方向，提出了更高要求。在推动水利风景区工作时，要以人为本，统筹兼顾，立足水利，面向社会，因地制宜。在东部发达地区，可通过开展城区河道综合治理和景观工程建设，下大力气发展水利风景区，改善城区环境，为市民提供优美的休闲、娱乐、观光和居住环境；在中西部地区，可结合工程修建和生态修复，有重点地建设一批生态效益显著、经济联动性强的水利风景区，让水管单位和周边地区从景区发展中得到实惠。

当前，我国小康社会正在从建设向建成过渡。在这一进程中，人民群众对生活质量和幸福指数提升的愿望十分迫切。水利风景区的发展不仅充分发挥了水利工程的基本功能，也可为人民群众提供优美的休闲、娱乐、科普、观光以及居住环境，实现生态、经济、社会效益的良性互补，让人民群众更好地享有水利发展成果。

（四）水文化建设为水利风景区发展带来新契机

水文化是中华文化和民族精神的重要内容，也是实现水利又好又快发展的重要支撑。面对我国日益复杂的水问题，面对人民群众对水利发展的新期待，面对丰富多彩的社会文化生活，以水利实践为载体，积极推进水文化建设，创造无愧于时代的先进水文化，既是一项重大而紧迫的任务，也是时代赋予的崇高使命。

1. 水文化建设提升了水利风景区的文化内涵

水文化建设逐步融入了水利改革发展的顶层设计之中，注重从文化的角度反思人与自然的关系，积极引导社会建立人水和谐的生产生活方式，促进经济发展方式转变。《水文化建设规划纲要》提出：要把水利风景区建设作为提升水工程及其水环境的文化内涵和品位的示范工程。水利风景区既是水文化建设的具体成果，又是传承和推进水文化建设的重要载体。以水域及水利工程为主体的水利风景区，是集中展现和弘扬水文化的场所。水利风景区的建设与管理要将文化元素、景观元素更好地融入水利工程中加以展现，不断提升水利工程的精神内涵与文化品位，充分展示治水兴水的人文关怀和文化魅力。水利风景区要成为水利宣传教育示范基地，普及推广水文化价值，让人们在享受水利优美环境的同时，进一步了解我国悠久的治水历史和水利科学知识，感受当代水利事业的巨大成就和水文化的丰富内涵，从而达到了解水利、热爱水利、支持水利、宣传水利的目的。

2. 水生态文明城市建设为水利风景区发展注入活力

随着经济社会的快速发展和城市化进程的不断推进，引水进城、以水定城、因水兴城，积极创建河湖型水利风景区，极力打造人水和谐、水生态环境良好的水生态文明城市正成为城市建设的新亮点，受到各级地方党委、政府的高度重视和大力支持。水生态文明城市建设是城市河湖型水利风景区建设的拓展和延伸，是城市区域整体范围内的水利风景区的打造和建设。水生态文明城市建设应以加强城市河湖型水利风景区建设为重点，试点推动，以促进城市经济社会发展为目标，改善城市生态、美化城市环境、优化城市布局、提升城市品位、增强城市活力、促进城市发展，不断满足人们亲水、近水、临水而居的需要，并在亲水近水中感悟、弘扬水文化，提升爱水、节水意识，促进社会和谐。

（五）旅游业快速发展助推水利风景区持续发展

近年来，旅游业新产品、新业态层出不穷，大众化的旅游发展趋势愈加明显。2013 年全年旅游总收入达 2.9 万亿元，国内旅游人数达 32.5 亿人次，国内旅游收入达 2.54 万亿元。第十二届全国人大常委会审议通过《中华人民共和国旅游法》，国务院办公厅下发《国民旅游休闲纲要》。全国旅游行业坚持依法治旅，积极扩大旅游消费，做了大量富有成效的工作，实现了旅游业持续健康较快发展。我国旅游业快速发展既为水利风景区建设提供了发展机会，也需要水利风景区提供重要的市场支撑。

1. 水利旅游为水利风景区发展提供契机

随着国民经济持续快速发展和人民生活水平逐步提高，传统的观光旅游已难以满足广大游客的需要，人们对蓝天碧水的渴求与日俱增。2009 年国务院发布《关于加快发展旅游业的意见》（国发〔2009〕41 号），提出要把旅游业培育成国民经济的战略性产业和人民群众更加满意的现代服务业。《意见》肯定了水利在旅游发展中的重要作用。发展水利旅游可丰富旅游市场，为游客提供更多选择机会。水利旅游以水利风景资源中独特的水、沙、林和水工程为依托，在设计定位上借助周边众多风景名胜、旅游景点和文化遗址等有利条件，以独特的水域、湿地、沙滩、绿色生态林的区位优势，参与地方旅游业发展，互利互补。水利旅游把水利工程与水利风景资源高度结合下的壮丽景观展现在广大游客面前，增加人与自然的亲和力，树立了水利行业的新形象。水利风景区的建设，突出民族文化、水文化，既强调保水保土防洪的中心功能，又注重水利风景区建设与地方经济发展、生态环境建设、环境美化的高度结合，强调“人水相亲、和谐自然”的人性化设计，充分体现出水利设施的保护作用与经济发展作用的有机统一。让游客不仅能感受到浓浓的文化气息，享受到回归自然的乐趣，更能体会到水在人类发展史上不可替代的作用。

2. 产业融合是水利风景区发展的重要方向

2009 年国务院《关于加快发展旅游业的意见》（国发〔2009〕41 号）明确要求，“要大力推进旅游与文化、水利……等相关产业和行业的融合发展”。这一政策举措为水利风景区的发展指明了方向，创造了良好的环境氛围。《中国旅游业十二五规划纲要》提出：要“推进产业融合发展”，大力延伸产业领域，拓展旅游要素体系，促进旅游产业与其他产业融合发展。顺应现代产业融合发展趋势，打破旅游产业传统边界，通过要素的链接与各相关产业相互渗透，发挥旅游业对国际金融、现代农业、会展博览等新兴产业和现代服务业的重要促进作用，促进旅游业和工业、农业、文化、水利等行业和领域的融合发展。

水利风景区的产业融合发展包括以下内容：一是在旅游产品设计上，要立足于不同的水体类型，以旅游产品的环境效应评估为标准，以生态环境保护为前提，结合区域特色文化进行差异化的旅游主题设计；二是严格保持生态环境容量与旅游开发活动的协调统一，在保护的前提下实施开发，通过科学有效的开发促进生态保护；三是大力发展生态产业，调整与优化区域产业结构，积极探索和创新流域生态补偿机制，妥善处理库区搬迁安置的失地农民，通过拓展休闲旅游产业实现扩大就业，切实保证群众利益，为有效突破“三农”问题寻求新途径；四是应用推广生态旅游与低碳旅游等新理念、新技术，依靠科技进步发展文化旅游与乡村旅游，丰富水利旅游产品，壮大水利旅游产业；五是科学发展水利旅游，追求“山清水绿景美城秀”，把切实提高人民群众的生活品质作为重要目标。

3. 依法治旅对水利风景区强化管理提出新要求

《中华人民共和国旅游法》规范了各类型景区的开发、利用与经营活动，强化了对风景资源及生态环境的保护，对规范水利风景区建设、提升水利风景区管理水平提出了新的要求。随着经济社会的不断发展和人民生活水平的提高，人们对“国家水利风景区”品牌的认识不断深化，粗放式管理、经营不善、服务水平低下，很难让群众满意。加强“国家水利风景区”形象打造和品牌管理，探索建立“达标升级”的激励机制和“末位淘汰”的退出机制，是今后水利风景区建设与管理工作中的重要内容。

（六）各级政府大力推动水利风景区健康发展

新中国成立以来，特别是改革开放以来，党和国家始终高度重视水利工作，领导人民开展了气壮山河的水利建设，取得了举世瞩目的巨大成就。水利部高度重视水利风景资源的利用和保护，2001 年 7 月专门成立了水利部水利风景区评审委员会，2004 年 5 月 8 日颁布实施了《水利风景区管理办法》，同年 8 月 1 日施行了行业标准《水利风景区评价标准》，2005 年水利部又正式出台了《水利风景区发展纲要》，明确了水利风景区建设与发展的指导思想、基本原则、发展目标、主要任务和基本要求等。各地也分别以不同的形式加强了对水利风景区工作的领导和支持，充分体现了各级水利部门对水利风景区建设与管理工作的重视与认可，极大地鼓舞了广大水利风景区工作者的信心和工作热情。近年来，中央和各级部门有关水利的决策部署为水利风景区的快速发展提供了难得的历史机遇。

1. 2011年中央1号文件为水利风景区发展确定了基调

2011 年中央 1 号文件《关于加快水利改革发展的决定》明确了新形势下水利工作的战略地位，确立了水利改革发展的指导思想、目标任务和基本原则，出台了一系列针对性强、覆盖面广、含金量高的惠水兴水新政策、新举措，力争通过 5 年到 10 年努力，从根本上扭转水利建设明显滞后的局面。水利风景区作为依托自然水体和水利工程建设发展起来的一项新业务，对优化水利风景资源开发利用模式、实现水利工程的多功能化、促进人水和谐都将发挥不可或缺的作用，水利风景区将伴随着水利事业的快速发展迎来难得的发展机遇。各地开始充分利用中央加强水利基础设施建设的重大契机，抓好水利风景区规划设计，加强风景区软硬件等配套建设，精心打造水利景观，着力开发精品水利风景区，推动水利风景区建设和发展再上新台阶。

2. 最严格水资源管理制度为水利风景区发展划定了红线

2012 年 1 月，国务院发布了《关于实行最严格水资源管理制度的意见》（国发〔2012〕3 号），在全国实行最严格的水资源管理制度，划定三条红线，对用水总量、用水效率和水功能区限制纳污做出了硬性要求。保护水资源、改善水环境、修复水生态既是水利风景区建设和管理工作的主线，也是最严格水资源管理制度的题中之义。为落实最严格水资源管理制度，水利风景区建设及时转变了发展思路：以水利风景区建设与管理为载体，开展水生态环境治理与保护，旨在按照“河畅水清、岸绿景美、功能健全、人水和谐”的要求，综合运用生态治理措施，对处于河流、湖泊、河口、湿地等脆弱或关键部位的水利风景区实施保护与开发，维护水生态系统的稳定和健康。这对水利风景区的建设与管理既是压力又是动力，从制度上划定了水利风景区发展的资源生态底线，为水利风景区的资源、环境、生态、经济全面协调发展提供了制度保证。

3. 政府主导为水利风景区建设奠定了坚实基础

经过 10 余年发展，水利风景区建设已经取得长足进展，景区数量大幅增加，景区质量稳步提高，景区品牌逐步形成。类型多样、覆盖城乡的水利风景区，已成为反映民生水利建设成果的重要窗口和体现现代水利发展模式的重要标志，得到了社会各界的广泛认同和大力支持。目前，全国水利风景区建设已进入新一轮“黄金发展期”，各级水行政主管部门和流域管理机构对水利风景区工作的认可度越来越高，支持力度也越来越大。很多地方党委政府把水利风景区建设作为推动区域经济社会发展的重要抓手，作为调整结构、促进就业、改善民生、弘扬文化、保护生态、扩大开放的重要举措。绝大多数省厅设有专门的工作机构和人员，多数省厅成立有省级“水利风景区评审委员会”，有些省份（如山东、福建、陕西等省水利厅）还率先成立了由主要领导担任组长的“水利风景区建设与管理领导小组”，不少省份将水利风景区工作写入全省水利工作报告，并在“十二五”规划中加以体现；部分省（区、市）出台了促进水利风景区可持续发展的一系列具体措施，在项目资金上予以倾斜，如重庆、山东、湖南等省市在水利建设资金中专门划出一块资金，用于鼓励和支持水利风景区建设。

二　水利风景区建设与管理面临的挑战

改革开放以来，我国从短缺经济社会，逐步发展成为全面小康型社会，水利也经历了工程水利、资源水利而进入民生水利的发展阶段。在这具有深刻历史意义的社会发展阶段，建设生态文明成为国家的长远发展大计，水利及其所推动的水生态文明建设，不仅是促进经济长期平稳发展和社会和谐稳定的支撑与保障，而且是生态文明建设的空间载体、主要内容和驱动力量。水利风景区也从早期的自力更生、发展水利、保障社会，进入对水生态文明进行建设与诠释的前沿。新的历史时期，新的社会需求，新的产业使命，是水利风景区所面临的空前挑战，也是水利风景区发展的明确目标和强大动力。概而言之，当前以及今后相当长时期内，我国水利风景区以及水生态文明建设面临着三大挑战。

（一）国家水安全高度保障的挑战

水安全，对我国而言既是传统的基础安全问题，又包含现代意义上的非传统安全因素。我国目前已建设的水利工程设施包括8.6万座水库、27万多千米堤防、3.9万座水闸、8亿多亩灌区，以及众多的水土流失治理区等。这些工程设施构成了我国防洪、供水、水生态治理的物质基础。但是，全球气候变化对我国水文情势的影响，不断考问着我国的防洪防灾工程系统；小康社会所蕴含的庞大经济系统的运行与日益提高的社会消费需求，对水资源与水环境不断提出新的保障要求，是我国水利系统面临的长久挑战与艰巨使命，也是水利风景区建设与发展不可回避、不可须臾松懈的首要问题。

防洪安全问题。我国是洪水灾害多发的国家。洪水灾害的发生、防洪抗灾与救灾，构成了我国历史变迁的主要影响因素之一。我国现代防洪事业取得了巨大成就，但是目前与未来，也面临着新的挑战。首先是全球气候变化对我国水文系统仍将产生深刻影响，极端灾害天气增多，降水的时间与空间不均衡性将加剧；其次，我国城镇化进程正在提速，人口与经济活动将愈加集中，其空间格局与水资源的分布高度相关。这一自然趋势与社会经济格局对我国防洪工程体系将产生空前严峻的压力。

水资源保障问题。水是生命之源、生产之要。但我国是水资源相对贫乏的国家，人均水资源量不到2100立方米，仅为世界平均水平的1/4。水资源时空分布极不均衡进一步影响了可利用的水资源量，如华北地区人均水资源量甚至远远低于世界水资源安全警戒线。另外，我国仍处于长期的人口规模持续增加、经济总量持续增长、生活水平持续提升的阶段，我国的淡水资源需求量不仅基数大，而且仍处于长期增长态势。水资源量短缺与经济社会需求增长的矛盾的解决，尤其是人口与经济高度集聚的城市群地区淡水资源的高度保障，成为水利系统愈来愈艰巨的任务。

水环境与水生态问题。经济社会长期高速发展过程中，由于产业结构与技术水平的限制，环境治理与保护措施的乏力，我国水环境与水生态形势仍很严峻。2001～2012年，我国废水排放总量从433亿吨增长到685亿吨，平均每年多排放了21亿吨废水，平均年复合增长率约为4.3%。我国的废水污染源主要分为工业源、农业源、城镇生活源，以及少量的集中式污染设施排放源，其中城镇生活源污水排放量的增加是我国废水排放量增加的主要原因。地表水质的恶化，造成水质型缺水，加剧了水资源紧缺的形势；严重伤害了水体生物多样性，危及了水生态系统的安全；降低了水利风景资源品质，对水利旅游构成直接的重大冲击。

（二）国家经济转型新兴支撑的挑战

扩大内需，吸纳就业，提高公共服务，是十八大提出的推进我国经济结构战略转型的战略基点。积极推进水利风景区的建设与发展，是依托规模巨大的水利资产，以充分满足日益增长的水利旅游需求为目标，以水利旅游产业发展为龙头，促进相关产业链与区域经济体共同发展与繁荣，夯筑我国经济结构战略转型新兴基点的时代使命。

我国旅游产业发展的潜力所在。目前我国 A 级旅游区约有 6000 余处，国内旅游人数已达 32 亿人次，旅游收入近 3 万亿元。一方面，我国国内旅游需求还将不断攀升，而另一方面，我国常规旅游资源开发已近饱和，旅游旺季已开发旅游区大都超负荷运行，难以满足社会需求。由此，水利工程设施及其旅游资源是未来我国旅游资源开发的主要潜力所在。我国水利旅游资源尚未有系统统计与评价，仅就现有的 8.6 万座水库、27 万千米的堤防，以及为数众多的城市水系设施而言，目前已建成的 2000 余处水利风景区占比极小。因此，我国旅游产业的进一步发展，将在很大程度上依赖水利旅游资源的充分开发和水利风景区的充分发展。

管理创新促进水利风景区发展。水利工程设施在空间、功能以及管理上千差万别，社会对水利旅游的需求多种多样，水利旅游资源大多处于生态环境高度敏感地带等一系列问题，是影响水利风景区建设发展的限制因素。为快速推进我国水利风景区的建设与发展，必须立足于水利行业的深化改革、立足于管理创新，充分动员社会智力资源、金融资源、技术资源，建立水利风景区建设发展的支撑体系。

（三）水文化挖掘传承、融合光大的挑战

生态文明是现代科学与历史智慧高度融合的社会发展范式，作为中华民族伟大复兴的主要目标之一，有着深刻而丰富的历史内涵。水生态文明是生态文明的重要组成部分和保障基础。探寻历史根脉，挖掘与传承中国水文化遗产，宣传光大当代水利科技与建设成就，是水生态文明建设的重要内容，更是水利风景区建设发展责无旁贷的任务。

水文化对中华民族具有特别的意义。我国水文化源远流长。我国最早的历史文献《尚书》，即以“汤汤洪水方割，荡荡怀山襄陵，浩浩滔天”之际的洪水灾害治理作为华夏“创世”的开篇；大禹治水

以及第一个王朝——夏——建立的故事，更是在民间广为流传。现代考古学与历史学研究成果也从不同方面提供了早期治水历史传说的科学依据。现代世界文明史大师汤因比在系统比较人类早期文明后认为：在黄河中下游古代中国文明的起源地区，早期人类所要应付的自然环境的挑战要比两河流域和尼罗河流域严峻得多，对灾害环境挑战的顽强应对，使这里成为中国文明的摇篮。某种意义上，中华民族得以成为世界文明史上唯一连绵存续的文明体，是与水事活动以及由此产生的东方特质水文化分不开的。

现代水利巨大成就及其科技支撑。1950 年代以来，我国开展了气壮山河的水利建设，取得了举世瞩目的巨大成就，为经济社会发展、人民安居乐业做出了突出贡献。半个多世纪中，在水资源相对贫乏、时空分布不均的严峻条件下，水利事业工作者以其常年不懈的艰苦奋斗，构建了近 30 万千米的江河堤防系统、8 万多座水库的多年调节体系，以及多项大型跨流域调水工程等，有效保障了我国实现人口规模从 5. 4 亿增加到 13. 5 亿、经济总量增长超过 40 倍、成为世界第二大经济体的历史跨越。

水生态文明的当代制度文化建设。在当今水资源承载能力与水环境容量的压力下，我国开始实行最严格的水资源管理制度，包括水资源开发利用控制、用水效率控制、水功能区限制纳污“三条红线”，以及严格防守“三条红线”所必需的四项配套管理制度。这项制度以广泛的社会动员与行为调控为特征，通过强制性的制度实践，以期达到全民的文化自觉，推进节水型社会建设，促进经济社会发展与水资源水环境承载能力相协调。这一宏大浩繁的社会工程，开启了我国水文化面向未来、持续发展的探索之旅。

B.9

水利风景区发展前景与对策措施

李亚伟　钟林生　王灵恩　程 琳*

摘　要：水利风景区是美丽中国的重要内容，是水生态文明建设的重要抓手、民生水利的重要手段、国家公园体系的重要组成部分、国民休闲的重要场所。到2020年，以国家水利风景区为重点，将形成布局合理、类型齐全、管理科学的水利风景区网络，带动省级及以下水利风景区的发展。未来，水利风景区的价值将得到更加充分的体现，旅游产品将日趋个性化，基础设施更加完善，管理逐步规范化，市场营销更加得到重视。要以理论研究推动水利风景区高水平建设、以人才队伍建设实现水利风景区规范管理，以科学规划设计引领水利风景区健康发展，以制度建设保障水利风景区的可持续发展，以投入机制破解水利风景区发展的资金瓶颈，以水文化建设提升水利风景区的内涵。

关键词：水利风景区　前景　目标　对策

* 程琳，水利部综合事业局工程师。

一 水利风景区发展前景

（一）水利风景区是水生态文明建设的重要抓手

生态文明是人类在利用自然界的同时又主动保护自然界，积极改善和优化人与自然关系而取得的物质成果、精神成果和制度成果的总和。它是人类认识、保护、建设生态环境和生态环境自组织协同进化所产生的积极成果。其本质是人与自然之间的和谐程度（较高），其特征是生态环境的良好状态。传统工业文明导致了人与自然的对立，严重威胁了人类自身的生存和发展，生态文明坚持可持续发展的理念和要求，从文明的高度来统筹环境保护与经济发展之间的关系，通过生态文明建设在更高层次上实现人与自然、环境与经济、人与社会的协调发展。生态文明建设已经成为中国特色社会主义事业总体布局的重要组成部分，其内容涵盖了先进的生态伦理观念、发达的生态经济、完善的生态制度、基本的生态安全、良好的生态环境等等。

水与生态系统关联紧密，水量水质变化影响生态环境，生态环境改善离不开水的保障。水生态文明是生态文明概念的延伸，是可持续发展理念的具体体现，是指人类在保护水生态系统、实现人水和谐发展方面创造的物质和精神财富的总和。它既是生态文明的重要组成部分，也是“天人合一”中国哲学思想的最新诠释。中国是世界人口最多的国家，社会经济快速发展也给水生态系统带来了一定的压力，建设水生态文明是中国实现科学发展的迫切要求。水是各类生态系统（以生物为核心，生物都需要水）最重要的控制因子，人类不合理的用水、耗水、排水以及河湖占用引发了生态系统尤其是水生态系统的退化，并危及社会的长远发展。因此，水生态文明是生态文明的最重要组成部分，是其核心和灵魂。“水利是现代农业建设不可或缺的首要条件，是经济社会发展不可替代的基础支撑，是生态环境改善不可分割的保障系统。”2011 年中央 1 号文件对新形势下水利的战略地位的表述，清晰地阐述了水生态文明是生态文明的重要组成部分和基础保障。而水利风景区则是水生态文明建设的有力抓手。

第一，水利风景区体现了水生态文明的核心理念。“人水和谐”是建设水生态文明的核心理念。水生态文明是人类为了保护水生态系统所做的各种努力及其成果，是对传统的侧重强调水利为社会经济服务的纠偏，是对水利内涵的丰富和发展。党的十八大报告提出“大力推进生态文明建设”，明确了生态文明建设的四项重点任务，强调了加快水利建设和水资源管理。这是生态文明建设对新时期水利发展的战略部署和创新要求，进一步深化了水利工作的内涵，拓展了水利的发展空间。水生态文明建设是传统水利工作内涵的升级，是落实新时期民生水利、生态水利建设的重要方向。水利风景区秉承尊重自然、顺应自然、保护自然的理念，坚持人水和谐发展，以优化水资源配置、保护水环境、修复水生态、营造水景观、弘扬水文化为内涵，全面体现了水生态文明建设的核心理念。近年来，各级水利部门以“山青、岸绿、水美”为基本要求，统筹协调水利建设与生态建设、人工景观与自然景观、经济效益与社会效益，努力把水利工程建成生态工程、水资源保护工程、环境美化工程，对水利风景资源进行保护性开发，发挥其涵养水源、保护生态、维护河湖健康的重要作用。实践表明，水利风景区的建设与发展是顺应自然、尊重规律，亲近水、涵养水、善待水的重要举措，在生态文明建设中发挥着重要的示范作用，为践行民生水利、可持续发展水利开辟了新的领域。

第二，水利风景区建设成果为水生态文明建设奠定了坚实基础。我国水利风景区主要可以分为水库型、湿地型、自然河湖型、城市河湖型、灌区型、水土保持型等六大类，类型齐全。各级水利风景区在水利风景资源普查、水利风景区发展规划、水环境保护、水土保持和生态修复、专业人才队伍建设、经营管理以及相关理论的研究和科技成果的转化应用等方面进行了卓有成效的尝试和探索，为水生态文明建设的全面开展奠定了坚实的基础。

第三，水利风景区建设目标任务明确，能够迅速成为水生态文明建设工作的切入点。近年来，水利风景区管理部门通过《水利风景区规划编制导则》《水利风景区发展纲要》《水利旅游项目管理办法》《水利旅游项目综合影响评价标准》《水利风景区评价标准》《水利风景区管理办法》《关于加强水利风景区建设与管理工作的通知》等一系列政策法规使水利风景区的建设和管理工作逐渐规范，建设任务逐渐明确。目前，水利风景区的重点任务主要包括：①调查、了解、掌握水利风景资源的分布及利用和保护情况。②科学、合理地编制水利风景区发展规划，包括：明确各个时期水利风景区建设的目标、内容和重点；充分发挥水利工程建设的优势，结合水利资源开发利用和保护的目标，正确界定水利风景区的范围；规划水利风景区的功能结构和空间布局；评估水利风景区的环境承载能力。③加强环境保护、水土保持和生态修复；加强水利风景区基础设施和服务设施建设。④加强专业人才队伍建设和经营管理；探索加强水利风景资源综合开发利用和保护管理的体制和机制。⑤加强相关理论的研究、科技成果的转化和应用，逐步提高水利风景区的建设管理投资回报率。这些重点任务的落实是水生态文明建设的重要内容，在目前水生态文明建设全面推进的背景下能够迅速成为水生态文明建设工作的切入点。

第四，水利风景区代表城市和区域的形象，水生态文明建设示范带动效应显著。开展水利观光、滨水休闲、生态旅游等旅游活动是水利风景区的重要功能。旅游活动的重要特征是游客人流量大、市场辐射范围广。水利风景区的生态文明建设成果能够通过景区内的旅游活动迅速传播、推广，向社会公众展示和示范。同时，成功的水利风景区还可以打造成为区域或城市名片，改善区域的整体形象，水生态文明建设的示范带动效应显著。

因此，在水生态文明建设过程中，应继续推进水利风景区的建设和管理，积极将其纳入水生态文明建设体系，作为水生态文明建设的重要抓手和亮点工程。

（二）水利风景区是美丽中国的重要内容

2012 年 11 月 8 日中国共产党第十八次全国代表大会报告中提出“把生态文明建设放在突出地位，融入经济建设、政治建设、文化建设、社会建设各方面和全过程，努力建设美丽中国，实现中华民族永续发展”。十八大报告中提出的建设“美丽中国”是新时期我党执政理念的进一步升华，可使执政者对执政规律的把握更加科学，为下一阶段党和国家的各项工作指明了方向。“美丽中国”体现着自然美、生态美、环境美，是生态文明建设的目标。汉语言中的美丽，指好看、漂亮，即在形式、比例、布局等方面使感官愉悦、享受。美丽也是人们对人对物的喜爱，抱有好感，喜欢、悦纳。“美丽中国”从字面来讲就是喜欢中国，悦纳中国，既包括外在自然的、物质的，也包括内在社会的、精神的。“美丽中国”首先应该美在祖国的大好河山，美在九州大地的高山、湖泊、海洋、河流、森林、草原等。而水利风景区则是美丽河湖的主要载体，是建设美丽中国的重要元素。近年来，水利部水利风景区建设与管理领导小组办公室以扎实推进水利风景区建设管理和积极探索水生态文明城市建设为载体，大力开展城乡水生态修复、水环境整治、水景观营造、水文化弘扬等理论研究和试点探索，在水生态文明建设上迈出了可喜步伐，取得了可喜成效，造就了美丽河湖的新画卷。

第一，水利风景区维护“美丽中国”自然生态之美。水利风景区建设以尊重自然、顺应自然、保护自然为前提，划定保护范围，明确水资源、动植物、生态环境的保护要求，竭力维护大自然的秀美景色、原生态的景观资源和环境资源，充分体现和还原大自然的自然之美。同时，水利风景区建设把水资源保护、水生态修复、水土流失治理工作放在重要位置，通过水系连通、清淤疏浚、水源涵养、水源调度、截污纳管等工程与非工程措施，将人工治理与自然修复相结合，在改善水环境、修复水生态、减少水土流失等方面取得了巨大的生态效益。风景区内水体水质、水生态、水环境质量都得到明显改善，水质普遍提高一到两个等级，生物多样性得到恢复和发展，节能减排效果显著。例如山东省临沂市沂河风景区的打造，为城区增添了48.5平方千米水面，通过稀释作用降低环境污染负荷10%～15%，通过回灌作用提高地下水位1.59米，通过气候调节作用降低城区温度1～2℃，提高相对湿度10%～15%，有效地缓解了城市热岛效应。

第二，水利风景区展现“美丽中国”人文之美。水利风景区建设强调水利工程基本功能之外的美学元素和生态作用，统筹工程建设与生态建设，强调工程造型与周边景观相协调、工程布局与自然生态相适应，促进水利工程建设向现代化、科学化转变，朝着更加注重社会、生态、环境、景观、美学等方向转变，成为生态工程、景观工程和环境美化工程。另外，水利风景区建设通过水利功能和人文内涵的有机结合，宣传推广水文化价值，打造水文化景观，大力弘扬古代优秀水文化，积极创造现代先进水文化，充分展示可持续发展治水思路，全面反映现代水利的科技含量和巨大成就，不断提升水工程的文化承载力和文化品位，创造性地塑造以水为题、以水为景、以水为用、以水为乐、独具特色的水文化，成为传承和弘扬先进水文化的重要载体和传承水文化的重要阵地。水利风景区不仅能够大力弘扬古代优秀水文化，而且可以积极创造现代先进水文化，进一步丰富水文化的内涵，建立水清、岸绿、景美的滨水文化，使人们在潜移默化中学习历史和科学文化知识，增加美的感受，陶冶情怀，提升文明境界。

例如，郑国渠、灵渠和山东台儿庄古运河景区等以古代水利工程为依托建立的水利风景区，通过深入挖掘积淀丰厚的水文化遗产、历史印痕，有利于做好水文化传承工作，反映我国悠久的治水历史、展现古代水利文明。湖南边城、江苏南京外秦淮河等景区，通过大力发掘、恢复、创新厚重的历史文化和丰富的民俗风情，升华文化景观，体现地域特色，使水环境整治工程成为文化之作、经典之作。陕西西安汉城湖、浙江绍兴环城河等景区，通过综合整治城市水环境和建设亲水景观，提升了城市品位，呈现了人水和谐、文化氛围浓厚的水城新气象。湖南皂市、山东胶州少海等水利风景区，注重水利工程景观化和文化建设，实现“三同时”，走出了一条“建设一个水利工程、美化一片周边环境、形成一个文化景点、塑造一个现代景区”的水利工程建管结合新道路。

第三，水利风景区打造“美丽中国”人水和谐之美。水利风景区以其巍峨的水利工程、独具特色的水利景观、良好的生态环境、丰富的文化内涵，为人们提供了观光、娱乐、休闲、度假或科学、文化、教育活动的空间，满足了人们渴望重返青山绿水、回归大自然的心理需求，给人以直接的感观上的美的享受，赏心悦目，放松身心，陶冶性情。水利风景区建设突出人水和谐理念，走“科学开发，合理利用，有效保护，人水和谐”的良性发展轨道，既坚持以人为本，满足经济社会发展、改善人居环境、满足人类对水的基本需求，合理进行水利工程、人文景观的建设，又强调尊重自然、发挥水环境的自我修复能力，给水创造一个休养生息的环境，满足河湖健康保护的要求，保持水资源和水环境的生态平衡，积极打造人水和谐之美，为实现人与自然和谐发展提供了新的途径。

第四，水利风景区打造“美丽中国”城市之美。近年来，随着我国经济社会的快速发展和城市化进程的不断推进，城市河湖型水利风景区发展迅猛，已成为水利风景区建设发展最具活力的类型之一，受到地方各级党委、政府的高度重视。城市河湖型水利风景区统筹水利建设与城市发展，强调水资源、水生态、水景观、水工程和水管理体系的协调建设与全面提升，以水资源的永续利用支撑城市经济社会的可持续发展，以水生态的良性循环保障城市的生态环境安全，以良好的生态、景观、文化组合和宜居环境满足老百姓不断增长的精神文化需求，营造出“山更青、水更秀、岸更绿、景更美、人水更和谐”的良好城市生态环境，促使“一河清水、两岸绿色、城景交融、人水和谐”的水生态文明城市不断涌现。特别是一些地方积极打造山水城市，结合城乡水系连通工程建设和中小河流治理，大力开展河湖疏浚、截污治污、水生态修复、水环境整治、水景观建设，营造了山更青、水更秀、岸更绿、景更美、人水更和谐的良好城市生态环境，已成为当地群众每日必去的好去处，极大地改善了城市面貌和人居环境，真正实现了“水让城市更秀美，城市让生活更美好”。

（三）水利风景区将成为国家公园体系的重要组成部分

国家公园制度作为被实践证明的保护自然资源与生态环境的有效手段之一，已经被世界大多数国家采用。据世界自然保护联盟（IUCN）的定义，国家公园是指在保护区域内生态系统完整性的前提下，经过适度开发，为民众提供的精神的、科学的、教育的、娱乐的和游览的场所。它既不同于严格的自然保护区，也不同于一般的旅游景区，是保护地的一种形式。为了保护那些具有特殊价值的、自然生态环境较好的区域，世界上第一个国家公园——黄石国家公园——于 1872 年在美国诞生。此后的 140 多年间世界各国陆续建立健全了各自的保护地体系。2010 年的统计数据表明，国家公园在全球保护地面积中所占比例最大，是国外保护地体系所采用的最重要的一种形式。

1956 年中国建立了第一个具有现代意义的自然保护区——鼎湖山自然保护区。经过半个世纪的发展，据初步统计，截至 2013 年底，我国已建立了各级各类保护地 9 种，总数 8000 多处，其中国家的保护地达 2900 余处。各类园区总面积约占陆地国土面积的 18%，主要类型有：自然保护区、风景名胜区、森林公园、地质公园、湿地公园、海洋特别保护区（含海洋公园）、水利风景区、矿山公园、沙漠公园等。各类保护地对保护我国各类生态系统和资源具有重要意义，但同时运营和管理过程中存在人为割裂生态系统的完整性、区域交叉重叠严重、管理混乱、权责不清、重开发轻保护等问题。

面对资源约束趋紧、环境污染严重、生态系统退化的严峻形势，我国适时提出了建设生态文明制度，实现中华民族永续发展的目标。为进一步加强生态文明制度建设，实行最严格的源头保护制度，中共中央十八届中央委员会第三次全体会议通过的《中共中央关于全面深化改革若干重大问题的决定》明确提出严格按照主体功能区定位推动发展，建立国家公园体制。通过建立国家公园体制，在保护一些重要生态系统、自然景观、自然与人文遗迹资源的基础上，可科学利用其生态、经济、社会、科学和文化福祉等服务功能，造福于人，使之成为我国未来生态文明建设的重要载体之一。水利风景区作为我国水生态系统保护的最主要载体，将是我国国家公园体系中不可或缺的一员。

首先，水利风景区与国家公园的建立目的具有一致性。水利风景区建立的根本目的是通过保护水资源、恢复水生态、搞活水经济，促进人水和谐相处，在保护中发展，在发展中保护，最终实现生态效益、经济效益和社会效益三者的有机统一。其核心理念是科学、合理地利用水利风景资源，保护好水生态环境，开展生态旅游是开发水利风景资源的可持续利用方式。而国家公园建立的目的是“为了保护一个或多个典型生态系统的完整性，为生态旅游、科学研究和环境教育提供场所”，即满足生态系统的保护和游憩利用的需求。可见，水利风景区和国家公园的建立目的都是合理地保护和利用生态资源，进而实现人类与大自然的和谐相处，共同发展。只不过水利风景区侧重水资源和水生态系统的保护和利用，国家公园的保护和利用对象更加广泛而已。可以预见，在未来的国家公园体系中，水利风景区将在改善水环境、保护水安全、繁荣水文化、发展水经济等方面担当更加积极的角色。

其次，水利风景区与国家公园的功能一脉相承。国家公园的功能主要是提供保护性的自然环境，保存物种及遗传基因，提供国民游憩场所及繁荣地方经济，促进学术研究及环境教育四个主要方面。水利风景区在维护工程安全、涵养水源、保护生态、改善人居环境、拉动区域经济发展诸方面都有着极其重要的功能和作用，与国家公园的各项功能之间存在一脉相承的关系。两者都强调保护自然生态系统的完整性和丰富性，同时两者都强调在此基础上对生态资源和自然景观进行合理的开发和利用，充分发挥保护地的游憩、科学研究、环境教育和文化传播等功能。可以说，水利风景区的功能是国家公园各项功能在水生态系统保护区域的具体体现和落实。

再次，水利风景区与国家公园在管理措施方面具有相似性。2004年6月1日起开始施行的《水利风景区管理办法》主要从我国水利风景区的批准设立、规划、项目建设、管理和保护等方面展开，通过规范的审批设立程序、科学合理的规划、有序适当的项目建设、高效的景区管理和严格的生态资源保护促进水利风景区的健康持续发展。国家公园的管理和运行同样是通过这些方面的措施和方法来实现的。以美国国家公园管理体系为例，美国国家公园管理局对国家公园系统的管理主要包括公园系统的规划、土地的管理、自然资源的管理、文化资源的管理、荒野保护和管理、启智和教育、国家公园的利用、公园的设施、特许承租管理等方面，与我国水利风景区的管理体系在措施和方法上具有相似性。

最后，水利风景区的经营和管理目前存在的一系列问题也亟待通过国家公园体制的建立进行系统解决，使之充分发挥水利风景区应有的各项功能，真正实现人水和谐的理想目标。

（四）水利风景区将成为国民休闲旅游的重要场所

水利风景区拥有一定规模和质量的风景资源与环境条件，可以开展观光、娱乐、休闲或科学、文化、教育活动，同时又创造了一个又一个旅游和度假的空间载体，为人们休闲旅游提供了较为理想的场所。

首先，在水利风景区可以组织开展多种多样的旅游休闲活动。在旅游产业迅速发展的今天，各类旅游项目和旅游产品越来越多，旅游活动的内容也越来越丰富，如观光游览、体育节庆旅游、奖励旅游、会议旅游、商务旅游、度假休闲旅游等。水利风景区可以充分利用宽阔清澈的水库、绿荫蔽日的岸边林带、起伏曲折的山径、宏伟壮观的工程，以及各种服务设施等条件，组织开展各项活动，如参观考察、举办会议、乘船观光、划船垂钓、漂流探险等，使旅游资源发挥最大效益。

其次，水利风景区具有较高的科普教育价值。水利及水电从规划、设计、施工到运行管理都是科学与技术的综合应用，包含了建筑工程、机械工程、电气工程、管理工程、环境科学等众多科学知识。每一个水利工程丰富的知识内涵，都能使广大游客，尤其是青少年学生游客群体，通过参观水利工程，了解系统丰富的水利科学知识，加深对兴建水利工程意义的认识和理解，增强水利意识和水患意识，从而积极支持和推进我国水利事业的发展。当前，按照国务院《关于促进旅游业改革发展的若干意见》的要求，修学旅游和研学旅游将成为下阶段我国旅游工作的重点任务，水利风景区在发展旅游的过程中，应当抓住机遇，积极建设成为水利科普基地和爱国主义教育基地。

再次，许多水利风景区已经成为著名的旅游景点。随着旅游业的兴起，我国一些水利工程，经过多年开发和建设已经成为重要的旅游景点或风景区，并产生了良好的社会效益和经济效益。例如西安市水利风景区投资30亿元，将一个污水满盈、垃圾成堆、杂草丛生、蚊蝇遍地的“团结水库”，改造成为水体清澈、流水潺潺、园域广阔、汉文化汇集的大型水利风景区。2011年10月1日开放，游人达13万。“汉城湖”景区建成后，在网上掀起了一场“到西安看看”的点击新浪潮，使西安游客量倍增。

最后，水利风景区可以使旅游者获得极高的历史、文化和美学价值。水利工程，特别是古代水利工程具有丰富的历史、经济、地域等文化内涵。一个水利工程的建设和发展，常常伴随着一个区域社会历史的发展和变迁，且围绕水利工程的变迁，留下了许多文化历史古迹。围绕这些文化内涵，可以进行多种展示和宣传。这就使这些旅游景点更具有知识性，更具有吸引力，具有传承历史文化的使命和功能。同时，水利工程大都依山傍水，具有得天独厚的大自然优势。大自然景观和水利工程等人文景观交相辉映，互为衬托，使旅游者可以获得很好的精神享受，赏心悦目地度过旅游与休闲时光，美学价值极高。

（五）水利风景区将成为民生水利的重要手段

自2007年水利部党组首次提出民生水利以来，社会各界对民生水利的认识不断加深，发展民生水利的实践不断丰富，取得了十分显著的成效。2008年水利部明确要求“把民生水利作为当前水利工作的重中之重”，2009年的全国水利工作会议也提出了“积极推进民生水利新发展”的工作部署。同时，民生水利的理念得到了党中央、国务院的高度认可和全社会的一致认同。党的十八大报告强调保障和改善民生，把水利摆在生态文明建设的突出位置，赋予了其新的内涵、新的使命。民生水利以其民生至上的价值取向、民利共享的实践魅力，成为引领水利跨越发展的重要理念。

民生水利的提出和发展具有时代和社会发展的必然性。首先，民生水利是全面建成小康社会的内在要求和关键，其本质和核心是以人为本。解决民生是全面建成小康社会的根本目的，全面建成小康社会的核心就在于民生建设，提高普通大众的生活水平。水利工作与民生密切相关，防汛抗洪事关生命安危，饮水安全事关身心健康，水利建设事关生存发展。因此，以人为本是一切水利工作的出发点和落脚点，大力发展民生水利是新时期实现全面建成小康社会目标的内在要求和关键环节。其次，民生水利是我国水利事业发展的时代要求。生态水利的本质特征是人与自然的和谐相处，强调将水、水利、生态环境、生态经济有效结合，是水利发展最理想的模式。民生水利是实现人与自然和谐相处的重要手段和基本途径。人类社会只要存在，就必然处在一定的生态环境之中，生态承载力决定着一个区域经济社会发展的速度和规模，生态环境的优劣，制约着自然过程和人类活动的方向和程度，直接关系到经济发展的潜力，从而加速或延缓社会历史的发展。只有发展民生水利，强化水资源的节约保护和水土保持及生态环境建设，才能有效防治水土流失和水污染，提高生态环境承载力，改善生产生活条件，为广大人民群众创造良好的人居生态环境，促进新农村建设和生态文明建设，实现人与自然和谐共处。最后，民生水利是保障社会经济持续健康发展的外在要求。农业是国之根基，水利是农业的命脉。民以食为天，食以水为先，水是社会经济发展最基本的条件。一方面，随着社会生产力的发展，人类社会的文明进步，人民生活水平的提高，人们对农村饮水安全、农田水利、水土保持、农村水电、血吸虫病防治等水利需求越来越迫切。另一方面，我国幅员辽阔，各地自然条件和经济社会发展水平差别较大，加之水利历史欠账多，区域发展很不平衡，还有很多关系民生的水利问题亟待我们去解决。大力发展民生水利，着重解决好人民群众最关心、最直接和最现实的水利问题，可以不断满足人民群众日益增长的水利需求，保障我国社会经济的持续健康发展。

在2009年的全国水利工作会议上，陈雷部长就民生水利的内涵进行了系统论述。根据陈雷部长的讲话，刘河元从概念和内涵上进行分析，认为民生水利至少包含以下五层含义。一是民生水利以解决人民群众最关心、最直接、最现实的水利问题为重点；二是民生水利以政府主导、群众参与、社会支持为途径；三是民生水利以构建城乡统筹、区域协调、人水和谐的水利基础设施体系为保障；四是民生水利要着重解决好直接关系人民群众生命安全、生活保障、生存发展、人居环境、合法权益等方面的水利问题；五是民生水利的目标是努力形成保障民生、服务民生、改善民生的水利发展格局，使人人共享水利发展与改革的成果。

水利风景区大多位于对流域生态环境具有重要控制性影响的地段或位置，通过对水利风景资源进行科学合理有序的开发和保护，不仅能够保障水利工程的运行安全和防洪、灌溉、供水、发电、水资源调配等功能的充分发挥，也能够维护水生态系统的稳定性和水环境的承载能力，为人民群众提供优美的休闲、娱乐、科普、观光等多种功能，能够改善居住环境，实现生态、经济、社会效益的良性互补。水利风景区是我国发展民生水利的重要组成部分，主要体现在以下几个方面。

第一，水利风景区是实现人与水资源环境协调发展的重要方式。随着经济社会快速发展，对水资源高强度的挖掘和不合理利用导致的河道断流、水污染、水土流失等生态威胁步步紧逼。水利风景区建设以流域为基本单元，结合江河湖库水系连通、中小河流治理、水资源保护、水土保持、河湖生态修复、灌区改造等工作，不断充实和发展将水利工程融入自然、回归自然的理念，体现了顺应自然、人水和谐的思路，能够营造山青、水秀、景美、人水和谐的良好生态环境，是实现人与水资源环境协调发展的重要方式。

第二，发展水利旅游可以推动水利经济发展方式的转变。长期以来，我国社会各界，尤其是政府对于水利工程项目的定位主要拘泥于水利防洪、水土保持、农田水利、电力能源供应等方面。然而，水利工程在建成的同时也造就了优美的水利旅游环境和景观，无形中创造了旅游项目，成为重要的旅游吸引物。水利风景区旅游项目直接面对游客，并能带动与之相关的产品销售和相关产业的发展，带动就业，增加周边居民收入，有效转变水利经济发展的传统方式，为区域发展带来更多的经济效益和社会效益。

第三，实现水资源与水利工程的扶贫增收，提供就业机会。建设水利风景区，通过提供相应的管理和服务，尤其是在游客的吃、住、行、游、购、娱等方面，能够拓展区域产业链条，拉动一大批相关服务业和制造业的发展，为水利多种经营创造新的经济增长点，为当地社会人员提供大量直接、间接的就业机会，统筹兼顾景区周边社区居民的利益。

第四，让人民群众更好地享有水利发展成果。水利风景区的建设和发展，不仅以工程设施保障了防洪安全、水资源水环境安全、饮水安全、粮食安全和经济安全，而且以水利工程恢宏的构架成为亮丽的景观，特别是诸多的滨水区域通过自然力量或后天人工打造形成了优美的滨水景观，为人们提供了一个又一个宜居环境，同时又创造了一个又一个可以休闲、观光、旅游和度假的空间，能够为社会、为公众提供亲水、爱水、人水和谐的场所，可以实现生态、经济、社会效益的良性互补，有助于让人民群众更好地享有水利发展成果。

二　水利风景区发展态势

（一）水利风景区价值体现更加充分

水利风景区是以水域或水利工程为依托，具有一定规模和质量的风景资源与环境条件，开展观光娱乐、休闲度假或科学、文化、教育活动的区域（中华人民共和国水利部，2004）。水利风景区在依托资源及其赋有的文化内涵、蕴含的精神价值上与普通景区差异较大，对其正确理解是水利景区可持续发展的前提和基础。水利风景区的主体资源可以解读为物质资源、文化资源与精神资源三个层次，应针对不同的资源层次，采取不同的开发形式，承担不同的功能。①水、水利工程和生态环境等物质形态资源，以气势恢宏的水利工程、优美的自然风光及浓郁的风土人情，通过视觉的感官效果吸引旅游者，是景区开发的基础。②在此基础上，可挖掘物质资源的文化内涵，通过主题博物馆、主题度假区、湿地公园等参与型、体验型旅游产品的开发，展现水文化、科技文化和生态文化，提升景区的水平和层次，彰显和弘扬水利文化传承功能，满足旅游者的文化诉求，构成景区的骨架和核心吸引力。③许多水利工程深刻体现了中华民族的优良品质和人水和谐的治水理念，如安徽阜南王家坝水利风景区的蓄洪区居民“舍小家、保大家”的抗洪精神，河南林县红旗渠水利风景区孕育的“自力更生，艰苦创业，团结协作，无私奉献”的红旗渠精神，还有较多景区在治水用水方面体现的人水和谐精神，曾经在历史上产生了广泛而深远的影响，形成景区的精神内核，通过情感感召激荡和震撼旅游者。基于水利资源的丰富内涵，开发物质、文化与精神类旅游产品，相互交融、相互影响、相互作用，共同组成了景区的完整内涵，体现了水利风景区的综合价值。

水利风景区的资源价值按内容分，包括观赏价值、科学价值、游憩价值、人文价值、社会价值（水利风景区评价标准，2013），以及生态价值。

观赏价值。是指水利风景区供人们游览观赏的风景资源价值，城市河湖型、水库型、灌区型水利风景区的风景资源包括水文景观、地文景观、天象景观、生物景观、工程景观；湿地型水利风景区的风景资源包括水文景观、地文景观、天象景观、生态系统；水土保持型水利风景区的风景资源包括水土保持林景观、地文景观、天象景观、生物景观、水土保持工程景观。观赏价值可由资源规模、景色质量和景区结构等评价指标来评价。其中，资源规模指水利工程规模的大小，如水库的库容、工程设施的体量等。景色质量是指资源所呈现出来的感观美学状况，如水岸线是否优美、植被色泽是否多彩、工程建造是否精美、保存是否完好等。景区结构指景区内部各个景点之间在空间搭配上是否科学以及景点组合是否具有多样性与互补性。

科学价值。水利风景区主要是依托防洪、灌溉、供水、通航和水能利用等水利工程而建设起来的人文景观。水利工程作为庞大的建筑体，凝聚了其建设时代科学技术的最高水平。水利工程的力学原理和技术体现于结构之中，将水利功能与审美合二为一，倾注了水利工程建设者在规划、设计和施工中的心血和智慧。传统意义上的水利功能主要是防洪灌溉等，实际上它的功能是多元的，发展水利旅游业，就是在其社会服务功能中，增加一个游憩功能，从而让公众更深入、更具体地了解水利知识和相关工作，通过水环境教育、科普宣教等方式还可传播其科学价值。比如通过对小浪底和三峡大坝的参观，游客在欣赏水利工程景观的同时，能实地感受到浩大的水利工程的重要性，这其实是一次水利教育的好机会。

游憩价值。是指水利风景区在观光游览和休闲度假方面的利用价值。水利风景区的建设和发展，顺应了时代的要求，不仅以工程设施保障了防洪安全、水资源水环境安全、饮水安全、粮食安全和经济安全，而且以水利工程恢宏的构架成为亮丽的景观，特别是诸多滨水区域通过自然力量或后天人工打造形成了优美的滨水景观，为人们提供了一个又一个宜居环境。

人文价值。是指水利风景区在历史人文方面的学术价值和教育意义，如历史古迹、古今建筑、社会风情、地方产品及其他人文景观往往有较高的人文价值。随着经济社会的快速发展，水利风景区的文化价值越来越受到人们的重视。如果说观赏价值是资源外在表现的话，那么文化价值则是其内涵，是水利旅游资源区别于其他资源的核心价值所在。根据资源类型的不同，文化价值往往有不同的侧重。文物古迹类的资源拥有丰厚的历史文化价值，现代水利工程则多具备科技内涵。水文化是水利风景区的标志，也是水利风景区的实力和支撑。只有优美的水利风景与深厚的水文化有机结合，才能相得益彰，显出水利风景区的生机和活力。不少水利风景区蕴含着丰厚的人文历史文化资源，如神话传说、文物古迹、名人足迹、宗教庙宇、地方风俗等，这些文化资源与水利风景区在地域空间上进行融合渗透，使丰富深厚的文化底蕴为水利风景区提供了强有力的文化背景支持，增强了水利风景区的文化个性和吸引力。依托这些文化资源开发水利风景区，可让人在赏水、亲水活动中品味大自然的优美生态环境和厚重的文化底蕴。

社会价值。是指水利风景区对于社会的利用度或其具有的特殊影响和意义。第一，水利风景区能改善人居环境。城市建设的水利风景区将使城市维持幽雅舒适、清洁卫生，成为城市公民休闲娱乐的理想场所以及城市文化的重要载体；充分发挥城市的教化和审美功能，缓解人们的工作压力，改善人们的生活质量，使人心情舒畅、关系融洽。这样的城市具有很好的抗旱能力和抗涝能力，并且能调节气候、优化水环境，旱则能蓄之，涝则能泄之，城市活力大大增强，城市功能将加倍提升，城市容量以及城市发展潜力是不可估量的。第二，水利风景区能促进就业。旅游业是劳动密集型企业，开发旅游的就业效益是不可忽视的一个重要方面。特别是开展水库旅游，与移民安置、库区建设关系极大。发展水库旅游业，需建设公路网、旅馆、饭店、垂钓场、出售当地土特产品的商店等，能够解决水库一部分移民的劳动就业问题。失去土地的农民转入第三产业，变以往消极的安置性移民为积极的开发性移民，使水库旅游开发与当地群众的利益息息相关，将促使当地居民保护山林、保护水资源、爱护各种水利设施。这也是解决过去当地群众与水利工程管理部门之间长期存在的各种纠纷的一条根本途径。第三，水利风景区能保护文物。发展水利旅游就必然要开发建设风景区、维修加固和装饰水工建筑物、整理和修复历史文物、发掘和弘扬民族艺术，这有助于美化环境、保护国粹，特别是促进水利工程管理业务的完善。

生态价值。我国是水资源紧缺的国家，且水资源分布不均，特别是由于现代化、工业化和城镇化的高速发展，我国水生态环境已遭到了巨大破坏，一些地区出现河湖污染、地下漏斗、湿地萎缩、河道断流、地面沉降、生物种群数量减少等一系列生态环境问题。2011 年全国废污水排放总量为 807 亿吨，同年对全国 103 个主要湖泊的 2.7 万平方千米水面进行的水质评价结果显示：中营养湖泊有 32 个，富营养湖泊有 71 个。我国整体水生态环境已不容乐观。水利风景区目前建设成了独具魅力的水利风景区群落，带动了区域水生态环境明显改善，水质达标率、林草覆盖率、水土流失综合治理率等显著提高。

（二）水利风景区旅游产品日趋个性

水利旅游产品是指为了满足旅游者的各种需求而提供的相关水利旅游活动的目的地，以及为了满足旅游市场的需求而提供的食、住、行、游、购、娱等旅游产品的组合。水利旅游产品属于旅游产品的一个分支，具有综合性、不可移动性、不可储存性、易波动性等特征。目前开发的水利旅游产品大致可以分为：观光型旅游产品、康体保健型旅游产品、休闲度假型旅游产品、运动探险类旅游产品、文化科教类旅游产品、美食购物类旅游产品等。

观光型旅游产品是最直接、最尖端、最深刻的旅游产品模式，也是最容易被人接受的一种旅游产品，是人们萌发旅游动机的第一选择。其特点在于旅游者的旅游活动是以观光游览为目的的。水利风景区以地形复杂、自然风光迤逦、地貌复杂为特点，并且拥有多种景观，如山川、江河、湖泊、生物、森林及建筑等，某些风景区还拥有独特浓郁的民俗风情，观赏价值也极高。据水利风景区资源来看，观光型旅游产品可以划分为：山体观光旅游产品、水体观光旅游产品、生物观光旅游产品、气象景观旅游产品、水利工程观光旅游产品和民俗风情观光旅游产品。观光型旅游产品是水利风景区开发的最传统最简单的旅游模式，一旦开发形成一定的规模，聚集人气后，可以在此基础上配置一些休闲、娱乐类旅游产品，从而增强水利风景区的吸引力。

康体保健型旅游产品的增多是社会发展的必然趋势，是人们追求生活品质的必然结果。旅游者追求的是身体放松、身体素质得到提高的一种旅游活动。水利旅游可以为康体保健型旅游产品提供天然生态的山水环境，在旅游开发时应设计以水保健、生态健身等为代表的室外旅游项目，使人们亲近自然、追求多变的室外生态疗养旅游产品的需求得到最大限度的满足。当下理疗、水疗、泥浴、森林 SPA、生态健身及泡温泉等项目是比较流行的康体保健旅游产品，同时也是都市生活康体保健的一种延展。

休闲度假型旅游产品是深受大众热爱的水利旅游产品。快节奏的生活、高强度的工作与学习，使人们追求自然、放松身心的旅游活动的欲望愈加强烈，渴望通过竞技、游戏、垂钓、艺术情趣及野营、水上、生态度假等方式放松身心、消除疲劳。消费层次会因不同年龄及不同职业而不同，因此此类型的旅游产品也呈现出不同的特点：多样化、高科技化及家庭化。

运动探险类旅游产品。在水面宽阔、深度合适及自净能力强的水利风景区可以开展此类型的旅游产品来吸引旅游者。目的有两个方面：一是可以锻炼身体、提高旅游者的身体素质，二是运动探险类的旅游产品可以为众多探险爱好者提供更多的探险资源，带来更大的刺激，满足其前所未有的征服感。运动探险类的旅游产品又可分为水体、空中及陆地等类型。

文化科教类旅游产品。旅游者常被景区长期沉淀的景观文化、工程文化、民俗文化等所深深吸引，这是人类产生文化科教类旅游动机的根本原因。旅游者通过文化类水利旅游可以学习并了解到更多水知识及水科学的相关信息，还可以参观考察水利工程的各类设施。

美食购物类旅游产品。从古至今，中国一直是美食的天堂。水利风景区拥有优良的水质及良好的生态环境，富含多种类型的水产及山珍美食，品尝各地独具风味的美食成为旅游者的必选项目之一。同时购物也是旅游者产生旅游动机的诱因之一。水利风景区的旅游购物类型多样，范围广泛，包含水产品、新鲜瓜果等绿色产品、当地的特色美食产品，当地地方色彩浓郁的民间手工艺作坊与艺术品对于旅游者来说也具有很强的吸引力。

随着人们旅游需求的日益增长及旅游体验的日益多样化，依托水利工程，集自然景观和人文景观为一体的水利旅游正逐渐显现出蓬勃的生命力，水利风景区的旅游产品也应转型升级，应寻找新角度的多元化旅游产品以迎合时代的需求。

（三）水利风景区基础设施更加完善

水利风景区的基础设施主要包括旅游配套服务设施、景观设施以及基础配套设施。

水利风景区的旅游配套服务设施是充分利用已有设施和基础设施，相对集中且服从游览组织的需要，分层次、分区域、分重点布设的服务网点和接待设施，形成高效率旅游的服务网络系统。根据区域位置和景区接待能力，景区住宿接待设施可建设游客服务中心、一级接待区、二级接待区、三级接待区，为游客提供便利、舒适的住宿环境，具有多层次性、多选择性。一级接待区，主要接待点应为市区内的主要酒店宾馆。二级住宿接待区，游客可住农家旅馆体验农家生活或住高档山庄会所，体验尊贵品质。三级接待区，补充和完善一级接待区的接待能力，方便大众游客住宿。景区内往往也建设有购物设施，为游客提供生活消费品、食品饮品以及地方特色旅游产品。可建设有不同经营侧重点的购物设施，并依据不同景区的特色满足游客的购物需求。这些购物设施的建筑风格应与景区周边环境相协调，且布局科学、合理，注重特色，以开发、经营本地产品为主。另外，各功能区的导游标识要美观，在材质上尽量就地取材，要与周边环境相协调。在景区重点节点、各分区内应设置游览示意图和景区景点介绍牌，景区内要设立足够的指示牌、生态路牌、标牌和警示牌等，要标注中英文对照及国际通用的符号，建立科学的导游网络。

景观设施的配备主要是为完善景区的特色资源，形成适合休闲旅游的场所。在进行景观规划设计时，应尽量挖掘具有当地特色的生物资源和传统的、有纪念意义的文化景观资源，并以不同的形式展现出来，以使景区有区别于其他区域的特色。结合原有的景观资源，可在各景点适当设置一些景观游步道，休憩、观景平台，与亭、台、楼、榭等园林建筑相配套，既为各景点增添景观新元素，丰富景区内容，又能提供必要的休憩、停留场所，满足游客需求。景区的植物类型应较为丰富，一般应有当地的特色树种和植物群落景观，可以运用植物的科学特性和生态功能等，发展专类植物园和康体养生基地，满足人们多层次的需求。对于景区内的古树、名木要加以保护，这些是景区内重要的绿色文化资源，其自成一体的景观往往给人带来震撼。植物景观的营造应注重乔灌、地被、攀缘植物的合理搭配，景观树种和色叶树种的补植，整体性的空间配置等，形成错落有致、季相分明、色彩丰富的亮丽景观。此外，对于有特殊意义的植物和其他特有的树种要设立解说牌或者成立实验基地。植物景观与景区内其他规划内容要协调，作为景区的主色调和基底，要与周边景观相呼应。另外，景区内原有的人文和古建筑景观是社会的一大宝贵财富，其有特点的民居、村寨和文物类建筑等反映了当地历史的发展，应尽可能地维护有价值的特色人文风貌和区域内建筑，保护其存在的周边环境，避免其受到多方面的影响和破坏。景区在建设材料选择上应尽量就地取材，吸取当地的特色，与自然相融合；严格控制建筑体量和建筑密度；景区对建筑美学要求较高，在满足基本功能的条件下，与当地的环境氛围要相融合。水利风景区具有一定的历史积淀性，一般都融合了当地的许多人文风俗，形成了自己独特的风格，在规划建设中应充分利用并加以保护，依据风景区历史人文状况可新建雕塑、壁画、博古架、石头书写文化、纪念性景观等，展示当地人文特色。水利工程景观需要通过拦水坝、滚水坝等水工构筑物调整水体设计标高，使水体在丰水期与枯水期均具有良好的观赏效果，并可保持水位的相对稳定，也可使设计者在岸线设计上获得更大的灵活性，增加游客的亲水性。为保证行洪安全，在河湖滩涂地段，可不建设永久性构筑物，而通过硬质铺装形成广场、路面等，或以沙滩、卵石滩等自然形式构成亲水空间。其外在电站及大坝等水利工程建成后，从旅游观光需求到景观需求的角度出发，可增加电站的游览项目和景观界面，在电站坝顶位置，在满足防洪要求的前提下，可考虑设置茶吧廊道，两面观赏江景。

基础配套设施包括供电工程、电信工程、燃气工程、给水工程、排水工程、管线综合。

供电工程。可在景区现状的基础上建设与社会经济发展及环境状态协调一致的供电网架，远近结合水电站、变电站，在充分、有效地利用现有网络和设施的基础上，改造和完善景区电网。建设应具有灵活适用性，以满足网络的扩展、供电量的增长、景区环境的发展变化。

电信工程。可根据景区现有电信管网完善电信设施，电信线路一般应采用管道暗埋敷设，沿规划道路形成环状网络，避免影响景观视觉感受。结合公建建设预留 100～200 平方米的邮政网点，设立邮政局。并大力发展有线电视事业，使景区居民有线电视入网率达到100%。

燃气工程。可在城市滨水休闲景观区、湿地恢复区建设以瓶装液化石油气为主、沼气为辅的燃气体系；在郊野生态休闲区建设以沼气为主、瓶装液化石油气为辅的燃气体系；在景区内建设小型沼气发酵池。

给水工程。一般水利风景区的给水设施仅能满足区域内人口日常生活、生产所需，而不能满足旅游开发需求。景区除采用原有的供水模式外，远期可考虑引入市政管网，以保证区域内的水源安全，并配备污水回收利用设施，还可根据景区情况开发新水源。应做好水源保护工作，建立完善的管网系统。

排水工程。应建设雨、污分流的排水体制。污水就近排入污水处理系统，经处理达标后可进行回收利用，雨水经收集处理后可进行景区内植物灌溉，部分可作为景观水池用水，如水量供应足够则可就近排入水体。

管线综合。应对电力电缆、电信电缆、给水输水、雨水排水、污水排水管线进行综合布置。其中给水、污水、雨水等管线采用直埋敷设方式，电力线路采用电缆沟敷设方式，通信线路采用混凝土管块或波纹管暗埋敷设方式。

水利风景区的发展与相关基础设施建设关系密切，两者相辅相成，缺一不可，水利风景区因相关基础设施的建设而有了良好水景观和生态环境的保证，为其可持续发展提供了平台。而水利风景区旅游开发将为整个区域增加收益，进而完善相关基础设施建设。随着旅游景区知名度的提高，水利科学知识、水文化观念也会因二者的和谐双赢而得到普及。景区与相关基础设施优势互补，常常相互促进发展。

水利风景区在旅游开发过程中需与相关基础设施结合建设，为水利事业创造更好的效益。

第一，相关基础设施的建设为水利风景区的发展提供了保障。水生态环境综合治理、水土保持、中小河流治理、除险加固工程、防汛通道工程、灌区节水改造工程、森林防火等基础设施建设工程，都是为解决我国目前存在的水资源、水环境问题而设的专项工程，对于水利风景区水环境的改善和水工程安全的维护起到了很大的作用。水库除险加固工程和生态堤防建设等，与水利风景区的生态、景观化建设理念相融合；中小河流的治理能改善河道的生态功能；湿地、驳岸景观的营造，堤防工程的美化、亮化等既能保证河道的行洪能力，又能完善景观生态水系，提升景区形象；河湖水系的连通工程在保障区域内健全的水循环的情况下，能改善水生态环境，使流域成为一个大的系统，为水库型和城市河湖型景区的建设提供更加充足的资源；水土保持工程除降低景观水体含沙量、净化水质外，还可营造丰富的植物景观，提高林草覆盖率，提升景区的水源涵养能力，对于生态脆弱区域，可尽量恢复和保障其生态功能，为水土保持型水利风景区的建设和发展提供物质基础；灌区的节水改造有利于区域内自然生态环境的改善，多效节约水源和土质改善及自然景观资源的恢复将极大地推动灌区型水利风景区建设；对于江河湖泊的水生态治理，可提高水体的净化能力，恢复生物栖息地，吸引鸟类和昆虫类等前来繁养生息，特别是加强江河源头、水岸、湿地等的保护，可为湿地型水利风景区的建设创造条件。

第二，水利风景区是相关基础设施的外在展示平台。水利风景区依托相关基础设施来构建优质的风景资源和环境条件。如果把水利风景区比作一个人的主体，那么相关基础设施就是其骨架和血脉，人的内在构造是不便于向外界展示的，但人的主体却可以将这些与其他相关内容融合起来，形成一个完美的系统，给大家带来舒适的视觉感受。水利风景区为相关基础设施的良性发展提供了展示平台，如在河流治理过程中，河道可被渠化、硬化，对河流生态系统遭破坏的区段可进行生态化景观护岸改造。

水利风景区建设是一项民生工程，惠及千家万户，需要方方面面的配合和支持。为了加大景区开发，节约建设资金，水利风景区应与相关基础设施建设进行良好衔接，尤其在前期规划设计时就要考虑到相关基础设施所能创造的外在景观，提升其旅游观赏性能，改善景区环境，促进水利旅游发展。

目前，各地在积极争取政府主渠道投入的同时，注重运用市场手段，广开门路，招商引资，多层次、多渠道增加对水利风景区建设的投入，建成了一大批高品位、有价值的水利风景区。目前有2/3以上的国家水利风景区积极开拓市场，招商引资，筹集资金，完善了景区的基础设施和接待设施，水利风景区建设步伐明显加快。

（四）水利风景区管理逐步规范化

虽然水利工程可能在建设或被批准成为水利风景区之前，就已经具备一定的景观游览功能，但在被批准建立以前，并不具备行政法规意义上风景区的概念。水利工程在根据《水利风景区管理办法》被批准设立为风景区后，除要继续履行原有水利工程的职能外，又有了行政法规意义上的风景区所具有的旅游、观光、娱乐、休闲、度假或科学文化、教育活动的职能，并需要承担相关行政法规的权力与责任。

作为水工意义上的水库，其建设发展的基本要求是满足水利工程的功能要求。而作为风景区意义上的水库，它的规划、建设发展除要满足水库的建设、发展功能要求外，同时要考虑到风景区的规划建设内容。这是因为水库在被批准为风景区之后，就具有了双重身份，它既是原来的水库，又是具有休闲、旅游、度假功能的区域。单一的水工规划、建设工作已经不能满足双重身份的要求。“水利风景区设立后，应当在两年内依据有关法规编制完成规划。水利风景区规划分为总体规划和详细规划，总体规划的规划期一般为20年。”“水利风景区的建设与管理必须严格按照规划，结合水利工程的建设与管理进行。”水利工程在被批准成为水利风景区以后，根据规划内容，相应需要增加与景观、园林、游览和与游客安全相关的设施。同时，还要做好与风景区相关的管理工作。也就是说，从风景区管理工作的角度看，其面对的对象不再是水利工程设施，而主要是旅游主体和旅游主体所产生的旅游行为，以及由此产生的相关工作。同时，在人员配置上又有所不同，在批准成为水利风景区之前，水利工程管理较为单一，一般为工程管理和运行单位进行工程、机械的维护和运行。而设立为水利风景区后，需要增加水利风景区管理专职部门，负责景区管理、设施改造、景观规划建设和旅游服务的相应工作，这与原来水利工程的管理截然不同。

由于水利工程分营利性和全公益性，全公益性质的水利工程如防洪堤、防潮闸等属于全额拨款，一般无其他营业性收入。而一般具有生产功能的水利工程如有发电、供水、养殖和航运等功能的水库有相对稳定的收入来源，供水、供电的价格由国家相关政策规定，不是根据市场需求变化由水库定价，因而，水库每年的收入变化不大。水利风景区设立后，通过开展水利旅游，具有潜力较大的旅游收入来源，改变了原来水利工程单一的财政情况。但由于水利工程的管理主体不同，其管理体制制约、交通便利程度、景区开发程度等，是影响水利风景区创造经济价值的主要因素。

水利风景区一般都有比较好的水利风景资源。“水利风景资源”即“水域（水体）及相关联的岸地、岛屿、林草、建筑等能对人产生吸引力的自然景观和人文景观”。国家《旅游资源分类、调查与评价》将旅游资源定义为：“自然界和人类社会中（凡）能对旅游者产生吸引力，可以为旅游业开发利用，并可产生经济效益、社会效益和环境效益的各种事物和因素。”定义明确了两点：①旅游资源是整个自然界和人类社会，既包括“物质”型，也包括“非物质”型旅游资源；②旅游资源应同时具有两大属性，即吸引性（“能对旅游者产生吸引力”）和经济性（“可以为旅游业开发利用，并可产生经济效益、社会效益和环境效益”）。水利风景资源具备了这种属性，也就有了旅游资源的功能和价值。当然，这种功能和价值在被批准为水利风景区之前也许就存在，但那时是人们的约定俗成，而被批准为水利风景区之后的“水利风景资源”，就有了行政法规意义上的旅游功能和价值。因此，水利风景区的管理工作，又要从景区的角度，依据水利风景区相关的政策法规，建立与景区密切相关的管理机构、规章制度，配备景区管理人员，设立路线标识等，对游人活动和旅游行为进行科学的、规范的管理。

水利风景区的建设和发展按照资源条件和自然规律，因地制宜，展现了不少优秀的管理成果。东部经济较发达地区，一方面结合城市河湖水环境的综合治理、水生态环境的修复和生态景观河道建设，多规划、建设了一些方便于群众近水、亲水的休闲性质的水利风景区，另一方面抓紧做好近城地区的湖、库自然山水资源的综合开发利用与保护，尽快形成了城、郊、乡，点、线、面相结合的水利风景区布局；中部经济欠发达地区沿江、沿河，结合文化、旅游风景资源价值较高地区的开发，有重点地建设了一批水文化品位较高的水利风景区；西部经济不发达地区，则选择部分国家大中型水利工程，结合工程的修建和生态修复，建设了一批生态效益显著、经济联动性强、社会影响较大的水利风景区。在全国逐步形成了以重要江、河、湖、库、渠为主体框架的水利风景区结构，并根据各地区、各流域的景区资源丰富程度、环境保护质量、开发利用条件和管理水平高低，合理安排国家、省级和一般水利风景区的布局。

1. 水利风景区建设后，水生态环境保护明显加强。开展国家水利风景区建设以来，各地水利风景区建设与管理单位通过工程、生物、管理等措施，疏浚河湖水系，改善水环境，在提高林草覆盖率、控制水土流失、优化改善水质、营造生态景观、保障工程安全和水生态系统的稳定等方面取得了良好成效。目前，国家水利风景区的林草覆盖率平均提高约10%，水土流失综合治理率达到90%以上，水质等级平均提高近1级，自然生态完整性和生态环境保护度均有明显提高。

2. 水利风景区建设美化人居环境，促进社会和谐。城市多依河而建，靠河为生。近几年来，一些地方结合城市防洪和水源工程建设，修复河湖水系，绿化美化河岸；通过统筹规划，科学布局，拓展水面，美化自然景观，营造水利风景区。这些风景区多深入城市内部，成为城市的主要景观点和市民休憩场所，提升了城市品位并扩大了市民的活动范围，促进了社会的和谐发展。

3. 水利风景区提升了水文化精神。水利风景区是集中展现和弘扬水文化的最佳场所，可以使人们在休闲、娱乐、度假中，体味水绿相依、宁静致远、美轮美奂的湖光山色，切身感受以水利为支撑促进经济社会可持续发展、创造人水和谐生存环境的重要意义，从而提高社会公众对节水、亲水、爱水和保护水的认知。水利风景区都是依托水利工程而建，景区内的主要人文景观就是水利工程。人们在游览水利风景区的过程中，同时感受到深刻的水利人文文化，并且会产生好奇心对水利文化进行了解，从而学习水利文化和相应的水利知识，对水文化的理解更加深刻。

4. 强化了水工程安全管理。加强水利风景区建设与管理，科学合理地开发利用和保护水利风景资源，有效地遏制了一度出现的无序开发、影响水功能发挥的现象，较好地保障了水工程的安全运行，防范了重大恶性事件的发生。科学的理念和卓有成效的实践得到了社会各界的普遍认可，扩大了水利行业在社会上的影响，提升了水利行业的社会地位。在2004年的国家行政审批改革中，国务院将“设立水利旅游项目审批”明确为政府管理事项，确定实施机关为“县级以上人民政府水行政主管部门”，使水利风景资源的开发利用和保护管理进入了一个崭新的阶段，成为一种社会公共管理事务。据此，水利部颁布实施了《水利风景区管理办法》《水利风景区评价标准》《水利风景区发展纲要》《水利旅游项目管理办法》等一系列办法和规范，使水利风景区的建设和管理、设立水利旅游项目的审批等工作基本步入制度化、规范化轨道。

5. 进行水利风景区评价。水利风景区评价应包括风景资源评价、环境保护质量评价、开发利用条件评价和管理评价4部分。风景资源评价应包括对水利风景区的水文景观、地文景观、天象景观、生物景观、工程景观、文化景观及其组合的评价。环境保护质量评价应包括对水利风景区的水环境质量、水土保持质量和生态环境质量的评价。开发利用条件评价应包括对水利风景区的区位条件、交通条件、基础设施、服务设施、游乐设施和环境容量的评价。管理评价应包括对水利风景区的景区规划、管理体系、资源管理、安全管理、卫生管理和服务管理的评价。

6. 保证了水利风景区的安全与秩序。各级水利部门在搞好工程建设，维护工程安全，保障水资源、水环境的前提下，转变经营理念，不断强化“管理就是服务”的意识，把管理始终贯穿于景区规划建设、水利旅游项目审批、规章制度制定、人员队伍建设的全过程。同时健全了管理机构，落实了管理责任，明确了管理目标，制定了管理措施，从而保证了水利风景区的安全和秩序，促进了水利旅游的健康发展。一些景区管理单位，还建立了一整套职工录用、培训、奖励、选拔、晋升的激励机制，职工的责任感和主人翁意识明显增强，呈现出职工爱岗敬业、管理规范有序的发展局面。

（五）水利风景区市场前景更加广阔

景区营销就是通过分析、规划、执行、监控来管理景区和创造游客满意价值的整个过程。以市场营销为核心概念，景区营销的内涵应包括以下几个方面：它的起源是人们旅游的需要、欲望和需求；它需要提供具有一定质量的产品；它的最终目的是使顾客满意；市场营销需要进行交换、交易或建立关系。水利风景区的市场营销活动是指从营销环境分析、市场调查和预测入手，通过市场细分，来确定目标市场，设计营销战略，做好营销方案策划，继而进行营销活动的组织、实施、控制和评价的完整流程。

在水利风景区建设发展中市场营销是至关重要的。宣传营销是空中部队的空中轰炸，主要目的是激起游客对旅游产品的购买欲望，渠道营销是地面部队的地面推进，其目的是解决游客如何到达景区的问题。水利风景区的市场营销只有“空地结合”，联合作战，才能达到营销的终极目的：将无形的宣传效果转化为看得见摸得着的景区游客数量的增长，进而带来景区效益的增长和持续发展。水利风景区市场营销可以加强景区与中间商、代理商等之间的关系，还可以加强景区之间、景区与供应商之间的关系。管理有效的市场营销系统，对旅游景区加强与相关企业的合作，提高景区竞争力，促进景区快速良性发展必不可少。

目前，水利风景区主要通过水利旅游形象设计、水利旅游项目策划、水利旅游营销渠道建设与水利旅游营销人才培养等来加强市场营销工作。第一，水利风景区旅游形象设计的定位是水利旅游形象设计与传播的前提，决定着形象设计的工作方向，必须要紧扣水利旅游资源的特色、环境和人文背景以及当今旅游市场的新趋势，突出特色。第二，水利旅游项目策划。即因地制宜地开发水利旅游特色餐饮项目、夜项目、参与体验类项目与休闲度假类项目等。第三，水利旅游营销渠道策划。传统的营销渠道包括风景区分销商、大众媒体、户外媒体、专业媒体、其他景区、游客、出租车等运输企业、相关政府部门机构等。新兴的营销渠道有网络、景区专卖店、异业结盟、节事活动、旅游交易会、联合拍摄影视作品、自驾车等户外游客群体、邮寄、专列包机、景区全员营销等。第四，水利旅游营销人才培养。随着我国市场经济的发展，市场竞争日益激烈，在发展迅速的信息通信领域，竞争尤其激烈。在激烈的市场竞争中，许多景区都认识到了人才的重要性。市场营销人才能使景区的市场力量得到迅速的加强，因此要加强市场营销人才的长期培养，景区的迅速发展与认同公司文化的市场营销人员密不可分。

三　水利风景区发展目标

（一）近期目标

为顺利完成上述使命，水利风景区的建设与发展需要提升定位、加快步伐、强化管理、深化内涵，近期主要目标任务主要包括如下几个方面。

加快新兴水利风景区建设。全面挖掘、系统规划水力风景区建设各类资源，快速、有序推进新兴水利风景区建设，高效保障经济社会与人民群众对水利风景区日益强劲的需求。

提高水利风景区管理水平。采取多种措施，提高从业人员素质，完善景区管理制度，努力加强和提高水利风景区旅游接待服务、生态环境保护、公共安全防护等管理能力与水平。

构建完整高效的管理支撑体系。健全与完善水利风景区分级管理机构与机制，加强水利风景区基础科学研究，加强水利风景区发展宏观战略规划，加快水利风景区建设与管理等技术标准与管理规范等公共知识体系建设，注重水利风景区专业技术人才队伍建设，尽早形成保障水利风景区持续发展的管理与公共支撑体系。

高度重视水利文化内涵的挖掘。在国家与省（区、市）两级层面加强水利历史文化的挖掘与整理，水利现代科学技术的宣传普及；依托全国各地各类景区特色资源，系统构建我国水生态文明展示与诠释的系统阵列。

（二）中远期目标

水利风景区未来的发展将以中国特色社会主义理论为指导，积极践行可持续发展治水思路，以满足人民群众提高生活质量、享有优良环境需求为目的，以水资源和水环境承载力为基础，密切结合江河湖库水系连通、中小河流治理、水资源保护、水土保持、河湖生态修复、灌区改造等重点水利工作，兴建一批生态环境效益显著、水利科普文化特色鲜明的水利风景区，重点推进城市河湖型水利风景区建设，为水生态文明城市创建提供支撑。到 2020 年，在形成覆盖全国主要河流、湖泊的大中型水利工程的基础上，以国家水利风景区为重点，形成布局合理、类型齐全、管理科学的水利风景区网络，带动省级及以下水利风景区的发展。全面改善城乡人居环境，基本形成水清、岸绿、景美、人水和谐发展的局面。

通过水利风景区建设，使最严格水资源管理制度得到有效落实，“三条红线”和“四项制度”全面建立；节水型社会基本建成，用水总量得到有效控制，用水效率和效益显著提高；科学合理的水资源配置格局基本形成，防洪保安能力、供水保障能力、水资源承载能力显著增强；水资源保护与河湖健康保障体系基本建成，水功能区水质明显改善，城镇供水水源地水质全面达标，生态脆弱河流和地区水生态得到有效修复；水资源管理与保护体制基本理顺，水生态文明理念深入人心。

四　水利风景区发展对策措施

（一）以理论研究推动水利风景区高水平建设

开展水利风景区理论研究是水利风景区建设的一项重要基础工作，科学、系统的理论研究能够提高水利风景区建设的科学性和前瞻性，从而避免建设和管理过程中的盲目性和短视行为。近年来，水利部景区办高度重视水利风景区理论与技术的研究工作，联合高校、科研院所开展了一系列基础课题研究工作，同时结合基层景区建设管理单位实际需求，组织开展了试点研究工作，并以此为基础相继出台了多部水利风景区管理办法、标准和行业规范，逐步引导水利风景区建设与管理工作科学、规范、有序发展。伴随着水利风景区的快速发展，存在的问题也日益凸显，在当前国家加快旅游业发展和实行严格水资源管理制度的背景下，水利风景区的发展迎来了新的历史机遇期，但也面临更严格的要求和更大的挑战，这个时期开展中国水利风景区的理论研究显得尤为必要。

要提高水利风景区建设质量，必须做好水利风景区和水利旅游的基础研究工作，加强理论研究与实践探索，为水利风景区建设和水利旅游发展提供坚实的理论技术支撑。首先要充分借鉴国内外研究成果和经验。国外学术界虽然没有水利风景区这个概念，但是他们很早就已经开始研究关于水利工程对保护生态和改善人居环境的作用等方面的内容，理论也较为完善，并且有许多成功的案例。如西方国家在19 世纪 30 年代中期便开始了对水利旅游的理论研究。我国水利风景区的建设和管理应当充分借鉴这些成果和案例，同时结合我国的自然地理特征和文化传统，制定出指导我国水利风景区建设发展的政策措施。其次要加强水利风景区基础理论研究。从环境科学、旅游学、生态学、地理学、社会学等综合视角加强水利风景区的基础研究，为水利风景区建设提供坚实的理论指导。重点研究水利风景区的水环境监测、水资源保护、水景观开发、水文化挖掘和展示等领域。同时，要加强与高等院校和科研院所的交流与合作，推动水利风景区理论与科技的创新。积极开展水利风景区相关科技专题研究，引进吸收、推广应用新技术、新材料、新工艺，提高科技含量，以指导水利风景区发展实践。加强相关理论的研究、科技成果的转化和应用，逐步提高水利风景区的建设管理投资回报率。

（二）以人才队伍建设实现水利风景区规范管理

水利风景区的建设管理涉及生态、环境、园林、旅游、建设和经济社会发展等诸多领域，工作千头万绪，任务十分繁重，需要大批多专业、跨领域的高素质复合型人才。但是，目前水利系统的人才队伍结构难以适应景区建设发展新形势，不能满足工作任务新要求。特别是熟悉水利风景区规划、建设、管理、经营等方面专业人才的短缺，已经成为影响水利风景区快速发展的明显短板。一是水利风景区管理者总量不足。水利风景区通常是在主体工程具备投入运行条件后再对公众开放，并逐步建设完善其旅游功能。一方面，受主体工程安全管理和人员分流等因素的制约，景区管理工作一般由主体工程业主承担；另一方面，在投资主体多元化以及建立现代化管理体制的背景下，业主的员工总体呈现精简趋势。这使水利风景区管理者的数量不能满足景区管理的需要，并且有些水利风景区的主要领导身兼多职，在景区管理与其他工作的时间安排发生冲突时，常常是景区管理让位于其他工作，对景区发展不利。二是水利风景区管理者知识结构失衡。水利风景区管理者对工程管理区的旅游资源认识不足，对旅游的内在规律认识不足，尤其对旅游资源开发、利用的规律和旅游市场规律认识不足，严重制约了水利风景区的健康发展。

水利风景区的规范管理需要加快水利风景区建设和经营管理专门人才的培养和引进，重视对从业人员专业技能和素质的培训。探索、创新用人机制和分配机制，以事业发展吸纳人才，以丰厚待遇留住人才。一是加强水利风景区管理机构建设，保障工作经费，稳定管理队伍，完善用人机制和人才评价、流动、激励机制，造就一批水利风景区专业人才。二是要有计划、有重点地引进一批高层次管理人才、经营人才、宣传人才、策划人才和服务人才。坚持“请进来”与“走出去”相结合的方针，加快水利旅游专门人才的培养和引进。三是支持大专院校、中等职业学校开设水利风景区和水利旅游专业，鼓励、扶持高校和科研院所开展水利风景区与水利旅游科学研究及学术交流，编写、出版一批成熟的教材和具有较高学术价值的专著，提升水利风景区和水利旅游的科研教育水平。四是重视对从业人员专业技能的培训和素质的培养，将水利风景区建设管理人才列入培训计划，加大基层职工的在职教育和继续培训力度，不断提高业务素质和工作能力。五是建立水利风景区管理者准入制度。景区管理当局应对景区从业人员设置合理的门槛，建立水利风景区管理者准入制度，该制度可由政府完成，也可委托行业协会建立。从业人员准入制度，不仅能使现有从业者的知识结构更新有制度上的保证，而且可吸引旅游专业人才为水利风景区贡献才智。

（三）以科学规划设计引领水利风景区健康发展

规划是水利风景区建设的根本保证，也是景区管理的基本依据。近年来水利风景区主管部门不断加强水利风景区的规划编制工作，特别是《中华人民共和国水利行业标准（SL471－2010）：水利风景区规划编制导则》的颁布实施对水利风景区规划具有巨大的指导意义。但目前一些景区单位对景区规划重视不够，相当一部分国家水利风景区在成立并取得称号之后，并没有按照水利风景区管理办法的要求在两年之内编制好景区发展的总体规划，更不要说专项规划了，不利于景区的可持续发展，其主要原因有两个方面。一是水利风景区规划编制工作在这些地方没有引起水利风景区管理单位或者有关市县人民政府的足够重视。按照规定，编制水利风景区规划应由有关市、县人民政府牵头组织，报水行政主管部门审定，最后由当地人民政府批准发布。因此，做好水利风景区规划编制工作需要有当地人民政府、水行政部门、水利风景区管理单位的高度重视和积极主动的参与。二是有些水利部门往往将工作重点放在完成工程建设任务上，没有水利风景区规划和管理人员在工程建设时期介入这项工作。等到工程快竣工已经形成景观，地方旅游部门已经介入景区管理之后，才想到水利风景区的管理问题，甚至等到旅游开发影响了工程安全运行的时候再想来理顺管理的问题，才发现规划也没有做，确权划界也没有完成，造成管理上的被动局面。同时，一些单位或部门对水利风景区在保护自然资源、维护工程安全和传播生态文明中的重要作用认识不足，轻视水利风景资源的潜在价值，致使大量资源闲置或因乱开发、滥开发威胁水资源安全。水利风景区规划的自然物质环境和社会物质条件千差万别，决定了景区规划具有不同的特点和重点。因此，要全面开展水利风景资源普查工作，并将其纳入第一次全国水利普查中，摸清水利风景资源开发与保护的现状及存在的问题，以制定水利风景区发展总体规划。

未来水利风景区发展过程中，在宏观层面，一是要将水利风景区建设放在加强我国生态文明建设、加快我国旅游业发展和推进中国特色水利现代化进程的大系统中进行谋划，将编制的水利风景区规划纳入全国五年水利规划中。二是要搞好顶层设计，统筹规划布局，在全面开展水利风景资源普查、摸清水利风景资源开发利用与保护现状的基础上，制定全国水利风景区发展总体规划，科学确定水利风景区发展的长远目标、战略布局、建设任务、资金投入、保障措施等，统筹水利风景资源的合理利用、优化配置、全面节约、有效保护、科学管理，推动区域水利风景区协调发展。三是规划要作为一个系统来考量，保证满足水功能区安全、水生态环境安全的基本要求，考虑自然、经济、社会系统间的相互作用和影响，提出既保护自然生态又促进经济社会发展的水利风景区规划方案，并与有关水利规划、当地社会发展规划相协调。四是为了解决规划编制滞后问题，有关单位应在水利风景区成立两年之内完成水利风景区规划的编制任务。为了及时完成规划的编制、报批任务，增强规划的可操作性，保证将规划落到实处，建议在工程设计完成后就开展水利风景资源评估工作，确定工程建成以后形成的水利风景区的等级、范围，在施工阶段就与当地政府有关部门沟通，编制完成水利风景区发展总体规划的初稿，在工程竣工验收以后立即会同地方政府着手规划的修改、协调和报批工作，避免规划编制滞后带来的问题。

同时，要根据各地水利风景资源分布，制定科学合理的区域水利风景区发展规划。各景区要按照有关规范要求，组织编制符合本地实际的景区发展总体规划。景区规划要充分发挥水利工程优势，结合水利资源开发利用和保护目标，准确界定水利风景区的范围，合理划分水利风景区的功能结构和空间布局。另外，水利风景区规划要认真分析和妥善处理好各种矛盾关系，如水利工程运行安全与水利旅游活动开展的矛盾，水利风景资源开发利用与保护的矛盾，水利风景区建设与生态环境保护的矛盾，景区市场开拓与环境容量的矛盾，近期与长远、局部利益与整体利益的矛盾等。要注意抓好矛盾双方的转化和发展，如加强水生态环境保护，为水利风景区建设提供良好的资源与景观条件，以促进水利风景区的可持续发展；而做好水利风景区的建设、开发与管理工作，反过来又有利于促进水生态环境的保护，两者相辅相成，相得益彰。

（四）以制度建设保障水利风景区的可持续发展

自我国发展水利旅游事业以来，水利部陆续出台了《水利风景区管理办法（1997 年）》《水利风景区评价标准（2004 年）》《水利风景区发展纲要》《水利旅游项目管理办法（2006 年）》《水利旅游项目综合影响评价标准（2008 年）》《水利风景区规划编制导则（2010 年）》等一系列规章制度及技术标准，对促进我国水利旅游事业的发展发挥了重要作用。水利风景区的建设与管理工作逐步走向规范，已基本建立起涵盖“设立、规划、建设、管理和保护”的一整套管理制度。但同时为适应水利风景区进一步发展的需要，部分标准规范需进一步细化，一些新标准规范需要制定，以形成服务与管理的依据和抓手，进一步完善水利风景区制度体系建设，保障水利风景区的建设发展。

从法律层面，在水法等法律、法规编制和修订时，要按照生态文明建设的要求制订和修订与水利风景区建设相关的法规、标准和规范性文件，将水利风景区的建设管理纳入法律当中，明确水利部门在水利风景资源开发、利用、保护和涉水旅游项目审批监管中的主体地位和职责权利，建立有利于推进生态文明建设的法规体系，重点在发展水利生态旅游、实施清洁生产、资源保护开发利用和环境保护等方面出台配套的规章及标准，探索水利风景区的生态补偿机制与水权交易机制。

从规章和标准层面，一是要进一步建立健全水利风景区建设管理制度体系，与时俱进地修订完善原有的规章标准，组织编制新的制度，力求做到水利风景区建设与水利工程建设、水环境综合整治、地方经济社会发展三者的结合。二是在水利政策制定、制度建设及标准定额修编和实施中，要统筹考虑水利风景区发展的需要。建立健全水利风景区内部各项规章制度，使管理者有章可循，经营者依法经营，旅游者文明遵规，把水利风景区建成文明健康、生机勃勃的现代化生态园区。三是在贯彻中央 1 号文件的实施方案中，要将水利风景区建设管理作为重要内容加以强调。同时，水利风景区涉及诸多利益相关者，水利风景区的发展大多也受制于地方各有关部门管理的束缚，要探索、创新有利于水利旅游开发的管理体制与各部门间的协调机制，及时跟进水利风景区建设的社会经济与生态影响评估工作，以确保其发展符合生态文明建设要求。

（五）以投入机制破解水利风景区发展资金瓶颈

建设水利风景区需要大量投入，而水利项目建设中所包含的投入毕竟有限，且其投入的主要部分一般用于水利项目硬件建设。因此，增加水利风景区建设的投入还需要开辟新的渠道。目前，水利风景区在发展过程中缺乏政策资金支持，如缺乏充分发挥水利风景区在水工程安全保护、水生态环境改善修复、水文化传承弘扬等方面作用的政策资金支持，绝大多数景区建设依赖自身条件，发展受到较大限制。部分地区虽提出要结合水利工程建设与改造，统筹兼顾支持景区建设的要求，但因缺少具体的措施，在实际操作中未能给予落实。

水利风景区发展要充分利用市场配置资源的优势，发挥政府与市场两个方面的积极性，逐步建立“政府主导、市场运作、多元投入、社会参与”的水利风景区建设投入机制。一是发挥政府的主导作用，将水利风景资源开发、水生态环境保护纳入公共财政投入重点领域。积极争取国家专项资金或从征收的水资源费中划出一定比例的资金，设立水利风景区建设管理专项引导资金，保障水利风景区公益性功能的正常发挥；制定景区建设投入长效机制，统筹考虑水利风景区建设的需要，做到水利风景区建设与水利工程建设同步进展。二是加强金融支持。支持符合条件的水利旅游企业上市和发行债券，培育新的水利旅游市场主体，壮大水利旅游企业经济实力，为水利旅游集团化、产业化、跨越式发展提供雄厚的资金保障。引导金融机构增加水利风景区信贷资金，拓宽信贷、保险、直接融资、租赁及利用外资等多种筹资渠道；采取财政贴息的方式，将景区基础设施建设纳入水利建设中长期政策性贷款业务范围；探索发展大型水利风景区企业集团开展水利风景区的建设、管理、经营及委托业务，积极开展水利风景区项目收益权质押贷款等多种形式融资。三是广泛吸引社会资金投入。鼓励符合条件的地方政府、水利部门融资平台公司通过直接、间接融资方式，拓宽水利风景区投融资渠道；引导和鼓励外来资本与民营资本进入水利风景区建设领域；通过水利整治工程实行土地置换、资源整合，加强与旅游部门的联系，争取项目资金。

（六）水文化建设提升水利风景区的内涵

水生态文明建设是一项复杂的系统工程，既包含水利工程建设，水文化品位提升工程建设，更包含水生态环境保护、水景观文化工程建设。水生态文明的建设不仅是工程技术问题，也是一种文化和社会管理问题，涉及许多部门，涉及社会各方面。文明是社会进步的体现，水生态文明是水环境和水生态不断改善的体现，需要社会各界和全体民众参与才可能取得成效。所以，除了建立必要的法律法规和技术体系外，更需要加强全民的伦理、道德或者文化建设，使广大民众自觉参与社会实践活动。把水生态文明宣传教育作为一项长期性重点工作，采取多种方式广泛宣传水生态文明建设的重要意义，提升社会各界和广大人民群众的认知度，使他们增强珍惜水资源、保护水生态的自觉性，为推进水生态文明建设营造氛围。同时，大力加强水文化建设，开辟水生态文明示范教育基地，深入传播水文化，促进水生态文明建设健康有力开展。

具体措施包括：第一，从中小学教育开始将“水环境、水生态、人水和谐”等相关科学知识添加进青少年的学习教材中去，增强他们的全面节约意识、环保意识、生态意识，营造爱护生态环境的良好社会风气，让水生态文明理念深入人心。第二，开展全民水环境和水生态保护知识的宣传、教育和培训。营造和创新水文化氛围，传播、弘扬水文化，广泛引导全社会参与建设生态文明社会和水生态文明城市。第三，发挥包括非政府环保组织在内的各类组织或者机构的作用。鼓励更多志愿者参与水环境和水生态保护行动，引导教育民众节约用水，保护水资源，爱护水环境，成为水生态文明建设的参与者和主力军。第四，加强新闻媒体和网络对生态环境的监督、宣传和报道。通过新闻报刊、电视广播、网络媒体、宣传画报、公益广告，以及“世界水日”、“中国水周”、水博会等途径，进行广泛宣传。第五，进一步完善水利风景区建设，开展生态旅游、水文化创造等活动，营造和创新水文化氛围等。

案例分析

Case Studies

BLUE BOOK

B.10

山东省临沂市水利风景区建设与管理实践经验

董青　汪升华　薛祺　邹秀萍

一　发展概况

临沂是著名的文化古城、革命老区、商贸城市、生态城市，也是水利城市，现辖9县3区、3个开发区、1个蒙山旅游区，人口1081万人，总面积1.72万平方千米，平原、丘陵、山区各占1/3，是山东省人口最多、面积最大的市。临沂境内共有大小河流1800多条，长度10千米以上的有251条，有沂河、沭河、中运河、滨海四大水系，多年平均降水量达818.8毫米，多年平均水资源总量为55.4亿立方米，现有水库901座，塘坝近万座，水资源和水利工程总量均占山东省的1/6。境内流域面积超过50平方千米的河流136条，其中沂河、沭河为贯通临沂南北的主要河流，控制流域面积占全市总面积的70%。临沂城区位于沂河和其一级支流祊河的交汇处，有沂河、祊河、小涑河、柳青河、李公河、南涑河、陷泥河、青龙河等河流从城区穿过，城市建成区面积为156平方千米、人口有152万人。[①]

1996年，临沂市人民政府为给市民提供一个休闲度假的去处，在临沂市区东侧沂河城区段小埠东兴建了橡胶拦河坝，该坝全长1247.4米，是世界第一橡胶坝，被列入吉尼斯纪录，是集供水、发电、灌溉、旅游为一体的水利枢纽工程。坝上蓄水面积1.6万亩，蓄水量2830万立方米。湖心建有2个湖心岛，两岸修建了宽80米的绿化带，形成了一湖、两岛、两线、四桥的水上游乐区。拦河坝上游城区段经过整治后，万亩水面碧波粼粼，两岸滩地草木茵茵，拦河坝雄伟壮观，湖心岛相映成趣，四桥腾空飞驾，形成一道亮丽的风景线，是游人休闲娱乐的好去处，堪称临沂市的“外滩”和中国北方的“威尼斯”。2001年沂蒙湖水利风景区被水利部批准为国家水利风景区[②]，拉开了山东省水利风景区建设与管理的序幕，展开了临沂市河道治理、水生态环境治理的新篇章，成为临沂市迈向水生态文明城市建设的新起点。

临沂水生态文明城市建设的总体布局，按照“一河六片组团、七坝八闸拦蓄、八水贯通绕城、水清岸绿景美”的城市总体规划格局，通过中心城区水系和上下游水库、河流、湖泊、湿地的系统整合和整体打造，突出中心城区的核心地位，拟在城区沿河建设“三大人工湖、六大湿地公园、九大主题广场、十八个生态园区、三十六处景点、百里滨河生态长廊”。建成“一河清水、两岸秀色、三季花香、四季常青”的沿河水生态景观系统，实现“河清湖晏，城水相依，人水和谐，生态宜居”的水生态文明城市建设目标。基于临沂

① 任广云等：《临沂市水生态文明城市创建实践》，《中国水利》2013年第4期。

② 琅玡新闻网·旅游，http://www.langya.cn/travel/tyym/200605/t3893.htm。

市水资源系统整体脉络和经济社会格局，充分发挥中心城区的辐射引领作用，规划实施“一核两带三区四网十城百镇”总体布局。①

为了推进水利风景区和水生态文明城市的建设与管理，临沂市成立了临沂市滨河景区管理委员会（正县级事业单位），与临沂市园林局合署办公，主要负责滨河景区绿化、湿地滩涂保护、水环境保护、水资源管理调配等工作。出台《关于加强滨河景区管理的意见》等多个规范性文件，完善了管理制度，使滨河景区管理工作走上了有法可依、有章可循、范围明确、职责清晰的轨道。同时，整合治安大队、执法大队、巡逻大队三支执法力量，加大执法力度，有效维护水利风景区和水生态文明城市建设成果。②

党的十八大开启了建设生态文明的新征程。临沂市委、市政府坚持把推进水生态文明建设作为建设富裕美丽的“大临沂、新临沂”的重要抓手，组织召开了全市水生态文明建设动员大会，制定下发《关于创建水生态文明市的实施意见》，编制《临沂市水生态文明建设实施方案》，全面启动了水生态文明建设工作。

在生态水城建设的推动下，临沂滨河景区先后荣获国家首批水利风景区、国家城市湿地公园、中国人居环境范例奖等荣誉。临沂市连续荣获“全国文明城市”“国家环保模范城市”“国家园林城市”“国家森林城市”“中国优秀旅游城市”“中国书法名城”“中国市场名城”和“中国地热城”等荣誉称号。2012 年 12 月，山东省政府正式命名临沂市为山东省首个省级水生态文明城市。2013 年 7 月，临沂市又被水利部列为全国水生态文明城市建设试点市，是全国第一批水生态文明城市建设试点市之一。至 2015 年 1 月，全市已经拥有沂蒙湖等 4 个国家水利风景区，拥有郯城县马陵山水利风景区、费县许

① 张晓强：《临沂市水生态文明城市建设实践与探索》，《山东水利》2014 年第 8 期。
② 任广云等：《临沂市水生态文明城市创建实践》，《中国水利》2013 年第 4 期。

家崖水库水利风景区、莒南县鸡龙河水利风景区、沂水县马连河水利风景区、平邑县吴家庄水库水利风景区、临港经济开发区绣针河水利风景区、沂水县沂河枢纽水利风景区、沂水县峙密河水利风景区等20个省级水利风景区，水利风景区带动城市经济社会发展的作用日益显著。

二　建设成效

2013年以来，临沂市委、市政府以科学发展观为统领，以建设水之城、文之邦、商之都为目标，抓住被列为第一批全国水生态文明建设试点城市、山东省“资源节约型和环境友好型”社会建设试点城市及全省“最严格水资源管理制度建设”试点市的机遇，充分依托水系发达、水网密布的得天独厚优势，科学规划，突出特色，明确目标，落实责任，强化措施，加快水生态文明建设试点城市步伐，积极打造具有北方特色的水生态文明城市，基本形成了“大水城”格局和框架，成为滨水生态特色凸显的最佳宜居城市。①

为实现城内水系互通，临沂市形成了城市生态水网。通过建设涑祊河双向调水工程，开挖2.88千米调水水道，连通涑河和祊河，确保汛期涑河城区段防洪安全，枯水期及时补充水源；实施茶山拦河坝引水至柳青河、葛沟拦河坝引水至李公河、引涑入陷、引涑入青等工程，保障了柳青河、李公河、陷泥河、青龙河的水源，提升了沿河的水生态环境；实施武河湿地工程，在邳苍分洪道新建廖家屯节制闸，将湿地净化提升后的南涑河、陷泥河来水，经新开挖的武沂导流沟导入沂河，实现水的循环利用。通过完善控制性工程，构建了河河贯通的环城水网，彻底解决了涑河、南涑河、陷泥河、青龙河、邳苍分洪

① 张晓强：《临沂市水生态文明城市建设实践与探索》，《山东水利》2004年第8期。

道的汛期防洪和非汛期缺水问题，实现了水系互通，清水长流，城区生态环境得到明显改善。[1]

到2012年12月，全市累计投入资金84亿元，围绕六大体系，落实十项任务，完成63个项目，有力促进了水生态文明建设。先后对137条重点小流域进行了综合治理，治理水土流失面积1610平方千米，建设基本农田8.04万公顷，发展经济林3.22万公顷，水保林4.82万公顷，建设小型水利水保工程6430处，增加蓄水能力8600万立方米，年减少土壤流失175.4万吨，林草覆盖度增加1.31%。截至目前，全市累计治理水土流失面积7935平方千米，水土流失治理度达到77%，生态环境更加趋向良性发展。建成1000公顷的武河湿地一期工程，日净化城市尾水30万立方米。[2]

三　基本经验

临沂市委、市政府为了打造具有北方地域特色的水生态文明城市，建设好滨河水利风景区，科学规划，统筹兼顾，综合治理，在水生态文明城市和水利风景区建设方面积淀了一些良好的工作经验。

（一）综合治理，全面加强城区河防整治

临沂城区有8条穿城而过的河流，均为季节性河流，汛期暴涨暴落，防洪压力很大；非汛期上游来水极少，甚至难以维持必要的生态基流。因此，临沂市先后编制了临沂市城市防洪规划、临沂市水网建设规划、临沂市重点河道治理建设规划等，全面加强了城区河道的综合治理。从2003年开始，按照路堤结合的原则，沿沂河、祊河两岸

---

① 任广云等：《临沂市水生态文明城市创建实践》，《中国水利》2013年第4期。

② 张俊敬、徐世鹏：《临沂市水生态环境建设初探》，《水土保持与水生态》2013年第4期。

共建设了长330千米的滨河防洪工程，构成了临沂城市的防洪屏障和交通主干线。有序推进了涑河、柳青河等治理工程，使临沂城防洪能力提高到了50年一遇。同时着力建设城市大水体。按照雨洪水资源化利用的思路，先后在中心城区段河道建成了15座拦河闸坝，回水长度88.5千米，面积48.5平方千米，一次性蓄水1.62亿立方米，水面面积已占建城区面积的39.7%。另一个举措就是科学编织城市大水网。建设了涑祊双向调水工程，并在沿涑河向南涑河、陷泥河、青龙河分流处建设了控制工程，实施了茶山拦河坝引水至柳青河、葛沟拦河坝引水至李公河工程，构筑了八河贯通、碧水映城的环城水网，实现了城区河道一年四季长流水、流清水。[①]

（二）治保并举，防控水质污染

一是实施水源地保护工程，岸堤水库是临沂城区的水源地，全市上下高度重视岸堤水库水源地保护工作。市政府编制了《临沂城饮用水水源地岸堤水库保护规划》，并于2012年开展了水源地保护攻坚战，目前正有序实施。二是实施中心城区清水工程。采取工程措施、水利措施和生态措施相结合的多种处理方式，大幅度减少进入水体的污染物，确保中心城区水质常年稳定在地表水三类标准以上。对城区河道按照雨污分流的要求，全线敷设截污管道，对进入河道的污水进行截流，收集后导入污水处理厂。集中开展了以水面清洁、流水畅通、水质提升、岸滩美化“四大工程”为重点的水域环境综合整治活动和城区水质保障攻坚战，确保中心城区水质常年稳定在三类标准以上。三是加大污染控制和污水处理力度。从2007年开始，临沂市所有排水企业一律执行严于国家标准的《山东省南水北调沿线水污染物综合排放标准》，城镇污水处理厂从二级标准提高到一级B标

① 张晓强：《临沂市水生态文明城市建设实践与探索》，《山东水利》2014年第8期。

准，2009 年又由一级 B 标准提高到一级 A 标准，120 余家排水企业实施再提高工程，全市工业废水排放达标率达到 97% 以上。四是积极开展生物净水工程。每一座污水处理厂下游都配套建设人工湿地水质净化工程，在沂河等河道干支流建设和修复湿地 21 处，有效提升和改善了水质。其中，武河湿地一期工程日净化城市中水 30 万立方米，在进水水质为五类水或劣五类水的情况下，出水水质基本达到了三类水标准。[①] 目前，城区 8 条河流全部实现了“有河就有水、有水就有鱼”。

（三）维护生态，精心打造水景观

在水生态文明城市建设中，坚持生态治理理念，坚持生态性、自然性、景观性和多样性的原则，坚持“水、岸、滩、路、堤、景”一体化思路，着力打造独具匠心的河道滨水景观。一是打造秀美水岸线。在确保河道岸线安全的前提下，尽量保持原来河道岸线的自然走向，避免大的人工裁弯取直，对已有的渠系化衬砌进行了改造，对常蓄水位以下的河岸防护采用了抛石、砌石、生态混凝土块、钢丝石笼等形式，并以坡式护岸为主。同时，对河道岸线的原生曲线进行重建，采用植物护岸、堆石护岸、复合护岸等形式打造河岸生态。把长 53.2 千米的沂河水岸线建设成了安全耐久、自然生态景观亮丽的城市秀美水岸线。二是打造滨水景观带。充分利用河道两岸滩地，将沿河滩地打造成滨水景观长廊、休闲与旅游长廊。其中，沿沂河内滩建设了凤凰、沂蒙精神、丰收等 9 处广场和银杏园、月季园等 18 个园区及 36 处景点，打造了展示人文、自然景观的大型开放式的城市大客厅，滨河水利风景区是水利部首批国家水利风景区之一。2010 年在祊河岸边投资 14.5 亿元建设的国际影视城，以优美、生态的祊河

① 任广云等：《临沂市水生态文明城市创建实践》，《中国水利》2013 年第 4 期。

为旧上海黄浦江背景，再现了19世纪的旧上海，成为集影视文化、人文特色、旅游景观于一体的大型文化产业项目。2014年，投入12亿元，进一步提升了沂河、祊河、柳青河的园林景观水平，完善了人行道、自行车道等配套设施建设。2014年9月，以“水绿相映、生生不息——文化与自然共生的园林”为主题的第四届山东省城市园林绿化博览会，在祊河滩地拉开帷幕，共建设落地式景点38处，为人们亲水爱水增添了新的亮点和去处。沿涑河形成了集水乡风情和商业旅游于一体的城市景观长廊与商业带，全力打造“江北秦淮河”，构筑起人水和谐的生活空间，充分展示商兴水胜、荟萃人文的城市新形象。三是丰富城市亲水性。按照自然、多样、安全、亲水、景观的要求，沿河岸规划建设了一批亲水设施。依托沂河城区大水面，建成了总面积69.3万平方米，全长5千米的阳光沙滩。目前，临沂城区建成区绿化覆盖率、绿地率分别达到44.9%、39.4%，人均公园绿地面积17.6平方米，极大地提升了临沂市的商业投资和城市人居环境。[①]

（四）文体结合，不断丰富城市文化内涵

临沂市在创建水生态文明城市中高度重视文化建设，全面彰显“文之邦”的独特魅力。致力打造“水上运动之城”，组织实施了沂河南岛水上运动基地建设、北岛文化演艺基地建设、水上赛事观景台建设，沿河建设了百里健身长廊。先后成功举办了2010年F1摩托艇世界锦标赛、2011中美澳划水邀请赛、2011世界杯滑水锦标赛等国际赛事。2009年以来临沂市倾心打造了大型水上实景文艺演出《蒙山沂水》，依托沂河两岸的现代城市景观和水的自然背景，注重沂蒙红色文化的演绎和诠释，兼容临沂的历史文化和现代文化，奉献了一

① 任广云等：《临沂市水生态文明城市创建实践》，《中国水利》2013年第4期。

台有临沂特色的水文化盛宴，获得国家“荷花奖”特别奖。同时，充分挖掘独特的红色文化、书法文化、兵书文化、石文化、孝文化等资源，不断丰富城市内涵。①

（五）严格管理，大力提高水资源开发利用能力

临沂市全面落实最严格的水资源管理制度，按照“优水优用、中水回用、分质供水、高效利用”的原则，对上游水库、河道来水，城市中水及下游湿地出水实行了统筹调配。一是实施岸堤水库引水工程，保证城市供水。先后规划实施了临沂城两期引水工程，从岸堤水库全程通过管道供水，日供水能力38万吨，不仅满足了中心城区的经济社会发展用水需求，而且辐射到有关县区，受益人口达140万人，中心城区供水保证率达95%以上。二是严格实施水资源总量控制。制定了水资源中长期供水计划和配置方案、水资源统一调度方案。大力抓好节水工艺和设备推广，加大节水改造力度，全面贯彻节水“三同时”制度，提高水资源使用效率和效益。2014年度全市万元GDP用水量为60立方米，万元工业增加值用水量为11.8立方米，农业灌溉水有效利用系数为0.55，非常规水源占城市供水总量的40.49%。三是加强城市中水回用。大力推行工业企业再生水回用工程，在企业稳定达到山东省地方排放标准的基础上，鼓励企业大力实施废水深度处理和再生水回用，节约保护水资源。目前，全市工业企业和污水处理厂再生水回用率已达30%以上。四是提高湿地出水的调配利用。构建起区域性的水循环利用网络，在武河湿地出口，打通了与沂河相连的明渠，并在渠首建成控制工程，使经武河湿地提升为三类标准的水汇入沂河；在市区南部，依托南水北调截污导流工程，每年拦蓄利用污水处理厂排放的

① 任广云等：《临沂市水生态文明城市创建实践》，《中国水利》2013年第4期。

中水3500万立方米，为城市下游河道和沿线51.34万亩农田灌溉提供了生态水源保障。[①]

（六）统筹兼顾，加强水生态工程运行管理

统筹兼顾、加强运行管理是长期发挥水生态文明城市建设成果作用的重要保障。水生态文明建设工作涉及多个部门多个方面。针对这一实际，临沂市积极采取了一系列措施，加强对城市水系的统一管理、协调调度、合理分配。按照预防为主、科学调度的原则，科学制订《临沂城区段拦河闸坝联合调度运用方案》，在保障城市供水、防洪、防涝、河道工程安全的前提下，对城区范围内和河道上下游的拦河闸坝实行统一管理、统一调度水资源，既满足城市供水、防洪涝的要求，又满足城市水生态、水环境、水景观的需要。认真做好水土保持工作，新上项目严格落实水土保持方案“三同时”制度，综合采取生物、工程等多种措施，做好水土流失治理工作，中心城区水土流失治理率达到了97%。对绿地积极推行网格化管理，实行分区划片、重点区域重点管理的方法，推行养护管理目标责任制，有效地做好植被养护，使滨河景区展示出“一河清水、两岸秀色、三季花香、四季常青、人水和谐、城水相依”的水生态秀美景观。

① 任广云等：《临沂市水生态文明城市创建实践》，《中国水利》2013年第4期。

B.11

江苏省徐州市水利风景区建设与管理实践经验

谢祥财　汪升华　薛 祺　黄 河*　冯 冲

一　发展概况

徐州，古称“彭城”，自古以来是北国锁钥、南国门户、兵家必争之地，历史文化悠久，被称为“千年帝都”“帝王之乡”，有“九朝帝王徐州籍”之说。徐州是彭祖文化、两汉文化的发源地，也是徐文化的集大成者，有“彭祖故国”“刘邦故里”“项羽故都”之称，因拥有大量历史文化遗产、名胜古迹和深厚的人文底蕴，被称作“东方雅典”。

徐州地处古淮河的支流沂、沭、泗诸水的下游，以黄河故道为分水岭，形成北部的沂、沭、泗水系和南部的濉、安河水系。境内河流纵横交错，故黄河斜穿东西，京杭大运河横贯南北，东有沂、沭诸水及骆马湖，西有夏兴、大沙河及微山湖，以故黄河为界，分沂沭泗、故黄河及濉安河三个水系。湖沼、水库星罗棋布，拥有大型水库2座，中型水库5座，小型水库84座，总库容3.31亿立方米，以及众多的桥、函、渠、闸等水利设施，初步形成了具有防洪、灌溉、航运、水产等多种功能的河、湖、渠、库相连的水网系统。[①]

---

* 黄河，福建农林大学教师。

① 徐州政府官网，http：//www. xz. gov. cn/。

徐州市委、市政府立足市情、水情，把生态文明建设摆放在突出位置，融入经济社会发展过程。2011 年，市委、市政府明确提出要大力建设生态文明。2012 年，市委、市政府审议通过了《徐州市生态市建设规划（2011～2015）》，确定了水生态文明建设的宏伟蓝图。徐州市“十二五”规划把绿色增长列为“六大发展战略”之一，全面部署了水生态文明建设的具体步骤。

2013 年，徐州市被水利部确定为全国第一批水生态文明城市建设试点之一。这一年，全市水利水务实施“十大工程”，包括水利、水务、南水北调三大类 114 个项目，总投资 40.2 亿元，创历史新高。

目前，徐州已经拥有云龙湖、故黄河、邳州艾山、潘安湖、金龙湖 5 处国家水利风景区，督公湖、吕梁湖、大沙河等 17 处省级水利风景区。

徐州依托水利风景区建设和发展，重点推进水生态文明城市建设，实现了人、水、城和谐发展，改善了城市水生态环境与人居环境，彰显了城市文化特色，先后被评审为国家环保模范城市、全国节水型城市、国家森林城市、江苏省文明城市。

二　建设成效

徐州市作为江苏省三大都市圈之一，俗称江苏“北大门”。随着经济的不断发展和人口的不断增加，徐州水环境问题越来越突出。随着工业废水、生活污水随意排放，城市河道污染严重，河道淤积，水质变黑，水体发臭，河道生态系统消失，城市湖水逐渐失去了活力。徐州自古以来是采煤重地，过度开采导致地下水位下降，而为了解决城市饮水问题，开采地下水源已成为当时的主要途径之一。地下水和煤矿的开采，给徐州环境造成极大的破坏，使水环境恶化严重。为治理水环境恶化的问题，市委、市政府制定了一系列措施，取得了十分可喜的成效。

近年来，围绕河湖水生态长效制度的落实，徐州市坚持把市区主要河道的保洁养护、供排水管线的巡查等通过政府购买服务的方式全面推向市场，并建立巡查、督察和蹲守管理工作机制。全面落实“河长制”管理制度、市区河道管理办法、全市农村水利基本设施管护工作意见，建立了横向到边、纵向到底的全覆盖工程管理责任体系，完善了河道长效管理全覆盖体系。坚持天上水、地下水、地表水、非传统水四水齐抓，大力实施污水处理设施建设，污水日处理能力提高一倍，市区污水集中处理率达 91%，工业废水排放达标率达到 100%；充分发挥徐州特色，大力推进矿排水、再生水等非常规水资源利用，全市矿排水年利用量超 5000 万吨，市区再生水年利用量超 3000 万吨，有力促进了水资源优化利用和水环境改善提升，使有限的水资源发挥了最大效益。①

采取综合整治、源头控污、清淤疏浚、综合开发等多种措施，先后实施了云龙湖景观提升，故黄河市区段综合整治，奎河、三八河、徐运新河、丁万河水环境治理等一大批水环境工程，建成了集防洪除涝、滨河景观、生态环境于一体的城乡河道水生态亮点，市区水环境面貌显著提升。创造性地实施“引黄济奎”工程，贯通大运河、故黄河、奎河水系，横穿市区 12 千米的奎河水质显著提升。2013 年，在全省率先实施黄河故道综合开发中泓贯通工程，市区段上下 120 千米黄河故道全线畅通，打造成全市一道亮丽风景。加大市区主要河湖调水力度，坚持运河水、矿井水双补措施，每年补水 1 亿立方米，市区云龙湖水质稳定优于Ⅲ类水标准。清水洗去了包裹着徐州城的煤灰

① 江苏省徐州市水利局：《江苏徐州市：水生态文明融入醉美城市建设》，《中国水利》2013 年第 12 期。

淤泥，城市水环境实现了历史性“蝶变”。继徐州市被水利部确定为全国首批“水生态文明建设试点市”之后，邳州、新沂和丰县被确定为全省水生态文明建设试点。[①]

通过采煤塌陷地整治，增加湿地、湖泊，扩大城市水面，建成潘安湖、九里湖湿地公园，徐州市形成了“九河绕城、七湖润彭”的新格局。潘安湖、金龙湖继云龙湖、故黄河后再次获批“国家水利风景区”；大力实施小沿河饮用水水源地保护工程，水源地水质达标率连续9年为100%；全面建成徐州市截污导流工程，积极推进丰、沛、睢、新四县（市）尾水资源化利用及导流工程，南水北调6个断面和淮河流域2个出省断面水质达到国家、省考核目标。及时为市区主要河湖补水换水，基本实现了城市水系清水长流，有效改善了市区水环境质量。[②]

徐州市域有云龙湖、故黄河、邳州艾山、潘安湖、金龙湖5处国家水利风景区，督公湖、吕梁湖、大沙河等17处省级水利风景区，能有效地改善当地水生态、水环境，保护水资源，发展水利经济，弘扬水文化，成为“美丽徐州”的城市新名片。徐州市依托水利风景区建设，大力开展水环境整治，通过实施“天更蓝、水更清、地更绿”等系列生态文明建设活动，大力改善水系环境，结合城市建设、环境保护、文化展示、旅游开发等综合功能，形成了汉文化与徐州水韵的特色，促进了经济发展。以云龙湖水利风景区为例，景区位于徐州城区西南奎河上游，云龙湖又名“石狗湖”，也是国家4A级风景旅游区，素有徐州“西湖”之美誉。景区西连韩山，东依云龙山，总面积达11.4平方千米，其中水面积6.78平方千米，主要有云龙

① 江苏省徐州市水利局：《江苏徐州市：水生态文明融入醉美城市建设》，《中国水利》2013年第12期。

② 江苏省徐州市水利局：《江苏徐州市：水生态文明融入醉美城市建设》，《中国水利》2013年第12期。

湖、汉画像石馆、刘备泉、季子挂剑台、苏公塔、生态岛、十里杏花、滨湖公园及万人泳场等众多自然景观和人文历史景观。其中，云龙湖三面环山，叠翠连绵，湖光山色，相映生辉，发挥着城市防洪、农业灌溉、市区排污及度假休闲等综合功能。[①]

徐州通过实施云龙湖景观提升、采煤塌陷区水生态构建、丁万河水环境综合整治等措施，在水生态文明建设上取得了显著的成效：合理开发，科学管理，发挥地域特色，树立品质意识，展示城市形象，实现城市水资源循环利用，形成一大批独特优美的水利风景区，进一步提升了水环境整治工程的内涵，统筹“水安全、水环境、水景观、水文化、水经济”五位一体的治理理念，并将其融入水生态建设当中，使水环境焕发了生机。这些措施极大地改善了城市环境，丰富了城市水域景观，有效地提升了城市品质，有力地带动了区域经济发展，实现了人、水和谐发展，是重要的成功模式。徐州市依托对水利风景区的建设和发展，实现了水循环和水资源的可持续利用，建设成了“城在水中、水在城中、人在绿中”的人—水—城相互依存、和谐共生的城市风貌和聚居环境，使人工环境与自然环境协调发展、物理空间与文化空间有机融合，大大推进了城市的内涵式发展。徐州成功的实践经验将为全国其他各省区市创建水生态文明城市提供沟通交流、互相学习的借鉴。

图 1　改造后现状图

① 缪宜江、陈飞：《徐州市云龙湖水利风景区》，《江苏水利》2012 年第 8 期。

三 基本经验

保护水环境、保障河湖健康是水利风景区和水生态文明城市建设的重要职责。保护水生态环境，为水生态文明城市建设提供良好的资源与景观条件，有利于水生态文明城市的可持续发展；做好水生态文明城市的建设与管理工作，反过来又有利于促进水生态环境保护，两者相辅相成、相得益彰。徐州市“十二五”规划把绿色增长列为“六大发展战略”之一，市委、市政府对水生态文明建设进行了全面部署，各项工作有序开展，成效突出。在水生态文明城市建设方面有一些工作方式和方法，值得借鉴和参考。

（一）政府主导，部门联动，形成水生态文明城市建设合力

2011 年，徐州市委、市政府明确提出要大力建设生态文明，将生态文明纳入重点建设规划；2012 年，审议通过《徐州市生态市建设规划（2011～2015）》，确定了水生态文明建设的宏伟蓝图。徐州市将水生态系统保护与修复作为水利工作的焦点，将水利建设与提高城市品位、推进城镇化建设、改善人居环境和发展文化旅游产业结合起来，通过水利风景区建设，改善城市水生态环境，营造城市水秀、景美、人与自然和谐的生态景象。水生态文明城市建设关系到城市供水、防洪、排涝工程建设，以及水资源配置、水环境整治、水生态修复、水景观营造、河湖岸线绿化美化亮化与水管理体制等问题，关联到城市规划布局、产业结构调整、市政交通建设、土地开发利用、环境改善保护和城市管理等内容，这些关联工作牵涉到发改委、城建、财政、水利、水务、环保、交通、旅游、园林等十多个政府部门和单位，因此，水利风景区与水生态文明建设是一项十分复杂的系统工程，必须得到市委、市政府各级部门的高度重视。市政府发挥主导作

用，相关部门联动，群众参与，共同做好顶层设计，齐心协力做好水利风景区和水生态文明建设工作。

（二）制度规范，标准保障，确保水生态文明城市建设有序开展

为全面推进“水更清”行动计划，市委、市政府颁发《关于建立“河长制”管护制度保障徐州“水更清”的意见》，全面推行“河长制”管护制度，明确了各级河道的管理职责，为全市“水更清”行动计划顺利推进和有序实施提供制度保证。徐州为打造水生态文明城市，率先实施“河长制”，保障了河道水环境整治政策的有效落实，有力地加快了水生态文明建设，为水生态文明建设提供了保障。建立“以评促建、建管结合”的体制机制，制定管理办法，完善实施方案，强化动态监管，体现以水定发展、以水调结构、以水规划产业布局的核心理念。[①]

（三）源头控污，清淤疏浚，实施水生态环境修复措施

徐州原本是一座废弃矿山的宕口，通过水利风景区建设，实现了质的飞越。对云龙湖、丁万河、潘安湖等水环境的整治，实现了景观提升。对河道进行综合整治、处理污水、修复生态等措施，改善了城市的水生态环境质量，营造了优美的城市景观格局，实现了城市的科学发展。改善了水环境，依托水利风景区建设，发展了可持续水资源利用。统筹水生态文明城市建设，夯实了水生态文明城市发展的基础。通过综合整治、源头控污、清淤疏浚、截污纳管、水质提升、生态修复、综合开发等多种措施，水环境得到综合治理。

---

① 郝锴：《一泓清水绕城郭——解读我市“水更清”行动计划》，《徐州日报》2013年8月9日要闻版。

一是源头控污、截污纳管。水污染防治是对水资源进行保护的一项重要举措，更是对水环境污染的一种监督。徐州市开展了对小沿河饮用水源地保护工程建设，确保了城市的饮水安全和用水保障；加强入河排污口监督管理，加大重点污染区域整治，对点源污染源采取源头控污，建立了完善的污水管网体系，将污染源统一进行截污纳管。在河道综合整治方法中，截污纳管将从根本上定位和改造影响水系的源头污染，是改善水质最直接、最有效的措施。

二是清淤疏浚、水质提升。徐州市对河道水环境进行了综合治理：对丁万河进行清淤疏浚，底泥清除，恢复了河道行洪、通航、供水、景观等基本功能。通过一系列的积极措施，净化了河道水质，改善了徐州水生态环境，提升了徐州城市的水生态品质。

三是生态修复。生态修复是河道改造的重要方法之一。在云龙湖景观提升和丁万河水环境综合改造中，徐州充分利用生态湿地的理念，恢复河道生态功能，改善了水域景观。在云龙湖沿岸营造湿地区域，营造植被缓冲带，构建一定的植物生态系统，稳定堤岸，为生态提供栖息场所，增加了生物的多样性。对丁万河，在沿河增加湿地景观，恢复河道生态，构建河道生物多样性，提升了河道水质。

四是尾水利用及导流。尾水利用及导流就是循环利用水资源，对污水进行尾水生态处理，通过截污导流工程，使尾水资源进入循环利用系统。徐州市在水生态文明建设中，利用尾水生态处理系统，实现了水资源的循环利用。积极推进尾水资源开发利用及导流工程建设，实现了“尾水归槽走、清水绕城郭”的设想。进一步优化污水处理厂布局和入河排污口设置，合理布点并建设污水处理厂，铺设污水管网，使城市污水得以全面有效地处理。通过对尾水的利用，实现水的良性循环流动，使市内河湖水质得以明显提升，全面消除了黑臭河道。徐州地下矿床较多，通过实施矿排水、再生水等非常规水资源利用措施，有效地促进了水资源的优化利用，使市区水环境明显得到改善及提升。

（四）统筹兼顾，综合治理，将工程建设、环境改善与水景观营造有机结合

2008 年 10 月，徐州市实现了城乡水利建设、城乡防汛排涝、城乡区域供水、污水处理、水资源保护和水环境整治的一体化管理，“一龙管水”的格局全面形成。徐州的水务一体化改革彻底、深入、全面，水务体制完全理顺，水务职能整合到位，走在了全省乃至全国的前列。2013 年，徐州市不断深化体制机制改革创新，推行水利工程“八化”管理，加快建立全覆盖责任体系，推进了系统运转向科学化、规范化、精细化、高效化转变。“水更清”行动围绕“河湖连通惠民生、人水和谐润彭城”的目标定位，坚持统筹兼顾、综合治理、突出重点、长效管理四大原则，总投资 17. 19 亿元，其中 2013 年投资 8. 39 亿元，大力推进控源截污、清淤贯通、水质提升、生态修复、尾水利用及导流“五大工程”，积极推动“河长制”和河道长效管理制度落实，提升水质、编织水网、增加水量、打造水景。①

徐州市把防洪工程措施与水环境改善、水景观建设有机结合，通过采煤塌陷地整治，增做湿地、湖泊，扩大城市水面，建成潘安湖、九里湖湿地公园，建成大龙湖、金龙湖、九龙湖，形成了“七湖绕城、九水润彭”的新格局；在全省率先实施黄河故道综合开发工程，完成了年度建设任务，将黄河故道沿线打造成了全市的一道亮丽风景；突出城市水系贯通，实施“引黄济奎”工程建设，创造性地贯通了大运河、故黄河、奎河水系；加大市区调水补水力度，市区河湖水质明显提升，黑臭河道全面消除。②

总之，从徐州的实践效果来看，水利风景区建设最直接、最根本

① 江苏省徐州市水利局：《江苏徐州市：水生态文明融入醉美城市建设》，《中国水利》2013 年第 12 期。

② 游洋：《徐州加快推进水生态文明建设》，《江苏水利》2013 年第 11 期。

也最明显的作用就是切切实实地改善水生态环境。水生态文明城市和水利风景区成为“美丽中国”建设的生动课堂和水生态文明的形象代言者。水生态文明城市建设要统筹城市水利建设与水利风景区建设，结合城市防洪和水源工程建设，修复河湖水系，绿化美化河岸；要通过统筹规划，科学布局，拓展水面，美化自然景观，改善景区及城市整体环境，提高区域生态系统的稳定性，真正服务人类文明建设与发展。[①]

① 游洋：《徐州加快推进水生态文明建设》，《江苏水利》2013 年第 11 期。

B.12

浙江省绍兴市环城河水利风景区建设与管理实证分析

温乐平　汪升华　胡咏君　薛祺

一　景区概况

绍兴是典型的江南水乡城市，因水而兴，因水而富，因水而崛起，水是绍兴城市的灵魂。绍兴环城河水利风景区依托环城河（古护城河、古运河）而建，环城河外与浙东古运河、鉴湖相连，内与城区河道相通，全长12.5千米，河宽在30～100米之间，总面积达114万平方米，其中水域60万平方米，绿化面积54万平方米。该河始建于公元前490年勾践建国都之时，历史久远，文化底蕴深厚。

绍兴的历史是一部治水的历史，上可溯至夏禹治水、勾践兴水道、马臻治鉴湖，之后晋凿运河，唐修海塘，明建三江闸，形成了绍兴平原河网水系的框架，从此绍兴平原成为富庶的“鱼米之乡”，“粉墙、黛瓦、小桥、流水、人家”，成为“户户临水居、家家尽枕河”的江南水乡风光城市。

2004年，环城河被水利部批准为国家水利风景区，属于城市河湖型。景区由稽山园、鉴水苑、治水广场、西园、百花苑、迎恩门、河清园、都泗门八大景点组成。在工程建设中，充分挖掘古越文化，恢复重建了吴越国时代的皇家园林“西园”，在原址修建了水陆要塞“迎恩门”和“都泗门”，建成了具有浓厚绍兴水乡文化、桥文化和街市文化的“稽山园”，以及由大禹铜像、治水纪念馆等构成的治水广场，使环城河的水文化品位得到了显著提高，古城的文化和历史得到了充分保护。目前，环城河不仅是绍兴市民休闲娱乐的好去处，更成为绍兴市一条历史文化特色鲜明、水乡特色浓厚的旅游线和休闲带。

2001 年 8 月根据环城河管理工作实际需要，市政府决定成立环城河管理委员会，下设办公室，并明确了管理的范围和职责，办公室隶属市水利局。同月，市编委批复同意建立市环城河管理委员会办公室，副县（副处）级建制，属于政府财政全额拨款事业单位，下设综合、工管、物管、安保四个科室，定编 10 名。

二　发展过程

20 世纪 80 年代开始，绍兴乡镇工业蓬勃发展，特别是印染业飞速发展，大量工业污水、生活污水直接排入河道，大量污染源沉积河底。据当时调查，平原河网淤积厚度平均在 40 厘米以上，总淤积量在 4000 万立方米以上，相当于一个中型水库，环城河局部地段更是达到 1.5 米，淤积量超过 40 万立方米，而土地资源紧张衍生的河道填占，使平原河网水面变小（明清时水面占平原面积的比例约为 30%，至 20 世纪末仅占 13.8%），使正常调蓄水量只有 0.56 亿立方米，河水自净能力下降，水环境状况恶化。至 20 世纪 90 年代末，绍兴市区水质基本处在Ⅴ类甚至劣于Ⅴ类标准，水体发黑发臭，河中鱼虾锐减而水草泛滥。由于年久失修和规划不统一，河道淤积、水脏、建乱、绿少现象严重，当时有段话概括了令人忧伤的水环境：“房子是新的，钞票是多的，河水是臭的，寿命是短的。”鱼米之乡不复往日风采。[①] 恶化的水环境严重影响了居住、投资环境，市民不再临河而是离河居住，“三缸”（酱缸、酒缸、染缸）更是成为绍兴环境污

① 傅列成：《绍兴市水生态保护的实践与思考》，《水利建设与管理》2009 年第 11 期。

染的“代言人”，绍兴不再吸引投资人的眼球。

1999 年开始，为了恢复绍兴原有“水乡泽国”的历史风貌，建设高标准的城市防洪和中心河，依据绍兴市城市总体规划，有关部门以河道综合治理和改善城市水环境为主线，按照“防洪、城建、环保、文化、旅游”五大功能的要求，对环城河进行了综合整治，经过两年的努力，使原本岸塌、水脏、淤深、建乱、绿少的环城河面貌焕然一新，粉墙黛瓦相映白玉长堤，水城特色形象更加鲜明，古城水乡重现旖旎风光。

2001 年，绍兴市委、市政府顺应民意，按照“南北畅通、东西沟通、占补平衡、综合整治”的原则，在构建城市道路网、信息网的同时，着力打造绍兴城乡一体化的以城区为核心的四层次河道水网，恢复自然水动力、水循环体系。系统开展城市水环境综合整治，投资 30 亿元，清淤砌坎、截留污水、拆乱建绿，整治了近 100 千米的城市骨干河道。主要措施有如下几项。

一治环城河。从 1999 年开始，按照“防洪、城建、环保、文化、旅游”五大功能的要求，先后投资 12 亿元，对全长 12 千米的环城河进行综合整治，使原本岸塌、水脏、淤深、建乱、绿少的环城河面貌焕然一新。

二拓大环河。按照“城在水中，水绕城走”的大城市水环境建设思路，拓建构筑大环河，形成“二环绿水绕古城”的水城新形象。2002 年，全长 4 千米的大环河样板段平水东江开工建设，2003 年，全长近 10 千米的大环河南河工程全线开工，南河为一条新开挖的河，流经大禹陵、开凿小亭山，南河建成后，连接平原河网现有河道，使全长 35 千米的大环河全线贯通。

三建古运河。按照“传承古越文脉，展示水乡风情”和“一古到底”的思路对全长 14.5 千米的古运河进行全线整治。其中一期运河园于 2002 年 10 月动工，2003 年 9 月建成开放，景区面积 28 万平方米，全长4.5千米，总投资6000余万元。古运河工程是连接绍兴越城与柯桥组团的纽带工程，工程的建设，使古运河重展风姿，运河风貌得到尽情体现。2004年开始，围绕“帝王文化、鹿文化、生态文化”主题，实施了龙横江整治，建成鹿湖园。

四清古城河。8.3平方千米的古城内有河道18千米，这些河道与沿河民居、城市街道紧密相依，是绍兴古城的历史河、文化河和特色河。相关部门通过截留污水、城外翻水、修砌河坎、修复沿河民居、建设历史街区等手段，使古城河道联结为统一的水网系统，恢复了生机和活力，清流潺潺，重现了小桥流水、粉墙黛瓦的美景。

五联新区河。随着城市的拓展，大量农村河道变成了城市河。近年来，绍兴市加强以城乡一体化为核心的新区河道建设，做到城市建设到哪里，新理念的河道就整治到哪里，新区河道相互连通，成为城市建设的新亮点，建成了人水和谐的新区水环境。①

通过综合整治、生态修复、净化水质、仿古复原，绍兴市大大地改善了水生态环境，将环城河打造成为生态环境优美、文化特色浓郁的水利风景区。在工程建设中着重突出以下五大特点。

（1）文化特点，让古城凸显地域个性。通过城河整治全面展示绍兴的水文化、酒文化、石文化，让历史积淀与现代文明有机结合，体现城市特色，凸显城市品位，展示城市个性。

（2）亮化特点，让建筑辉映迷人色彩。城市河道不但是一个白天的景点工程，更是晚上的一个城市亮点，通过河道、公园、景点系统亮化，勾勒出亭台楼阁粉墙黛瓦，增强了城市的活力和动感。

（3）美化特点，让河畔荡漾水乡风韵。综合整治河岸、道路，延伸拆除沿河破旧房屋，立面改造保留旧房，对沿河景观进行统一包

① 傅列成：《绍兴市水生态保护的实践与思考》，《水利建设与管理》2009年第11期。

装，城河两岸粉墙黛瓦的民居、飞檐翘角的亭子、造型各异的桥梁，倒映在粼粼波光之中，尽显水乡风韵。

（4）净化特点，让水乡重现鱼欢鸟跃。保护古城水貌就是保护赖以生存的家园，营造“山阴道上行，如在镜中游”的境界，是城河整治、水面净化的目标。通过启动城市污水收集系统，从源头上治理污水，营造了良好的城市水网生态环境。

（5）绿化特点，让城市环绕生态长廊。城河两岸公园、景点和大批绿化带绿草如茵，杨柳依依，使城市包围在一道道林木葳蕤的绿色长廊中，为城市营造了一方方休憩的空间。[①]

绍兴市环城河水利风景区建设过程中最大的特色是将水环境整治建设与地域文化完美结合，彰显景区的文化特色。环城河水环境整治建设工作始终坚持用以文为脉、以文为魂的理论指导工程建设，“建一个工程，塑造一个水利景观；疏浚一条河道，形成一个文化长廊；整治一块土地，造就一个诱人景点”。

作为国务院首批历史文化名城，绍兴人文底蕴深厚。将绍兴7000多年的灿烂文化融入工程建设之中，是绍兴经济社会发展和生态文明建设的需要。通过对环城河的综合整治，深入挖掘历史文化，恢复部分古迹，延续了绍兴的历史文脉。环城河已经建成了美轮美奂的八大公园景点：复建了吴越时代著名的王家园林西园，恢复了望湖楼、漾月堂、龙山诗巢、飞盖堂等旧时著名景点，重现了一代名园的风采。典型的水陆城门迎恩门与水城门都泗门，令人感受到古代绍兴“东南大府”的气概。汇集奇花异草、品类繁多植物的百花苑，三面环水，竹洲柳岸，百花争艳，疑若瑶池。集中展示绍兴悠久治水历史的治水广场，凝重大气。浓缩江南园林特色的河清园，南依蕺山，借景入园，长廊透延，曲径通幽，鸟语花香。另外还有配置了流光溢彩

① 朱玲：《绍兴市城区河道整治工程若干问题初探》，《浙江水利科技》2006年第2期。

的音乐喷泉、极富现代气息的鉴水苑，以及最突出的具有浓郁地方特色且集水文化、桥文化、街市文化于一体的稽山园。沿河八大景点有如璀璨的明珠镶嵌在环城河，形成一条历史文化深厚、内涵丰富、光彩夺目的文化项链。大环河南河则宛如一条巨龙，穿若耶、绕眠牛、接坡塘、连娄宫，横空出世，“若耶悠远”“天池迎宾”“天镜园”和“曲水崇山”四个景区，勾勒出一条包容山水文化、名人文化、石文化、书法文化和宗教文化的文化长廊。运河园建起“运河纪事”“沿河风情”“古桥遗存”“浪桨风帆”“唐诗始路”“缘木古渡”等六处富有历史文化内涵和地域特色的景点，集中展示古运河的历史变迁以及沿河风情，再现绍兴民俗民情的精华和古越水运繁盛的景象，原汁原味地保持了古运河的特质。

更为深远的历史意义是：环城河的整治，不但使环城河自身成为城市的一道独特风景，使单一功能的水利工程充分发挥了潜在的多种功能，从根本上提升了城市品位，彰显出城市特色，而且使绍兴从此走出了城市建设发展的迷途，找准了绍兴城市的特色定位及个性魅力所在，彰显水城神韵成为全市上下的共识。绍兴水利以此为契机，在城市水环境整治中，以卓有成效的辛勤作为，赢得了令人赞许的社会地位。

一句话，绍兴环城河景区建设，不仅仅挖掘、整理、塑造、展示了传统文化，更重要的是同时创造了城市文化、景区文化，革新了人们传统的规划建设的理念和价值观。

三　建设成效

绍兴水生态文明建设依托国家水利风景区建设，大力开展水环境综合整治，一方面提高了河道的防洪能力，防洪标准由整治前的平均20年一遇提高到百年一遇；另一方面工程建设体现了城建、交通、环保、文化、旅游等综合功能，并产生了一定的经济效益，实现了与古越历史文化和绍兴水乡特色的有机结合，大力改善水环境，保护修复水生态，推进了水生态文明建设。绍兴市区新增公园绿化（不包括湿地）面积近200万平方米，相当于人均增加5平方米，沿河建成各类公园景点40多个，绍兴市区环城河水质由1999年的五类甚至劣于五类提升为2002年的四类、局部三类，第4~9月富营养化程度评价分值从70.0减少为50.0，大环河南河汛期水体流量达到每秒20~30立方米。[①]

稽山园在整治前，是一个名为稽山村的城中村，有384户人家，环境非常糟糕，拥挤、破烂、肮脏，没有基本的卫生设施；沿河乱搭乱建，建筑零乱，甚至有人在河边建猪舍、粪坑，堆放杂物，生活污水直接排入河内，水污染十分严重。经过整治后，这里建成了具有浓郁地方特色，集水文化、桥文化、街市文化于一体的稽山园，原有居民移迁到公园对面的稽山公寓，生活环境得到了根本性改善。

吴越时代的王家园林——西园——整治之前基本堙废，王公池周围集中居住着移民市民，一方面生活污水直接入河，另一方面这里成为百姓生活洗漱和纳污场所，甚至还有菜地，水体严重营养化，蓝藻、水华频生。经过整治之后，这一地区迁移了居民，沿线生活污水集中进入网管，种植了水生植物，放养鱼类，根本上杜绝了水华、蓝藻的危害。水生态环境得到根本改善，沿河居民告别了臭气熏天的日子。

环城河水质的好转，优美的周边环境，吸引了绍兴国际皮划艇马拉松赛每年在环城河上召开。同时也带动了水上游线路的发展，环城河夜游成为当前绍兴水城旅游的一个突出品牌。水环境改善后，环城河中游泳、嬉水的人越来越多。

环城河的整治，改善了广大居民的居住环境。在环城河整治过程

---

① 傅列成：《绍兴市水生态保护的实践与思考》，《水利建设与管理》2009年第11期。

中，拆迁了沿河3000多户居民，共涉及一万多人，使广大被拆迁居民告别了原先低矮、潮湿、阴暗、狭窄的破旧住房，住进了宽敞明亮、环境优美的新兴住宅小区，稽山新村、风泽园、水木清华、枕河人家等一批设施齐全的拆迁居民安置小区相继建成。环城河的整治使古城人居环境变得更加宜人，枕河而居成为广大古城居民的居住首选，古城市民的生活质量得到进一步提高。环城河的整治，使古城新区得到有机衔接。往日脏、乱、差的新老城区结合部，已成为绍兴市向建设大城市发展过渡的美丽纽带，成为古城生态环境建设，创建国家园林城市、文明城市的一项重大基础设施工程。2003年，绍兴市环城河综合整治获得“中国人居环境范例奖”。

对环城河的整治建设，统筹经济效益、社会效益和生态环境效益，为构建和谐社会提供了支撑：解决了大量水土资源长期闲置甚至流失的问题，带动了一大批相关产业尤其是房地产业的发展，促进了区域经济效益的发挥。同时，环境对于招商引资的助力，新兴产业的勃发，为当地政府提供了大量直接、间接的工作岗位，增加了下岗、失业或待业人员的就业机会，减轻了政府的压力，有利于社会的稳定。当前年水上游客数已达10余万人次。

绍兴水利风景区集水利、城建、环保、文化、旅游等多功能于一体，实施科学有效的管理，实现资源价值的最大化，充分展示了城市形象，最终形成了环城河、运河园两大水利风景区。绍兴市通过水利风景区建设，进一步提升了水环境整治工程的内涵，将水的物质、精神、景观、文化资源渗融到水生态建设和保护之中。沿河兴建的滨河公园、绿带、休闲广场，成为市民休闲、健身、娱乐的主要场所。“不出城郭而获山水之怡，身居闹市而有林泉之致”成为市民真切的感受。①

① 傅列成：《绍兴市水生态保护的实践与思考》，《水利建设与管理》2009年第11期。

绍兴环城河水利风景区的建设和管理得到了社会各界的充分认可与肯定，绍兴市先后获得国家环境保护模范城市、国家文明城市、国家卫生城市、国家园林城市、最佳中国魅力城市等殊荣。至 2006 年底，景区共接待江泽民、李鹏、朱镕基等 27 位党和国家领导，285 位省部级领导莅临视察。全国 31 个省、区、市的各级党政领导，社会团体及 30 个国家和地区的游客前来参观考察，游客总计达 200 多万人次。

四　基本经验

绍兴将水环境整治建设与水利风景区建设有机结合起来，积累了一些宝贵的经验。

（一）在先进理论指导下开展水环境整治建设

水是城市的历史、生机、形象、财富，也是文明素质和文化底蕴的象征。从大禹治水开始，治水的理念始终伴随着治水的成败，理念正确治水就成功，反之则失败或收效不大。

1. 水环境整治是生态文明和美丽中国建设的必然要求。平原河网水系不仅是自然资源，也是经济社会环境的基础和支撑。由于社会经济的发展和人们生活水平的提高，在科学发展观的指导下，人水关系已经由人们片面追求对河流资源功能的工具化开发利用转向人们有意识地尊重自然，转向人水和谐理念的确立，并贯穿于水利建设的全过程，达到支撑经济发展、实现河流健康可持续发展的目的。

2. 水环境整治是可持续发展水利的具体体现。近年来的水环境整治实践，着意探索创新，借鉴其他国家和城市的成功经验，治水理念从注重水利的防洪、灌溉等工程效用逐渐转变为发展城市水利、生态水利、文化水利。绍兴市在平原河网水系建设和保护工作中，实现了治水理念的三个转变提升：从传统河道整治工程向多目标多参数的生态工程转变；从一条河道的工程治理向区域平原河网水生态修复和建设、水生态环境综合治理转变，高起点、大手笔地纵览绍兴山山水水，勾画环城河、大环河、古运河等工程；从单纯防洪保安、供水向综合全面提高和改善河流及水体的服务功能转变，采用更人性化的，对河流水环境改善、水生态环境保护效果显著的科学技术方法，建设健康河流。

3. 建设以人为中心的社会—经济—自然的水网生态系统。绍兴市在水环境综合整治中，以水环境修复和建设保护为轴线，提升河道的服务功能（水资源、防洪排涝和蓄滞洪、水循环、水生态环境、航运与养殖、文化景观功能等），统筹规划，综合整治，弘扬水文化，提高城市品位，改善人居环境，构建和谐社会。水生态环境建设工程将水体所载之美凝聚在特定的空间中，结合周围的自然和人文景观，塑造出良好的亲水环境。在规划及实践中，贯彻高起点规划、高品位构筑、高标准建设、系统化管理、注重维护和拓展科技文化内涵的原则，努力使工程体现地域的、文化的、生态的特色。既强调防洪功能的要求，也体现城建、环保、文化、旅游的要求，通过清淤、砌墈、拆乱、布绿、建景、造路、设街等主要工程措施营造城市景观，把水工程建设成集防洪、水质净化、水动力条件改善、绿化、休憩、旅游等多种功能于一体的水清岸绿、环境优美、风景秀丽、历史文化特色鲜明、景色宜人的安全通道、生态廊道、旅游线和休闲带，重现“蓝天碧水”，实现“水清可游、岸绿可闲、街繁可贸、景美可赏”。

（二）高起点长远规划，统筹兼顾，积极推进

规划是建设的先导，是河湖生态建设与管理的核心。绍兴市强调规划编制的重要性，要求规划一定要立点准、理念新、起点高，并与

绍兴市经济社会现代化相适应，河网布局、建筑结构标准科学合理，切合实际，既充分体现生态水利的特点，又充分考虑水资源生态环境的适度利用和有效保护，具有指导性和可操作性。

早在规划编制之初，绍兴市政府就明确了集“防洪、城建、环保、旅游、文化”五大功能于一体的综合目标，提出了“净化、美化、绿化、亮化、文化”的具体要求。如果工程仅仅是砌墈、疏浚、植绿，那只是低水平初始阶段的治理，与当前社会经济文化生活发展水平和审美需求相去甚远，特别是与绍兴这个历史文化古城和区域中心城市的地位不相称，故此特别要求“高起点规划、高标准要求、高质量建设”。

环城河整治工程经过270余天的建设，共投资12亿余元，新砌高标准堤墈24千米，疏浚淤泥40万立方米，拆迁旧房64万平方米，建成了50万平方米的公园、绿化带和广场，对沿河楼房进行了美化改造，将环城道路拓展一新、架空杆线埋入地下。绍兴重现了蓝天碧水绿地的水城美景，特别是沿河新建了稽山园、鉴水苑、治水广场、西园、风则江廊桥、百花苑、迎恩门、河清园、都泗门等九大园景，若璀璨明珠镶嵌于古城四周，给江南水城平添了无限风情。

在规划设计之初，绍兴市先行文化规划，在工程设计阶段即思考并使其融入了文化内容，乃至工程整体就是一个有着鲜明主题的文化风景区和观光园。为充分体现绍兴地域文化特色，相关部门在环城河工程建设中创新性设立了“文化布置组”，发掘、恢复和展现历史文化，使水环境整治工程成为文化之作、经典之作、传世之作。为抓好这一理念的实施，相关部门不但强化了规划编制，而且积极组织开展省内外邀请招标，水利规划邀请了华东设计院等具有甲级以上资质的水利专业设计科研单位，而环境规划则邀请了同济大学、浙江大学等在国内环境建筑方面有很高知名度的科研院校参与。

（三）发挥政府主导作用，部门配合，市场运作，创新机制体制

在水生态城市建设中，政府要做好规划和政策导向，包括在水系生态修复与建设总体规划（目标、思路与技术路线）制定、政策制定、项目投入、服务协调、文化宣传，以及监督检查等方面都要积极起到主导作用。

环城河整治中，绍兴市委、人大以决策或决议形式对整治计划进行明确，政府则具体组织实施，集聚和凝练各部门科技优势、信息，成立以水利、城建、土管、计委、财政、交通、电力、环保等部门负责人和相关县（市）领导为成员的绍兴市城市防洪河道综合整治领导小组，以水利局为主抽调相关部门人员成立办公室，成立了绍兴市河道综合整治投资开发有限公司作为法人主体，遵循市场化运作规则，主动积极拓宽投融资渠道，并通过社会捐资、银行融资、开发筹资等多种举措，吸收社会、企业和民间资金投入，多元解决工程建设资金问题，确保了工程的顺利实施，加快了城区河道生态修复和建设的步伐，也为之后大环河、古运河等的整治提供了运行模式。

鉴于环城河风景区担负着城市防洪和休闲公园的重要职能，绍兴市成立了副处级事业单位——绍兴市环城河管理委员会办公室，以政府买服务的方式，全面开展环城河管理，财政全额拨款。按照“城市公益工程标准化管理”模式，办公室创新机制，采取市场化运作形式，通过“管护招标、经营招租、人员招聘”的方式逐步建立了长效管理机制，实行规范化的长效管理。对绿化养护和水面保洁全部实行公开招标，经营用房实行公开招租，为加强工作督查、强化安全而增加的编制外管理人员全部实行公开招聘。景区大宗机物料采购、额度在 10 万元以上的维修全部实行公开招标，而日常小型维修，则视额度确定由养护单位或办公室组织人员进行维修。

此外，还和周边沿线社区、单位开展合作，共建共管，环城河管理取得较好效果，景区环境始终保持在较好的水平，充分发挥了工程的效益，得到各级领导和市民的一致好评。主要做法有如下几条。

一是实行公益工程市场运作和收支两条线的办法。

二是在管理方式上，充分引入市场机制，实行“管护招标、经营招租、人员招聘”。对卫生保洁、水面保洁、绿化养护、设施设备维护通过向社会公开招标确定承包管理者。

三是在经营招租上，对房产、场地等可经营性资产采用公开招租方式实行管理，广告发布按照公开公平原则进行公开拍租。

四是在人员招聘上，对监管人员实行公开招聘，包括协助执法人员、经营监督管理人员、管护监督管理人员等，招聘采用竞争机制，取得了良好的效果。

与此同时，绍兴市还出台了加强水生态环境保护管理的规范办法。2001 年 8 月，环城河建成后，市政府下发了关于加强环城河管理的通告，明确了环城河管理范围内的禁止行为，2002 年 8 月，绍兴市发布了《绍兴市城市河道保护管理办法》，2007 年 5 月又出台了《绍兴市区河道管理办法》，进一步明确了规划、建设、环保、农业、交通、卫生、城管执法等部门的职责，将市区河道的整治、疏浚、保洁工作纳入对各级政府及相关部门的考核，工作目标完成情况作为考核和评价主要负责人政绩的重要内容。

（四）注重保护，采用多种技术，因地制宜地修复河道水生态

根据老城区内河水质情况，绍兴市从南、东、西三个方向将环城河中的水抽入内河，利用内河与环城河中的几个闸门，将内河水位蓄高至 4.2 米，再向北通过闸顶自流入环城河，从而形成内河水流的循环，以达到改善内河水质的目的。又通过配水措施，将曹娥江水有效

引入了市区各主要河道，特别是环城河，再通过翻水泵站将水翻入内河，有效改善了内河水质。

在环城河水生态环境保护修复中，采取的技术措施主要有：一是截污减排，将原排河污水全部纳入管网进行集中处置；二是清淤还原，对河道进行全面清淤，清除污染沉积物，充分发挥了绍兴平原河网特有的近 1 米的泥炭层的吸附能力；三是滨水绿化，沿河充分布置绿化，并优先考虑选种本土传统的乌桕、苦楝、桂、柳、桃、松、竹、梅、紫藤等古树名木，最大限度地发挥植被的氧吧效应，增加水边空间，尽量不改变现有岸线，保留甚至增加水面；四是营造生态河塴，建设自然的景观河堤和驳岸，用天然石块、木桩等生态材料结合植被和小的景观来护岸，既扩大了蓄洪空间，又体现了亲水性，在自然土壤上面铺设卵石以软化河底及河坡，促进了地表水和地下水的交换，在沿线设置鱼道等，为更多的水生物提供了栖息、生存、繁殖的空间，形成了自然、生态、原始的湿地景观效果；五是种植水生植物，在浅水种植莲、茭白等水生植物，充分发挥水生植物净化水质的功效；六是进行人工放养，在环城河实施人工放养鱼苗，并做好食草性、食杂性、食肉性鱼类之间的搭配；七是采用自然工艺、传统工艺对景点进行仿古制作。

（五）挖掘传统文化，传承水文化，在河道整治建设过程中创新文化

文化对一个城市的影响是持久和永恒的，历史上许多城市的建筑荡然无存，而文化的活力与影响依然充满生机和光辉。有关水利工程建设之初，时任市领导就特别指出，工程建设是硬件，只是一半，另一半就是文化。要求深入挖掘绍兴的特别是与景点有关的历史文化，既可以恢复古迹，又可以挖掘它们所蕴含的文化。文化自觉既是一个城市品位的体现，更是一个主政团队文化意识的呈现。

绍兴水文化的核心内容是“天人合一”的哲学观，追求的目标是“人水和谐”的理念，以文学、艺术、传统工艺为重要表现手法。绍兴水文化传承和保护、建设与弘扬的主要做法是：正本清源，理清脉络；集聚资源，形成合力；画龙点睛，精心布展；提升品位，重在审美。不求大、不求多而求个性和特色，文脉相连。

环城河水文化建设的规划设计，充分根据各区段的历史文化内涵、地域特色进行有针对性的思考，不是为了文化而文化。在环城河建设过程中，始终渗透着水文化的内涵。特别是注意到文化是一种精神产品，能对人们的意识起到潜移默化的作用。在工程建设时，有关部门充分注重发掘古越文化，依据史料记载，恢复重建了吴越国时代皇家园林西园，在原址修建了水陆要塞迎恩门和都泗门，建成了具有浓厚绍兴水乡文化、桥文化和街市文化的稽山园。充分发掘历史文化，使环城河的文化品位得到了显著提高，古城的文化和历史得到了充分保护。在园林建筑中，用古今文化名人的艺术作品去进行恰当地装点，能有画龙点睛之功。

古运河整治中，根据“一古到底”的理念，绍兴市注重保护历史遗存，收集了2万余米的老条石和2万余米的老石板，一批被拆除散落的石桥构件，以及老石亭、古桥、古文化遗存等古材料，按传统工艺做古景点，原汁原味地保持了古运河的特质，再现了千年古运河的风采。

绍兴水文化还体现在采用传统工艺、多植本土树种、营造生态河坎、种植水生植物等方面。

环城河治理工程在文化上成功的关键是高度重视水文化方面人才，专门成立了绍兴市政协环城河文化布置组，并给予了他们充分的信任和自由，由专家及他们背后的专家群做专门的事，既在规划之初就参与进来，更在竣工以后进行补足性装饰和完善，既节省了经费，又克服了水利工程建设者在文化方面的不足，取得了明显的成效。

总之，绍兴环城河之所以成为全国城市水利的样板，关键在于综合整治，集防洪、城建、文化、旅游、环保于一体。在治理过程中，生态城市建设的理念得到强化、深化和优化，在理念创新指导下，传统的防洪工程更具有了亲水性和生态性；城市建设更加景观化，更具有了文化内涵与品位；文化更具有了地域特色；水利工程的环保功能更加强化和现代化，旅游功能更完善、更突出。

B.13 河南省信阳市南湾湖水利风景区建设与管理实证分析

谢祥财　邹秀萍　胡咏君　黄 河　冯 冲

一　景区概况

南湾湖水利风景区位于河南省信阳市西南部，地处淮河支流浉河的中上游，依托南湾水库开发而建设，水库于1955年建成，是一个集防洪、灌溉、发电、养殖、城市供水和旅游经营于一体的大型水库。景区距信阳市中心5公里，具有独特的交通区位优势，地处信阳城市规划区内。景区紧邻京广、京九、宁西铁路，以及京珠、沪陕、信叶高速和106、107、312国道，位于武汉、郑州、合肥等省会中心城市3小时经济圈的中心，南距湖北武汉天河机场、东距安徽阜阳机场、北距河南新郑机场均在两个小时车程以内。这里有河南省唯一的出海口淮滨港，通过航运可以直达上海，通行极为便利，为客源市场的拓展提供了有利条件。

南湾历史悠久，人文厚重。南湾湖水利风景区物华天宝，人文与自然资源十分丰富，坐落在南湾湖畔、贤山南麓山谷中的贤隐寺，始建于南北朝年间，与南阳玄庙观、嵩山少林寺、开封相国寺、洛阳白马寺齐名，距今已有1500多年历史，历代文人墨客常以该寺为题吟诗。贤隐寺北侧有信阳市重点文物保护单位，迄今有1500多年历史的梁武帝肖衍行宫旧址——梁王垒。时贤岭上还有信阳抗日时期的战斗遗址，建有抗日战争信阳战场旧址纪念碑，是一块散发着持久魅力的红色土地。[①]

景区以南湾湖（南湾水库）为中心，东西宽20千米，南北长50千米，总面积443平方千米，水域面积75平方千米，是杭州西湖面积的12倍，最大蓄水量16.3亿立方米。景区汇聚森林、湖湾、河溪、池潭、瀑布、岛屿、山峦等诸多自然景观，有大小岛屿百余个，错落分布，景象各异。湖四周群山环抱，茂林修竹，峰峦叠翠。尽显山、水、林、岛和谐一致的自然风光。景区地处亚热带向暖温带过渡地区，兼具“江南北国、北国江南”之特色，雨量充沛，气候温和，四季分明，适宜多种动植物生长，生态资源丰富，各类动植物2000多种，尤其是南湾湖盛产的“南湾鱼”享誉中原。南湾湖上游群山连绵，云雾缭绕，是“信阳毛尖”茶的主产地，名扬海内外，享有“中原第一湖”的美称。先后获得国家4A级风景旅游区、国家森林公园、国家水利风景区、中国中部旅游胜地三十佳、中原十大美湖等荣誉称号。[②]

南湾湖的特色在于其水、水中岛及水边山自然合成的风景所展示出的“清静淡逸、灵秀幽深”的品格和一种“安宁、恬静”的情趣。水库风景区将湖光山色、森林瀑布、人文景观融为一体，表现出“山、水、林、岛”和谐一致的自然风光，尽显“优美、秀丽、宁静”的风格和特点。这种特色有别于西湖浓妆淡抹的妩媚，有别于太湖的烟波浩渺，有别于洞庭湖的波涛撼山，更是河南省境内其他湖泊所无法比拟的，在周边区域同类景区中独具一格，具有无可替代性。[③]

---

① 沈霖、金培满：《信阳南湾湖风景区：旅游与生态和谐发展的典范》，《决策探索》2010年第10期下。

② 沈霖、金培满：《信阳南湾湖风景区：旅游与生态和谐发展的典范》，《决策探索》2010年第10期下。

③ 刘世华、阚文蔚、孙中强：《南湾水库风景区旅游开发的实践与思考》，《水利经济》2002年第5期。

南湾湖的另一大特色是信阳茶文化，信阳毛尖名闻中外。近年来，南湾湖以“梦幻山水，林海茶乡”为主题的生态旅游发展迅速，建成了信阳大型茶文化旅游项目——南湾湖茶岛，填补了河南在茶文化旅游方面的空白。茶岛投资5000万元，总面积1000余亩，目前开发了560亩，水域面积150亩。景区以中国茶文化为引线，以信阳茶文化为载体，通过游客亲身参与茶文化体验、茶文化展示、茶文化观赏互动、茶文化产品销售的方式，充分满足视觉、听觉、嗅觉、触觉和知觉的享受，使游客入茶岛、近自然、亲山水、品文化、怡心情，实现了茶文化的丰富内涵与信阳的地域特色、人文历史和生态旅游资源的有机结合。①

南湾湖景区还有一大特色是河南省最大的水上游乐园和全省第一家鸟语林景点，建成下水了豪爵星等6艘大中型豪华游船，新上了水上飞机等观光旅游项目，不仅延长了游客在景区停留的时间，而且增添了一种新的观光休闲体验。②

二 发展过程

南湾水库是20世纪50年代初期为治理淮河而兴建的以防洪、灌溉为主，兼顾发电、养殖，后来逐步发展成为具有城市供水、水利旅游等综合功能的大型水利工程。1998年以后，水库管理局抓住机遇，结合实际，解放思想，开拓创新，提出“靠工程为本、靠供水支撑、靠水产挖潜、靠旅游突破、靠人才提高”的发展战略，采取了工程技术改造、水费体制改革、水产市场化发展、旅游开发及劳动人事用

---

① 沈霖、金培满：《信阳南湾湖风景区：旅游与生态和谐发展的典范》，《决策探索》2010年第10期下。

② 沈霖、金培满：《信阳南湾湖风景区：旅游与生态和谐发展的典范》，《决策探索》2010年第10期下。

工改革等一系列措施，特别是通过转机制、抓管理、用人才，加大了旅游开发的力度，有力地促进了在市场经济条件下的巨大发展：水利经营收入从1997年的1300万元增加到2000年的2600万元，人均收入从1998年10500元增加到2001年16300元，并且单位的社会地位和影响力空前提高，发展后劲明显增强，呈现了欣欣向荣的发展局面。①

南湾水库1987年被河南省人民政府批准为省级风景名胜区，1991年被林业部批准为国家森林公园，2001年被水利部批准为首批国家水利风景区。

2003年6月信阳市政府批准筹建风景区，成立南湾风景区规划管理委员会，由副市长任主任，南湾水库管理局为副主任单位，同时南湾水库管理局为南湾风景区建设与管理的主体单位，其他相关部门为成员单位，共同组织实施景区的旅游发展规划工作，解决了南湾风景区的体制问题，为今后南湾风景区的发展创造了制度优势。2006年7月，经河南省委省政府同意，正式设立南湾湖风景区管理委员会，实行“以块为主，独立操作，统一协调，封闭管理”的体制，统一负责景区的规划、建设、管理和开发工作。2007年4月，管委会正式挂牌成立，下辖南湾水管局、南湾实验林场、南湾街道办事处、南湾湖旅游公司、贤山开发办等6个区属单位，总面积190平方千米，总人口2万多人。②

南湾旅游发展总公司，下设门票收费处、码头管理处、园林绿化部、旅行社、物业部、宾馆等共8个实体单位，从业人员达173人，占全局在职职工总数654人的26%。不仅为单位的人事用工制度改革提供了人员分流的条件，而且为旅游产业的发展构建了体制

① 刘世华、阚文蔚、孙中强：《南湾水库风景区旅游开发的实践与思考》，《水利经济》2002年第5期。

② 沈霖、金培满：《信阳南湾湖风景区：旅游与生态和谐发展的典范》，《决策探索》2010年第10期下。

框架。

2006 年 9 月，南湾水库除险加固工程项目得到国家发改委、水利部批准，工程总投资 1.18 亿多元，2007 年 11 月开工，分三期实施。除险加固后的大坝，按照自然、生态、现代、大气的要求实施了美化亮化，气势恢宏，山水相融，美轮美奂，流光溢彩，体现了人与自然的和谐之美。

三　建设成效

2003 年以前的南湾湖风景区，由于历史的原因，分属于水利、林业、交通及信阳市浉河区有关乡镇等多个单位、部门，景区内近 10 家单位和部门共同开发、经营和管理，乱建、乱占和水生态环境污染及管理混乱现象时有发生。这种条块分割、各自为政、多头管理的体制，影响和阻碍着景区资源的保护、开发和利用，严重制约了景区资源的有效整合和优化配置，束缚了南湾经济社会特别是旅游经济的发展。同时，坐落在景区境内的高污染高能耗生产企业和景区周边 35 家采石场所产生的粉尘和噪声污染，对南湾湖风景区的生态环境和饮水安全造成了极大的威胁，景区拥有的各种优势资源无人问津，基础设施条件落后，境内只有一条狭窄的南湖路通往市区，整个景区呈现出活力不足、体制僵硬、发展缓慢、濒临边缘化的态势。

2003 年 6 月，南湾湖景区党委、管委会正式成立，作为政府的派出机构，以水库为核心，将库区的乡镇、林业、交通等若干单位部门划归管理区统一管理，实行“以块为主，独立操作，统一协调，封闭管理”的体制，统一负责景区的规划、建设、管理和开发工作。以生态环境保护为基础，以富民强区为目标，力争把南湾建设成为休闲度假胜地。明确了建设生态旅游名区的发展目标和思路，组建了南湾湖旅游公司，加大了对景区的规划、开发、建设和管理的力度，拆除了辖区的原信阳水泥厂、景区入口处的航运公司住宅区和景区周边30多家采石场，清除了景区内的主要污染源，改善了环境面貌，加大了招商引资力度，改善了基础设施条件，提升了景区品位，修建了景区道路和大型豪华游船，新建了茶岛、鸟语林、花鲢岛旅游景点，完善了旅游码头配套服务设施。景区游客接待量和旅游收入连年攀升，南湾湖风景区正在逐步成为河南省乃至全国的知名景区。

近年来，南湾水库管理局依托独特的山水资源优势，大力发展生态旅游，使旅游项目从单一的水库工程观赏，拓展到吃、住、行、游、购、娱有机结合，旅游景点从3个发展到12个，客源市场也从信阳市区延伸到北起郑州、开封、洛阳，南到武汉、襄樊一带，在华中旅游圈的辐射力和影响力越来越强，景区游客接待量和旅游收入不断攀升。2005年共接待游客77.7万人次，实现旅游收入1.15亿元，比2002年分别增长158%和204%；现年均接待游客超过50万人次，2006年1至9月份，景区共接待游客68.9万人次，实现旅游收入8960万元，与上年同期相比增长30%以上，南湾水利风景区逐步进入快速健康协调发展的轨道。

至2010年，南湾湖景区共接待游客500万人次，实现旅游收入近8亿元，带动了旅游相关产业链的发展，促进了信阳市经济社会的快速发展。

四　基本经验

南湾湖水利风景区抓住机遇，把握政策，突出特色，走市场化模式，在综合整治水环境、建设基础设施、完善管理制度、加强市场营销等方面，有以下几点基本经验。

（一）加强水生态保护，改善基础设施，推动旅游产业链的发展

南湾水库的水源保护和发展工作，坚持“以人为本，促进人水和谐，水源保护优先”的原则，以保障水安全为目标，协调辖区库区周边经济社会保护性发展，落实辖区相关部门责任制，逐步建立了保护水资源、修复水生态、维护水工程、发展水经济、弘扬水文化的科学化、法制化、规范化的“五位一体”的可持续发展模式。通过落实综合整治任务，南湾辖区水源污染的主要问题得到有效解决，水库水质下降的趋势得到扭转，水库水质逐步恢复。

1. 坚持水资源保护和旅游开发并重，构建人水和谐，是水利旅游实现可持续发展的前提条件

信阳是全国生态保护示范市，南湾水库又是信阳市唯一的饮用水源地，这对南湾水利风景区的旅游开发和水资源保护提出了严格的要求，必须坚持“开发与保护并重”的原则，必须做到旅游发展与保护资源、保护水质相统一。作为信阳市饮用水源地，风景区管委会制定《河南省信阳南湾水库饮用水水源保护条例》，设立了南湾水库饮用水源一、二级保护区的界标，制定了南湾水库饮用水源地保护和水污染治理工作的新方法和新举措，该条例获得河南省人大通过，于2010 年 1 月 1 日正式实施。

在开发南湾旅游经济的过程中，相关部门始终坚持水生态优先的理念，坚持在保护中开发、在开发中保护，取得了较好的效果。为保护好南湾水利风景区独特的山水资源，景区还特别邀请具有全国一流水准的规划单位参与南湾水利风景区总规、控规、详规的规划设计工作，采取在全国公开招标的方式，高标准完成了南湾水利风景区发展总体规划，规划突出“起点高、特色强、龙头明、生态环保、以人为本”的理念，对景区的资源开发、产业发展进行了准确定位、科

学预测和合理布局。根据规划定位，大力开展了水环境保护和水生态修复工作，为景区的开发和建设打牢了基础。与此同时，还采取以下措施。

①广泛宣传，把好关口，严格按照国家有关规定进行旅游经营和开发，确保环保和开发和谐统一、相互促进。

②开展以码头迁建、船只达标升级和餐饮服务业整治为主要内容的水源保护综合整治工作。拆除3个原属不同部门的小码头，新建1个综合的功能齐全的旅游码头；游船从157艘不符合环保的外挂桨机船整改为52艘符合环保要求的动力内置式船；餐饮业由120家规范为21家。

③整体搬迁位于景区入口污染排放严重的172户棚户区，新建了整齐美观的“航运新村”。

④强制关闭了景区周边的35家采石场，依法拆除了景区门前的水泥厂，极大地改善了整个景区的环境面貌，有效保护了南湾山清水秀的自然风光。

⑤大力植树造林，建设湿地，改善野生动物生存环境。连续多年在水利风景区植树造林，不仅规划设计和实施了岛屿的景观造林改造，而且在风景区的岸边、路旁开展了大规模的造林活动。累计投入300多万元，植树1万多株，植草2万多平方米，恢复和建设湿地100多亩。使南湾水利风景区鸟岛以每年近十万只鹭鸟栖息繁殖闻名国内，成为继福建厦门、江西共青城、鄱阳湖、黄河湿地之后的全国第五大鹭鸟群落。

2. 增加资金投入，弘扬水文化特色，是水利旅游保持旺盛生命力的重要支撑

南湾水库的特色在于山环水、水环山、水中岛、岛中鸟，自然生态，浑然天成，展示出“清静淡逸、灵秀幽深”的品格和“安宁、恬静”的情趣，这种特色在周边区域同类景区中独树一帜。为打造精品景区，有关部门采取了抓硬件强基础、抓软件树形象、抓文化提品位的策略，逐步形成了独特的风格。

①加大基础设施投入。南湾景区的基础设施老化，境内道路狭窄，交通不畅，严重影响了其国家水利风景区的形象。为改变这一落后面貌，景区管委会把加强基础设施建设作为提升景区品位的突破口来抓，在财政十分困难的情况下，筹措资金7500万元用于景区内的基础设施建设。改造南湾街，更新路灯、铺设彩砖等，使主体路面宽度由原来的11米增加到23.4米；高标准新建建材路、信随路、景区大门至旅游码头路、景区门前和码头停车场等；对景区内的各主干道实施了绿化、美化、亮化工程。

②加大景点建设的投入。景区管委会立足南湾水利风景区所具有的独特气质、品位和意境，把功夫放在整合旅游资源上，把精力放在打造精品景点上，一年上马一个大项目。2003年投资800万元兴建了河南最大的水上游乐园；2004年投资400万元建设了集鸟类观赏、鸟艺表演、科普教育为一体的大型主题公园“鸟语林”景点，改造了鸟岛、消夏岛等景点，解决景区游客参与性不强、文化含量不高的问题；2005年把重点放在进一步完善景区内公共服务设施上，新建游客服务中心，制作统一宣传指示系统，新建改造各类公厕6座，在南湾景区内各主干道每隔100米放置1个垃圾箱，完善景区服务功能，全面提升了南湾景区的品位。

③加大景区服务设施的投入。景区管委会还坚持将招商引资工作作为改善服务设施的关键来抓，立足南湾区位、交通、资源优势，引进项目资金，改建新建一批星级宾馆，科学地安排好吃、住、行、游、娱、购六要素，进一步提升“游”的品位和效益。2003年以来，景区管委会引进武汉某公司的14亿元资金，用3~4年的时间完成了占地1000亩的肖家河贤风山庄休闲度假区建设项目；新建四星级标准的滨湖假日酒店，引进“越秀假日酒店”建设项目，并对原有的

思源宾馆进行了整体对外拍卖，进一步提高了景区的服务功能。

④在打造文化特色方面，深挖地域文化内涵。景区管委会不断丰富旅游特色，对资源文化内涵进行集中挖掘、整理与展示，修缮曾与南阳玄观庙、嵩山少林寺、开封相国寺、洛阳白马寺齐名的贤山寺，开辟了佛教禅宗文化旅游线路；在李先念创建红五师的四望山革命根据地，开辟了四望山红色旅游线路。近期，景区还将要着手筹建大坝博物馆，将国内外著名的水库大坝模型进行集中展示，结合现有工程设施，为游客提供一个集科普知识、水利工程、水库建设史教育于一体的人文景点。

3. 充分利用景区资源发展水经济，坚持旅游开发与产业开发相结合，丰富旅游内涵

近年来，南湾湖水利风景区立足水库丰富的鱼、茶、水资源优势，把加快旅游开发与旅游相关产业发展结合起来，通过旅游景点吸引来源源不断的游客，带动了地方特色旅游产品的销售，形成了一个庞大的消费市场，提高了旅游相关产业的品牌知名度。同时，通过做大做强旅游产业，拉长产业链条，丰富旅游内涵，利用产业所提供的产品和服务，满足了游客的不同需求，留住了大批游客，提高了景区的人气，又通过成熟产业的反哺作用，进一步提高了景区的知名度。

①利用当地茶、鱼、水已有的消费市场和品牌知名度，开发一批深受游客欢迎的地方特色产品，实现了旅游产业与加工产业的互动发展。

②依托信阳毛尖茶，打造了一个全国乃至世界首创的“南湾盛典·天下茶道”大型水上实景演出项目，抢先在国内形成了茶文化消费的制高点，成为中原旅游产品格局中一个新的拳头产品。

③打造了赶渔汛、观渔事、看渔火、听渔歌、品鱼宴的南湾“渔家乐”旅游新产品。

④根据景区规划，围绕景区自然资源的保护、开发和利用，委托

成功策划《印象刘三姐》的北京天人文化传播公司，在南湾水利风景区总体规划的基础上进行整体项目的再策划，建立了景区旅游产业化开发项目库。

⑤出台了一系列优惠的招商引资政策，加大招商引资力度，引进了总投资高达20多亿元的一批休闲度假酒店项目，并加快了景区入口区域1.4平方千米的综合开发，把该区域现有的1.3万平方米建筑物全部拆除，新建成了集休闲度假、历史文化、风土人情于一体的“自然、生态、大气、现代”的服务功能区，以进一步提高和完善景区的服务功能，适应南湾水利风景区产业化、跨越式发展的需要。

（二）改革创新管理体制机制，激发员工的活力与热情

1. 加强水资源监管力度，改革相关管理体制，强化责任到位

水利旅游业的发展，不仅没有影响水利工程的管理，反而使水利工程管理单位的水利经营与水利旅游得到有机结合，相辅相成，起到了相互促进的作用。水库管理局，通过参与旅游业的物业管理和实施工程开发建设，安排了大量人员就业，水管单位实力得到增强。

①强化监管力度，确保水源利用。集中整治农家地锅饭。随着休闲旅游的发展，贤山村和二十里桥村农家地锅饭有所抬头。2010年初，风景区管委会联合市行政执法局、南湾工商分局、南湾公安分局、南湾水库管理局，对燕尾岛、二十里桥村内乱搭乱建的违章建筑进行了强行拆除。加大了与职能部门的合作，形成了齐抓共管的态势。

②理顺管理体制，建立协调机制。由于南湾水库水源地保护区涉及三个行政区，信阳市出台了实施《条例》的具体细则，建立了一个日常管理机构，同时由市政府副秘书长牵头，建立了一个完善的督查考核机制，按照整治方案一项一项抓好落实，一个问题一个问题专题解决。日常管理机构和跟踪问责机构的成立是水源保护工作取得实

质进展的根本保障。

③提高创新认识，广泛发动宣传。多年来，围绕南湾水库水源保护工作，各相关单位和部门做了许多探索和努力，取得了一定的成绩，但由于南湾水库水源保护工作的复杂性和艰巨性，水体污染的形势依然严峻。各级政府和有关部门站在维护广大人民群众根本利益的高度，充分认识到了南湾水库水源保护的重要意义，积极做好宣传、发动工作，以切实搞好南湾水库的水源保护工作。

④加强组织领导，明确责任管制。为确保南湾水库生态环境保护各项措施的顺利实施，各区（管理区）政府、市直有关单位做到了有领导、有组织、有计划，主要领导亲自抓、负总责，乡（镇）政府结合实际具体抓，明确各自的工作任务，有步骤地推进了本辖区、本单位的综合整治工作。它们还于每年中期，将本辖区、本单位所承担的整治任务进展情况报送“市水保办”。

⑤加强体制考核，实施奖惩机制。信阳市南湾水库水源保护领导小组办公室定期召开会议，听取各区（管理区）整治任务完成情况的汇报，安排部署下一阶段的工作，适时组织联合行动。对工作积极主动、如期完成年度整治任务的单位、部门，提请市政府通报表扬并给予一定的奖励；对不服从统一安排、推诿扯皮、敷衍了事的部门和单位，提请市政府给予通报批评；对延误整治工作，导致入库河流水质超标严重影响南湾水库水质的，按照市政府的规定实行环保“一票否决”和“区域限批”规定，直至其完成整治任务。

2. 理顺景区旅游管理体制，改革人事与分配制度，激励员工的积极性

景区管委会成立后，及时提出了“以高标准规划为先导，以旅游发展为龙头，以城区开发为重点，以环境保护为基础，以富民强区为目标”的发展思路，制定了景区发展总体规划，加大了水利风景区的规划、开发、建设和管理力度。一是把风景区的产权分解为所有

权、管理权和经营权，实行“三权分立”；二是从投资融资、主导市场的角度，建立与南湾湖风景区不相隶属的南湾湖旅游集团有限公司，实行门票专营，政企分开，管理与经营分开，使管理更加规范、运作更加顺畅。

（1）理顺旅游管理体制

管理区筹建处成立后的第一件事，就是把过去分别属南湾水库管理局、林场管理的南湾旅游发展总公司、森林公园从原管理单位中剥离出来，组建了新的南湾湖风景旅游发展有限公司，全权负责国家水利风景区、国家森林公园的建设任务，对南湾湖的旅游业实行“统一规划、统一开发、统一经营、统一管理、统一促销”，从根本上解决了南湾湖旅游发展的体制问题，为下一步发展创造了良好的环境。

（2）实行景区门票一票制

为解决景区门票过多的问题，新的旅游公司于2003年对景区各景点门票实行了一票制，票价由过去坝下景区20元、鸟岛10元、猴岛8元、百果园10元等总计73元，改为实行通票40元，优化了游客到南湾湖的旅游环境，降低了游客费用。

（3）实行新的用工和分配制度

新的旅游公司成立后，按照现代企业制度，进行了机构人事制度和分配制度的改革。通过实行人员竞争上岗，优化组合，打破了原有单位的人员分工，对水利、林业、航管等部门的职工进行了混编，使人员达到合理配置，并建立了新的激励机制，奖勤罚懒，努力为以后的发展创新工作机制，打好管理基础。

（三）强化营销宣传，打造水生态文化旅游品牌

1. 加强宣传促销，强力打造水生态文化旅游品牌

旅游经济是一种“眼球”经济，面对市场竞争，旅游产品必须有市场吸引力和差异化个性，形成独具特色的旅游品牌。南湾湖景区

在日趋激烈的旅游市场竞争中能否占有一席之位，成为省内外大旅游网络链条中的一大亮点，关键取决于南湾湖景区能否建成一个独具特色的旅游品牌。为此，景区管委会围绕“北国千岛、林海茶香”这一品牌做文章，进一步提高经营管理水平，强化宣传促销，强力打造南湾湖旅游品牌，提高南湾湖在全省、全国的知名度。

2. 强化营销宣传，拓展多维渠道，着力推广品牌

自2003年始，连续成功举办三届南湾鱼烹饪大赛，使“人间仙品南湾鱼”成为省内外知名品牌。良好的生态资源，浓郁的南湾鱼文化与信阳茶文化，加上突出的区位优势、齐全的旅游服务设施，构成了南湾湖风景旅游区的丰富内涵。

2004年，组织举办“聚焦生态·中国电视摄影南湾湖采风行”活动，把中央电视台等10家国家新闻媒体和省内50家新闻媒体的记者请到南湾湖开展采风创作。

2005年，举办全国摩托艇锦标赛，共有来自全国10余个省区市的100多名摩托艇优秀运动员参赛，这是该项赛事自1956年正式开展以来规模最大的一次赛事，更是一个集体育、旅游、休闲于一身的“文化盛宴”，中国香港首次组队参赛，中国台湾也首次组队观摩，引起国内主流媒体的高度关注和强烈反响，在一定程度上提高了南湾湖的知名度，将南湾湖旅游发展推上一个新台阶。

2006年，与南街村、嵖岈山联合推出豫南时尚旅游精品线路——“水墨故事”。

2007年，与建业集团联合举办“挑战吉尼斯·千车自驾游”活动。546辆自驾车在南湾湖景区大规模有序集结，吉尼斯世界纪录上海总部在南湾湖景区现场进行全程跟踪评定，见证这项在同一时间、同一地点、集结自驾车最多的新纪录。此次活动进一步提升了南湾湖的形象，对展示南湾湖、宣传南湾湖产生了巨大的聚焦作用，为信阳乃至河南旅游业的快速健康发展做出了积极的贡献。

2008年，举办“祈福中华平安，相聚信阳南湾——我为灾区亲人包粽子大型爱心活动”，以一种独特的形式为5·12地震祈福，表达景区对四川灾区人民的一片爱心，大大提升了景区的知名度和美誉度。

2009年，举办国际旅游小姐南湾湖巡游大型主题活动。参加2009国际旅游小姐冠军总决赛的120名佳丽来到河南省信阳市南湾湖风景区参观游览。在丰富多彩的活动中，各国佳丽与南湾湖美景融为一体，与信阳的地域文化和中国茶文化互动。美景配美人，美人靓美景，既展现出异国他乡的多彩风情，又为信阳传统文化加入了异乡情调，为景区平添了更瑰丽的色彩，为美丽赋予了更丰富的内涵。

2010年，举办中国南湾湖首届赏茶节，网络炒作“年薪30万招聘61岛总岛主”事件。总岛主事件在全国范围内引起强烈关注，极大地提升了景区的品牌形象与品牌价值。

2011年，举办第二届中国南湾湖赏茶节，来自全国各地的数千名游客相聚风景怡人的南湾湖品香茗、观茶景、跳茶舞、学茶艺，徜徉在碧水云天的诗画美景之中，感受一个惬意的赏茶之旅。此次活动向游客展示了南湾湖美景及源远流长的茶文化。

2012年，联合大河网共同成功举办“美丽南湾湖”全国摄影大赛，采取组织河南省优秀骨干摄影师集中拍摄与面向社会广泛征稿相结合的方式进行，用摄影艺术的形式展示南湾湖风景区的新面貌，宣传南湾，推动南湾旅游发展；联合“建业森林半岛”举办第三届茶文化交响月活动，进一步宣扬信阳毛尖文化；CCTV2《消费主张》栏目组来景区拍摄“北国江南、茶香鱼肥”节目，节目在央视的播发进一步扩大了景区在全国的影响力与知名度。

2013年，联合河南大河网共同举办“美丽南湾湖”全国散文大奖赛，联合河南卫视快乐旅游栏目举办“2013首届中原第一湖·南湾捕鱼节”活动，引起全国多家新闻媒体和网站的追踪报道，使南湾湖又一次在业界受到强烈关注，极大地提升了南湾湖的品牌价值；

“百川百山行——远方的家”CCTV4栏目组来南湾湖成功拍摄美景美食，大大提升了南湾湖旅游品牌的知名度。

2014年，举办“樱为爱情，相约南湾”首届樱花节活动，以浪漫、爱情、约定、祈福为主题的“2014最浪漫的事·南湾湖浪漫樱花游”活动，使南湾湖樱花节逐步成为信阳市的一枚城市名片；举办南湾湖第四届赏茶节，将茶文化旅游与游客体验相结合，扩大了南湾湖的影响力；又与信阳市区邮政局联手打造爱情邮局，以其全新的文化、交流、创意等理念促使南湾湖成为宜居信阳、美丽南湾的又一亮点；CCTV7于景区拍摄的《美丽中国乡村行》信阳之水墨南湾正式播出，极大地提高了景区的知名度和在全国的影响力。

利用现代信息工具，发挥互联网的宣传促销优势，建立了南湾湖旅游网站。通过强有力的宣传促销，逐步改变了南湾旅游客源市场单一的局面，南湾湖的客源市场逐步打开，目前已经形成以郑州、武汉为龙头，以京广线、京珠高速为龙身，辐射北京、西安、上海的市场格局，为南湾湖国家水利风景区的发展奠定了坚实的基础。南湾水库还将着眼于长远，科学谋划，创造南湾湖风景区更加美好的明天。

B.14

陕西省商洛市桃花谷水利风景区建设与管理实证分析

温乐平　祁正卫　汪升华　胡咏君

一　景区概况

桃花谷水利风景区位于商洛市丹凤县东南的竹林关镇，距西安市177千米，距商洛市73千米，距县城37千米，距商南金丝峡景区8千米。景区依托桃花谷水土保持科技生态示范园工程而建，属于水土保持型水利风景区。景区面积41.4平方千米，其中水域面积0.2平方千米。

景区所在地是竹林关镇，竹林关历史悠久，有传说春秋早期的古商密小方国密阳城遗址。传说自商密古国时，竹林关贸易商贾风生水起。所以竹林关是商业的发源地；是荆楚南蛮民族的发源地；是崛起于西周，强盛于春秋，衰亡于战国末期，有870年历史的楚王国兴隆地。楚王国驻守竹林关时有问鼎中原之实力，令周天子心惊肉跳，让所有诸侯国退避三舍。竹林关还是清秀婉窈的楚律楚韵的发祥地。竹林关大码头曾是我国东南至西北航运的主要港口，自春秋时就开始为“贡道”，是长安历代王朝的主要物资补给线，是“百艇千蹄、南北辐辏”的繁忙的水旱码头。竹林关原有长约150米、宽约70米、面积1万多平方米的古城，城南引石槽沟水为护城河，城北自小龙嘴引银花河水为护城河，延伸街市近1.5千米，新中国成立初期有各类贸易货店169家。古城在1954年被银花河大洪完全冲毁，仅留下城隍庙、花戏楼、杨泗庙三座古建筑。竹林关是宗教圣地。道教圣地主要有月亮台、羊奶寨、皇庙坡祖师庙、桃花寨娘娘庙、城隍庙、杨洄庙。佛教圣地有寺台坡感召寺等，香火旺盛。

竹林关自古是兵家必争之地，历史上朝朝代代都在竹林关驻有重兵，民国时商洛境内最大的一支国民党武装力量白青云、刘长忠师部就驻守在竹林关。竹林关也是一块红色热土，张国焘、李先念、贺龙、徐向前、王震、毛楚雄、许世友、陈昌浩、王树声、夏曦等中央红军都曾征战于此。特别是解放战争中悲壮惨烈的南丈沟战斗至今让竹林关人难以释怀。同时，地方红色武装薛兴军、蔡兴运、陈效真、张魁、邢贵芳、袁光焱、尉家成、褚礼纪等长期征战于此，他们都在竹林关播下了红色的种子。

竹林关三岭盘绕、三脉分流、两河交汇、一镇三角；山清水秀、气候温润、溪流潺潺、五谷适生；古道雄关、秦楚交融、人杰地灵、物华天宝，是人类居住的福地。蟒岭、流岭、鹘岭盘绕在竹林关，丹江、银花河在竹林关交汇，三山两水尽显竹林关山大美、水大美。

景区内主要河流为丹江。丹江，古时称粉青江、丹水、淅水、黑江，发源地有北、西两个源头，北源处于商县（今商州区）和蓝田县分界处的秦岭南麓，向东南流入黑龙峪，经铁炉子至黑龙口；西源处于牧护关以东的秦岭南麓，向东南流经郭家店、秦岭铺至黑龙口与北源汇合。丹江流经商洛市商州区、丹凤县、商南县，于商南县汪家店乡月亮湾出陕境，在湖北省丹江口与汉江交汇，是汉江的主要支流，注入亚洲最大的人工湖——丹江口水库，全长443千米，总流域面积为13812平方千米。①

景区是在2010年“7.23”水灾废墟的基础上恢复重建的，是丹凤县乃至陕西省“7.23”水灾恢复重建的标志性工程。桃花谷水土

① 丹凤县水务局：《丹凤县水务志》，商南县顺意印务有限责任公司印刷，2013，第54页。

保持科技生态示范园按照“全国知名、西部一流、独树一帜、人间仙境”的目标，秉持人与自然和谐、人与水和谐的生态理念，力争重点建设成为“水保生态、科技示范、面污治理、休闲旅游”的基地，创新使用了四项水保核心技术，由水保示范园区、两河区域水景区、州河北观光体验采摘区、古镇商贸文化旅游区、浪漫桃花谷景区等五部分组成。五个功能区相互渗透、相互联系、相辅相成，初步形成了集综合治理、节水示范、科技示范、监测研究、产业开发、休闲观光、成果展示于一体的水土保持型水利风景区，2012 年 1 月被陕西省命名为省级水利风景区，2012 年 8 月被陕西省水土保持局命名为省级水土保持科技示范园，2014 年 2 月被水利部命名为国家水土保持科技生态示范园，2014 年 11 月被水利部命名为国家水利风景区。现已成为西北大学、西北农林科技大学、西安建筑科技大学和西安理工大学的教学实践基地，成为水保科普示范的“实物读本、户外教室”。

桃花谷水利风景区是沿秦岭山脉最具原生态特征的地区之一，这里气温湿润，夏无酷暑，春秋相连，夏季凉爽宜人，素有“天然空调”之称，是休闲避暑的最佳去处。享有“植物宝库”“天然植物基因库”“天然氧吧”“珍稀动物乐园”等美誉。

丹凤县政府制定并颁发了《桃花谷水利风景区建设管理办法》，成立了“桃花谷水利风景区管委会”，县委副书记任主任，水利局局长、主管副局长和竹林关镇镇长任副主任，县有关部门和竹林关镇政府为成员单位，管委会下设办公室，作为项目建设法人。商洛市批准成立“丹凤县桃花谷水土保持科技生态示范园管理办公室”，为全额财政拨款单位，副科级建制，编制 10 人，负责景区运行管理。成立了“桃花谷水利风景区警务室”，4 名警员上岗履职。

目前，景区管理工作由景区管理办公室承担，丹凤县给桃花谷安排了 15 个公益性岗位，办公室把园区划分了 5 个责任区，责权利相结合，进行划块管理。

二　发展过程

（一）建设情况

桃花谷水利风景区是在 2010 年“7·23”水灾废墟的基础上恢复重建的，桃花谷水土保持型水利风景区原本属于“丹治”一、二期工程项目，2010 年 5 月建成，7 月 23 日遭遇两百年一遇特大暴雨泥石流袭击，时任国务院主管领导亲临竹林关视察灾情，动员救灾。县委、县政府下定决心，要求“丹治”桃花谷工程必须在 2011 年元月 1 日完成水毁修复任务，县水务局顷全局之力，按时修复了 2600 米堤防和 260 亩水毁基本农田。此后，省、市行业相关领导来桃花谷检查指导工作时，鉴于桃花谷“丹治”工程的建设水平，又提出了把桃花谷建成全国最大的水土保持科学技术生态示范园的新要求。根据省、市行业领导的要求，丹凤县委、县政府会议研究决定，将桃花谷建成水土保持型国家水利风景区。会议决定成立桃花谷国家水利风景区管理委员会，由时任县委副书记任主任，水务、国土资源局长任副主任，水务、国土、财政、农业、发改、林业、交通、审计、竹林关镇政府为成员单位，管委会下设办公室现场办，由管委会副主任、水务局副局长兼任办公室主任。丹凤县委、县政府把桃花谷水保园作为竹林关生态宜居示范区及全县“四大区域”的重点项目，按照“水保生态、科技示范、面污治理、休闲旅游”的思路和要求，以创建国家水利风景区为目标，以实施水利水保项目为抓手，坚持科学规划，尊重自然规律，退堤（地、路）还河，留足水路，合理布局；采取“党委领导，政府负责，部门实施，各方配合”的运行机制，实行项目整合、资金捆绑、各计其功的办法，多方筹措资金，累计投入各类资金 8600 余万元；坚持政府主导，市场化运作的运行模式，组建了陕西桃花源现代农业发展有限责任公司，经营管理园区；出台了桃花谷水保科技示范园管理办法，加强了园区的森林、土地、水保、环保综合管理；严格工程项目管理，坚持“四制”管理，加强工程质量和建设资金监管，严把各个环节，保证工程建设质量和有限的资金发挥最大效益；建立了园区管理长效机制，确保了水保项目长期利用效益的充分发挥。

科学编制园区总体规划，按国家水利风景区的要求，参照水保行业标准，结合旅游功能，在核心区按“水土保持科学技术展示园、水土保持生态园、水土保持高效农业示范园”三个板块进行划分，景区的四道沟五道梁八面坡统一规划，景观设置各有侧重。

园区东起雷家洞，西至石槽沟，北起州河北周公山，南至月亮台。由桃花谷、大柴沟、桃花沟、石槽沟四条流域组成，总面积 41.4 平方千米，其中治理面积 21 平方千米，治理程度 100%，示范治理面积 6 平方千米。园区由东向西依次为生态园、科技园、农业园，这三个园相互渗透、相互联系、相辅相成，成为不可分割的一个综合性水保科技生态示范园。被誉为水保科普示范的“实物读本”。

规划实施分近期和远期，从 2011 年 3 月到 2014 年 4 月完成了水土保持科学技术示范工程、水土保持科学技术监测示范工程、项目区内全面绿化、核心区园林建设、园区景观小品建设、园区供水工程建设、园区文化景观工程、电力照明工程、有线通信工程、旅游基础设施等。

景区于 2014 年 3 月 31 日正式开园迎宾，开园至 2014 年底已累计接待游客10万人次。景区的发展对当地的经济发展起到了积极的作用。完成近期基础设施工程后，丹凤县水务局聘请了专业的规划设计公司对景区做了进一步规划，计划2015～2020年对主园区进行进一步完善，重点围绕核心区对相邻的风景区进行挖掘、修缮、提升品位、组装，包括竹林关漂流和相邻宗教文化、历史文化、原生态文化景点及水保科技文化的集中展示。

（二）景区特色

通过综合治理建设和文化挖掘，桃花谷水利风景区形成两大显著特色。

特色之一：陕南地区具有典型地质地貌的水土保持科技示范园区。

桃花谷水土保持生态科技示范园园区坡面土层结构松散，坡度大，建设初期植被覆盖率低，暴雨直接击打坡面，形成坡面径流，将坡面冲刷成许多沟渠，汇流至沟道，洪水冲刷沟道下切，易造成沟岸坍塌，堵塞沟道，使洪水翻堤，冲毁道路、农田。长台沟是陕南地区典型的重力侵蚀沟道，重力侵蚀活跃。在治理中，主要采取了以下措施：在滑坡体顶部修建坡面截水渠，拦截坡面径流，防止暴雨进入滑坡体；在滑坡体上栽植根系发达、附着能力强的葛藤、火炬、苜蓿等植物，固结土壤，防止滑塌；在坡面采用乔、灌、草结合的方式，从高到低，植物高低错落，形成三层防护，增加地表植被，防止坡面冲刷；在沟道土层较厚的部位修建3座插柳谷坊，在土层较薄部位修建1座浆砌石谷坊，在沟道出口修建1座钢筋混凝土拱坝，形成沟道谷坊群；主沟道修建浆砌石河堤，河床用混凝土进行防冲刷衬砌。构筑了从坡面到沟道，毛沟到支沟，支沟到主沟，层层防护，节节拦蓄的综合防护体系。桃花谷园区的支毛沟均采取了这种综合治理模式，达到了治理水土流失的目的，治理效果十分明显（见下页照片）。

为展示陕南土石山区坡改梯筑坎技术，在示范园区福梁道路边实施了干砌石筑坎、浆砌石筑坎、铅丝笼干砌石筑坎、水泥预制件筑坎、浆砌砖筑坎、生态袋筑坎、镶草砖护坎、木桩护坎、预制六棱砖护坎、生物护埂土坎等 10 种筑坎技术，每种筑坎方式长度 20 米，总长度 200 米，并在每类筑坎梯田地埂栽植了黄花菜或金银花。

高效农业园所在地大柴沟沟口右侧山坡为一处滑坡体，威胁着沟口群众的生命和财产安全，在治理滑坡的过程中，有关部门在滑坡体顶部修筑了截水沟 480 米，拦截并排泄上部坡面径流；对滑坡体进行了消坡卸载 2 万多立方米，滑坡体坡面种植刺槐和苜蓿进行绿化；在滑坡体下部坡脚修筑了长 90 米、高 5 米、顶宽 1.5 米、底宽 3 米的大体积挡土墙。

大柴沟由于坡面组成物结构松散，极易发生泥石流，为了减轻泥石流带来的危害，有关部门在大柴沟主沟道中修筑了三级钢结构拦石坝，分级拦截大、中、小石块，在钢构坝的下部修建了三道拦沙坝，拦截河道泥沙。

示范园排洪渠由沟道排洪渠和坡面排洪渠组成。共修建 30 年一遇浆砌石排洪渠 2 条，长 2740 米；20 年一遇浆砌石排洪渠 4 条，长 1400 米；混凝土道路排洪渠 4 条，长 2700 米；坡面预制板排洪渠 8 条，长 2200 米；坡面混凝土排洪渠 2 条，长 300 米；铺设直径 1 米排水管道 400 米，沉砂池 12 个。排洪渠道相互连接，构成完整的坡面蓄排水系工程。

造林整地工程位于大柴沟右侧王大堡坡面，为了蓄水保土，提高植物生长率，展示水土保持造林整地方式，坡面上修筑了鱼鳞坑。鱼鳞坑整地采用不同结构形式进行修建，主要有木板、木桩、竹片、浆砌砖、浆砌石等5种修筑形式。

丹凤县土石山区侵蚀原始地貌展示区位于科技园内的余家凹，在降雨及人为活动等因素的影响下，该区已经呈现出典型的土石山区侵蚀地貌，沟道内溅蚀、面蚀、沟蚀、重力侵蚀等侵蚀类型多样，因此将该沟道作为丹凤县土石山区侵蚀原始地貌展示区，让公众了解水土流失的过程和危害，进行直观的水土保持教育。

在示范园区道路等基础设施建设过程中，形成了部分边坡，高度4~18米，面积约1.4万平方米，在降雨、冻融作用下边坡垮塌，极易造成水土流失。治理过程中，主要采用宾格网、包塑镀锌铁丝网挂网喷播、PP生态袋砌垒喷播等三种技术。这些技术具有造价低、工期短、保水保土效益显著、生态环境效果好等优点。

其中：对地质条件差，岩层破碎，滑坡、崩塌现象严重的地段，主要采用宾格网防护技术；对边坡高度较大、岩基相对稳定，具备灌溉条件的地段，采用挂包塑镀锌网后喷播混合物的办法，混合物由草种、花籽、灌木种子、有机肥料、黏着剂、纸浆、泥炭土等按一定比例组成，加水后通过机械加压喷射到坡面上；对土质松散，具备一定灌溉条件的边坡采用PP生态袋砌垒后喷播混合物的治理办法。采取PP生态袋砌垒、铺挂三维网、包塑镀锌铁丝网喷播植物和直接整理喷播植物相结合，既可预防侵蚀发生，又能形成绿色生态屏障。大规模使用喷播技术，开创了水保生态边坡治理的先例。经过治理，坡体稳定，坡面形成了五彩缤纷的植被覆盖，既治理了边坡又美化了环境。

特色之二：具有浓郁的陕南地方文化特色。

桃花谷水利风景区建在历史文化、民俗文化、红色文化底蕴深厚的竹林关，居一景区览十景，选址非常理想。站在桃花寨，可一览竹林关“寺台朝日映曈昽，北岸青烟一望通；红岩落日舟三五，周公桃花古寨红；龙嘴分江清到海，狮子攫月怒生风；天姑沐雨苍岩秀，高歌东岗夜雪中”之八景和传说中的楚声王陵，商密小方国密阳古城遗址。景区建成后成为商洛市独一无二的集自然生态、水保科学、人文历史、民俗文化、宗教文化等于一体的水保科技观光公园。

桃花谷示范园休闲景观建设以展示水文化建设为中心，结合当地民俗文化，融入宗教文化，集生态旅游观光、水利风景于一体。园区全方位多角度布设展品展示水文化、旅游文化、地方历史文化、红色文化、民俗文化、宗教文化、美食文化、市井文化等，包括标志性建筑——游客接待服务中心、桃花山娘娘庙、桃花娘娘广场、祈福台广场、民俗文化长廊、窑沟主沟道莲花池、水保景观池、桃花山庄广场、福梁栈道、春夏秋冬四季亭等。这些人文景观把水土保持和水文化建设、人文风景、当地风俗文化等融合在一起，为桃花谷水利风景区增加了一道亮丽的风景。

三　建设成效

桃花谷景区主要是按照水土保持示范园的思路进行建设的，涵盖了水利风景区建设与管理的宗旨和要求，根据总体规划有目的、有步骤地开发建设区域的水利资源，构建水土保持综合防护体系，开展生态农业示范、生态清洁示范、科普教育展示、监测预警研究等示范项目建设，初步建成了由科技园、生态园、农业园组成的41.4平方千米的水保示范园区。截至2014年底，园区已经完成投资9600万元，完成治理水土流失面积21平方千米，其中兴修石坎梯田16.6公顷，封禁治理1379.9公顷，荒山造林602公顷，经济林建园101.5公顷。完成坡改梯、荒山造林、封禁治理、等高植物篱、边坡工程、生态建园、治污系统、监测设施、科技展示、灯光音响、宣教培训基地、道路与停车场、各类工程13类52个，修建基本农田3处4公顷，建成等高植物篱2处7千米，边坡治理9处2.1万平方米，边坡喷播7处1.4平方米，支毛沟治理示范工程5处，修建浆砌石谷坊18座，建成水景观、污水治理示范工程、径流小区、人工降雨各1处，铺设步道7条5.9千米，建排洪渠9条9.1千米，调水工程1处，建成亭、阁、廊、桥13处。完成了园内停车场、水土保持生态广场和户外广告等设施，栽植绿化苗木229万株，水土保持园林树木8.7万株，生态环境明显改善。建成了桃花寨、浪漫桃花谷、丹水城隍庙、鹊桥、祈福台、竹林七贤、丹江漂流、梯级水景、桃花仙子广场和游乐场等景观设施。该园区建成后，不仅改善了当地群众的生产生活条件，而且打造了生态休闲旅游的新亮点，为促进县域旅游产业发展、提升县域经济实力做出了新的贡献。

示范园生态治理成效显著，综合治理了点面源污染。①污水净化。为了合理处理沟道内居民的生活、生产污水，委托北京远浪潮科技有限公司做污水处理工程，把收集的污水经过生物渗滤床过滤成符合国家标准的水质。在点源污染治理中，采用了最新技术，污水不仅经过发酵、分解、沉淀、过滤的土壤滤渗床工艺处理，还增加了生物吸收流程，在过滤、出水展示区栽种了鸢尾、浮萍，投放了鱼类，这些生物能够有效吸收有害物质，达到充分净化水质的目的。②垃圾收集处理利用。在居民聚集的地段，放置垃圾箱，集中收集居民生活垃圾，并由受益群众自筹资金，定期对集中收集垃圾进行清理。减少了垃圾的胡乱堆放，修建公厕，保持园区环境整洁。③农业污染防治。禁止施用化肥，提倡施用有机肥和无公害农药，使园区内的农业成为无公害、无污染的绿色农业。④太阳能采集利用、VRV 多联机冷暖系统。在采暖、制冷、照明中利用太阳能和 VRV 多联机冷暖系统，体现出示范园环保和能源节约的理念。⑤污水治理。示范园内有常住农户 30 户，居住比较分散，一度因生活污水未经处理直接排入河道并进入丹江，对示范园区的生态环境造成了严重影响，污染了下游的水质。在污水治理中，经过多方案比较，采用了先进的土壤渗滤床和 FTBR 复合生化池处理技术。该技术的污水处理工艺过程为：将生活污水集中收集后进入化粪池进行厌氧处理、通过隔油池自流进入曝气调节池、然后进入 FTBR 生化反应池，在 FTBR 池中通过高效 CMB 填料物理过滤和生化代谢作用，使污水中有机物得到一定程度去除。处理后的污水自流进入生物土壤渗滤床，通过复合填料过滤后进入清水池，经过池中净水植物的进一步吸收，除去水中的氨、氮等物质，为园区提供生态用水。由于基本为重力流，运行费用低，水质净化效果好，实现了污水达标排放。

桃花谷水利风景区的开发建设始于2010年，围绕“浪漫桃花谷、商道竹林关”的主题，使科技园、生态园、农业园、水保采摘观光园、丹江银花河生态景区等五个功能区相互渗透、相互联系、相辅相成，形成集休闲养生、旅游观光、科普展示于一体的水土保持型水利风景区。经过多年的建设，接待服务设施日臻完善，翠竹茶室已正式运营，发展农家乐10户，可一次接待1500人就餐，1500人住宿，间接带动800多人从事旅游开发建设和服务行业，开发的土特产品有香菇、山核桃、木耳、山野菜、土鸡蛋等。2011年成立了桃花谷水保示范园管委会领导小组，建立健全了各项行业服务体系和管理制度，目前共有43人从事生态旅游开发管理工作，2013年接待游客10万多人次，实现旅游综合收入3000万元。桃花谷现已成为省内外游客和自驾游爱好者向往的生态休闲胜地。

景区建设得到了当地政府与社会的大力支持，县委、县政府每年列出专项财政资金用于桃花谷水利风景区的开发建设。桃花谷水利风景区的一步步开发，带动了当地以旅游为主的服务产业的发展，农家乐的不断开业、土特产品的供不应求等，带动了当地农民创业与就业，缓解了当地的就业压力，为居民创造了较高的经济效益，得到了当地社会的大力支持。

2013年3月31日晚，丹凤县桃花谷在中央电视台一套节目的《新闻联播》中亮相，题目为《陕西：让丹江生态移民过上好日子》，让全国各地电视观众一睹了丹凤桃花谷的美景。在这条视频新闻中，电视画面全部选择在商洛市丹凤县竹林关镇，其中竹林关桃花谷水保示范园中的生态移民更是亮点中的亮点。新闻展现了丹凤县在移民搬迁的同时，加大了坡改梯田、退耕还林等小流域治理力度，引导农民种桃树、葡萄和松树等经济林木，发展乡村旅游，在生态环境改善的同时，为新移民创造了致富门路。

四 基本经验

桃花谷水利风景区建设在国家部委及省、市、县各级政府部门与领导的关心支持下，发扬艰苦奋斗、拼命苦干的精神，各项工作顺利开展，并取得明显成效，积累了一些基本经验。

（一）创新思路，统筹规划，制定科学可行的实施方案

2010 年 7 月，丹凤县遭受特大暴雨灾害，时任中央国务院主管领导曾亲临桃花谷灾区视察，对水土保持工程发挥的作用给予了充分肯定，指出在水毁后的“丹治”项目区桃花谷流域创建水土保持科技示范园区具有很强的示范教育意义。

2011 年 5 月，陕西省水保局召开丹凤县桃花谷水利风景区暨生态清洁型小流域建设专题会议后，县水务局按照“水保生态、科技示范、治理污染、休闲旅游”的思路，突出人与自然和谐、人水和谐的生态理念，聘请西安理工大学、西北建筑设计院、浙江园林集团和北京远浪潮科技有限责任公司等单位分别完成了桃花谷生态水保科技示范园总体规划、水土流失立体防护及边坡治理设计、污水处理设计，和水土保持防护林、草施工、管护等设计，编制了实施方案，规划治理水土流失面积 21 平方千米。为了充分实现综合防治、生态清洁、环保节能目标，在省、市业务部门指导下，县水务局在全面布局常规水土保持措施的基础上，科学进行面源污染治理措施的规划设

计，选用低碳环保材料，减少施工排放物；按照园林化要求布局林、草和生态观光道路。采取各种措施，把桃花谷打造成以科技示范、生态清洁型小流域综合治理为平台的水土保持综合防护典型，打造成高效农业示范、生态清洁能源应用示范、科普教育的典型，打造成集产业开发、宣传培训、监测研究、成果展示、休闲旅游为一体的水土保持科技示范园。

（二）依靠科技，突出水保，打造水土流失综合治理生态示范区

建设水土流失综合治理的立体防护和科技示范工程，在园区沟道的上下游、支毛沟、主沟道因地制宜，因害设防，采取各类相应措施。在水土流失严重的坡面，覆盖了乔灌草相结合的植被，目前立体防护网络基本形成。

重点开展重力侵蚀治理和人为活动造成流失治理的示范。桃花谷地处丹江冲积阶地和两条支沟形成的洪积扇上，土质疏松，区域开发活动形成的高边坡多，塌岸、滑坡、崩塌、泥石流时有发生。县水务局采取了卸荷、拦挡墙、排水、锚固和植物覆盖等多种方法进行治理。在治理较大范围的边坡时，采取 PP 生态袋砌磊、铺挂三维网、包塑镀锌铁丝网喷播植物和直接整理喷播植物相结合的方法，既预防侵蚀发生，又形成绿色生态屏障。大规模使用喷播技术，开展了水保生态边坡治理的有益实践。

面源污染治理示范。建设初期，县水务局对造林地块委托陕西秦水生态工程公司喷洒黄腐酸土壤改良剂，在栽植和管护中，只使用农家肥、有机肥，利用黄腐酸抗旱剂和液肥每年进行三个轮次叶面喷肥，施用羊粪、鸡粪 150 吨，并整理了培训宣传图册；与所在镇新农村建设相结合，流域内设放了 36 个垃圾收集箱，配备了 6 名专职保洁员，进行划段包干管理；为了解决流域内居民生活污水污染问题，

采用了远浪潮公司的专利技术，污水不仅仅经过发酵、降解、沉淀、过滤的滤渗床工艺处理，还增加了生物吸收流程，在过滤、出水展示区栽种了鸢尾、浮萍，投放了鱼类，这些生物能够有效吸收有害物质，达到充分净化水质的目的。

发展高效示范农业，带动休闲旅游。修建了一处跨流域调水工程，开展滴灌、喷灌和管道灌溉，进行产业结构调整，建设了年产80万公斤的经济果园。

开展文明工地创佳评差竞赛活动，边治理，边保护，妥善处理施工弃物，及时进行作业面的清理保护，不形成新的污染和破坏。通过生态清洁型项目，展示水土保持示范工程的实效性、先进性、科技性和美观性，使人们在了解、学习水土保持知识的同时，分享治理水土流失的成果，发挥休闲度假旅游资源优势，力争将桃花谷生态清洁型流域建成一个宣传平台、展示平台、培训平台、公益平台。

（三）精心组织，全面实施，将水利工程建设与景观工程建设紧密结合

从水土保持科学技术工程来看，桃花谷景区有整体溪沟疏浚排洪道工程景观，拦石透水的钢构景观，护基保堤缓冲的锁坝工程景观，拦蓄水土固坡的谷坊工程景观，挡水防洪休闲亲水的长堤工程景观；有四通八达、交通便捷的公路工程景观，曲径通幽、闲庭信步的人行路网工程景观；有涉溪渡河曲直有致的桥涵工程景观，爬坡登高等高等宽的人行踏步工程景观；沟道缓坡筑有石坎等高、地块等宽、地平如镜、坎顶坐浆抹面的石砍梯田工程景观，砼预制构件护坎、木桩护坎、铅丝笼干砌石护坎、六棱砖护坎、耐解生态袋护坎、草皮护坎等梯田工程景观，稳固美观的高边坡钢筋混凝土花格挡土墙工程景观，花木果草相间的坡面等高植物篱工程景观，人工降雨，径流小区水土流失遥感观测系统景观；有重力侵蚀水土流失实验研究工程景观，微

地形多措施治理水土流失试验工程景观；有远距离石槽沟调水人工溪流、潭、瀑、湖、池、灌溉、人饮及“预处理 + 生态土壤渗滤床”专利技术治理污水工程景观；有建筑面积1.2万平方米的教学培训中心宣传展览工程景观；有园区照明灯光、背景音画系统工程景观等。

从生态园林艺术层面来看，园区栽植26万多株苗木，有以桃花为主的各类花果景观，有以竹林为主的各类青翠绿色景观；公园内设置生态园区山门景观、禹王广场景观、春夏秋冬四季亭景观、民俗文化广场景观、红色教育广场景观、桃花山庄广场景观、桃花娘娘庙主题宗教景观；另有多处小亭、廊、供游客休息的座椅，留影纪念小景观等。设置了供游客品尝竹林关蒸、炖、炒、熘、煎美食的农家乐，供游客选购旅游纪念品的小卖店。

按照功能分区将核心园进行划分，桃花谷清洁型小流域建成了科技园、生态园和高效农业园、林业采摘园四个子园。四个子园以水土流失治理、清洁示范、科技展示为主线，又具有相对独立、特色明显的功能。

（四）集中打造生态品牌，培育旅游发展产业链

丹凤县竹林关桃花谷景区在全面采取常规水土保持措施的基础上，科学进行面源污染治理措施规划设计，选用低碳环保材料建设，最大限度地减少施工排放；建设立体防护和科技示范工程，在园区沟道的上下游、支毛沟、主沟道因害设防采取各类措施；采用科技手段改良土壤，栽植和管理园区林木只使用农家肥、有机肥，减少对环境的污染；为解决流域内的居民生活污染问题，给园区投放36个垃圾收集箱，园区垃圾统一运出进行填埋处理，同时安装一系列的污水处理设施，对园区内住户的生活污水进行收集，通过水循环系统将污水进行净化，然后排到荷花池，进一步净化后用于园区灌溉。

丹凤县委、县政府将水土保持科技生态示范园建设与新农村建

设、产业结构调整、经济社会发展紧密结合，力争将其打造成为集综合治理、科技示范、节水示范、监测研究、产业开发、休闲观光、成果展示于一体的水土保持特色明显的示范园区。园区精心谋划打造具有“桃花文化”符号的生态旅游大餐，采取“现代绿色+古典民俗”套餐的策略，努力烹调出大秦岭旅游盛宴的一道道佳肴。县镇联手进一步挖掘桃花寨桃文化、竹文化，重点建设桃花岛、桃花坞、桃花庵等景点，开发桃花宴、桃花酒、桃花茶等系列产品，着力打造“竹林美人家”农家乐产业集群，打响桃花谷休闲旅游的品牌。进行产业结构调整，发展高效示范农业，建起年产80万千克的经济果园。将石槽沟的10多户灾民移居到谷内，统一规划建房，培养农家乐集群。会逐步将桃花谷景区打造成为集生态科技、休闲观光、民俗风情、文化旅游于一体的主题水利风景区。

（五）政府主导，市场运作，争取各种资金投入建设

县水务局在县政府的统一协调下，按照“项目整合，部门实施，用途不变，各司其职”的原则，将水利水保、国土资源、交通、林业、发改等部门的项目集中实施，先后整合了项目资金7170万元。其中：桃花谷清洁流域220万元，丹治桃花谷流域1450万元，小水重点项目2200万元，国土局大柴沟滑坡体治理工程1700万元，国土、林业、发改等部门共投资500万元，各修建1座亭子及步道，交通修建桃花谷主干道约900米，投资300万元，县财政拿出800多万元，完成了进谷段的居民点拆迁和征地等工作。

完成了桃花谷水利风景区的BT投资模式招标，与陕西嘉浩公司签订了BT投资协议，开始注资，投资2000万元，开发建设浪漫桃花谷景区，丹凤县用拍卖土地的收入进行回购偿还。

采取统一规划、政府立项、减免税收的办法，吸收了民间资金700万元，建成了桃花谷生态养殖示范园。该园位于景区中部，主要

功能是养殖示范、水产品经营和休闲垂钓。

成立了桃花源生态农业有限公司，负责桃花谷水利风景区的运营管理、招商引资工作。公司为县属国有独资企业，注册资金 9000 万元，主要业务是桃花谷水利风景区管理经营、酒店经营、农林经特产品开发销售等。

2012 年 9 月，完成了桃花谷的农林产品、竹编工艺、木作工艺、刺绣工艺、民俗文化、饮食、水产品等项目的产权保护；向国家工商管理总局申请，进行了“桃花谷”实体商标注册。完成了“桃花谷”网络通用网址和国际中文域名注册，共注册实体商标 18 项，进行网络注册 4 项。建设了桃花谷网站，通过网站展现了桃花谷水利风景区建设和水土保持科技等情况。

B.15 宁夏回族自治区石嘴山市沙湖水利风景区发展实证分析

温乐平　祁正卫　汪升华　胡咏君

一　景区概况

沙湖水利风景区位于宁夏回族自治区首府银川市以北 42 千米的平罗县境内，距银川市 40 千米，距河东机场 50 千米，京藏高速、109 国道及包兰铁路傍湖而过。景区规划面积为 80.10 平方千米，其中水域湿地面积 45 平方千米，沙漠面积 22.52 平方千米。

沙湖，是“国家 5A 景区”“中国王牌景点”“中国十大魅力休闲旅游湖泊”，湖傍金沙，沙润翠苇，“水绕沙丘天下绝”，是一处融江南水乡之灵秀与塞北大漠之雄浑为一体的“塞上旅游明珠”。沙湖生态景区总面积为 198 平方千米，沙漠面积为 22.52 平方千米。近年来，环湖扩面 24 平方千米，用于旅游开发的沙丘面积为 13 平方千米，湿地沼泽 12 平方千米，沙湖平均水深 2.2 米，最深处 4～6 米。景区以碧水、沙山、静荷、翠苇、飞鸟、游鱼、远山和田园风光等自然生态景观为主体，各要素有机组合，规模大、品位高、层次多、质量好、特色鲜明，已成为宁夏对外和外界了解宁夏的重要窗口，我国西部地区的旅游和投资热点。[①]

结合沙湖的景观特色和资源优势，景区建有宁夏湿地博物馆、

① 沙湖天涯旅游城市，http：//nxshahu. tianya. cn/scenic. aspx？ id = 407。

宁夏农垦博物馆和沙湖国际沙雕园供游客参观，开辟有高塔览胜、迷津荡舟、荷苑观花、乐园观鸟及鸟表演、大漠驼铃、滑沙索道、大漠冲浪、沙漠卡丁车、银河观光、空中飞伞、水上摩托、驰骋划水、天然浴场、国际沙雕艺术展等旅游项目，丰富多彩，使游客既能身临其境又能陶冶情操，亲身体验其乐融融。每年冬季开展冰雪旅游节，围绕冬季旅游开展有冰雕、滑冰、冰钓、冰橇、冰滑道、冰耙犁、冰上滚圈、冰上陀螺、冰车、雪雕、雪地摩托、滑雪、冬泳等娱乐项目。在这里游客可以在天上飞、水中游、沙上滑、苇中荡，尽情享受大自然。经过发展建设，沙湖生态风景区基本达到了水通湖、路相连，岛成形、绿成片，鱼成湖、鸟成群的景观效果，初步形成了集“吃、住、行、游、购、娱”于一体的旅游格局。

沙湖自开发建设以来，以独具特色的旅游资源和优越的接待条件，成为西北地区集风景游览、观光娱乐、体育竞技、疗养避暑、休闲度假、会议接待、养殖生产为一体的旅游区。沙湖景区周围旅游资源丰富、环境优越、交通便捷，西有被称为“东方金字塔”的西夏王陵、贺兰山滚钟口、拜寺口双塔，北有镇北堡西部影视城、贺兰山岩画，民族文化和自然景观相映，形成了贺兰山东麓一线多点的人文旅游资源与自然旅游资源的优势互补，组成了一条具有相当规模和一定质量，民族文化特色浓郁，吸引力较强的北部黄金旅游线路。

随着我国改革开放的不断深入，景区确立了“发展大旅游，构建大产业，实现大发展”的指导方针，大力开发特色旅游资源，发展优势项目，配套完成“一河两岸、十大观园”等项目，使游客在充分享受沙湖美景的同时又可尽情领略国际沙雕园、万亩荷花苑、沙生植物园、穆斯林风情园的韵味。沙湖已成为我国西部融生态、环保、旅游、养殖、体育为一体的特色旅游目的地。这里幽静、神秘、纯洁，热烈而充满诱惑，是集粗犷、柔情与浪漫于一身的人间仙境。

二　发展过程

沙湖，本身属于由贺兰山巨大山洪冲积而形成的湖泊湿地，在1989年之前，仅仅是宁夏农垦国有前进农场的一个鱼塘。

1989年，宁夏农垦开始探索多元创业、多项开拓，跳出粮食生产、围湖养鱼等传统产业结构，走发展旅游产业的新路子。沙湖的年降水量大约只有200毫米，而蒸发量约有2000毫米，达到了10∶1的比例，在这样一个环境恶劣的盐碱滩上要打造出一个旅游胜地，许多人觉得是天方夜谭。但沙湖的创业者们认为，沙湖湿地处在干旱半干旱地带，能够拥有这么大片的水域非常难得，而被湿地包围的沙漠更是罕见旅游资源。他们决心战天斗地，做前人没有做过的事情！确定“沙湖旅游区”这个名称，组建宁夏沙湖旅游股份有限公司，沙湖的建设发展航帆开始启动。在自治区党委、政府，以及旅游局的高度重视和大力支持下，宁夏农垦逐步加快了对沙湖景区的建设步伐，胆识过人的沙湖创业者用他们的勤劳和智慧开启了宁夏旅游史上一个全新的时代。①

1997年，沙湖被宁夏回族自治区人民政府批准为自治区级自然

① 王安平、程曦：《中国十大魅力湿地——塞上传奇宁夏沙湖》，《中国农垦》2013年第12期。

保护区。保护区内有各种脊椎动物144种，植物63种，13目30科130多种上百万只鸟类在这里繁衍、栖息。其中，有国家一类保护鸟类5种，二级保护鸟类17种，属于“濒危野生动植物物种国际贸易公约”规定保护范围的达23种。沙湖的沙漠和湿地资源是目前我国荒漠化湿地类型中最典型、资源最丰富、保存最完整的自然生态资源之一。

沙湖独特秀美的自然景观和得天独厚的旅游资源，受到海内外各界人士的关注，被列为全国王牌旅游景点。

沙湖水利风景区旅游资源得天独厚，沙、水、苇、鸟、鱼、山、荷完美结合，特色鲜明，堪称“塞上奇葩”。金沙、碧水、翠苇、飞鸟、游鱼、远山、彩荷七大景观有机结合，湖光山色中显有沙的粗犷，浩瀚起伏中蕴含水的灵性，沙与湖珠联璧合，是中国绝无仅有的旅游资源代表地，成为宁夏对外宣传的一张靓丽名片。[①] 有人曾经说过，宁夏沙湖是“世间少有，中国绝无仅有”的旅游资源代表地。在中国，有水有湖的地方很多，但湖光山色中没有沙的粗犷；有沙的地方不少，但浩瀚起伏中缺少水的灵性。沙湖以其天然造化，将沙与湖珠联璧合，恰好弥补了这一缺憾。

沙湖得益于其旅游资源的多样性、垄断性、组合性等综合特质，被列为全国王牌旅游景点之一。今天的沙湖，已经成为环境优美、特色鲜明、功能齐备的集旅游观光、休闲度假、生态保护于一体的旅游胜地。沙湖的沙漠和湿地资源是目前我国荒漠化湿地类型中最典型、资源最丰富、保存最完整的自然生态资源之一。沙湖以自然景观为主体，碧水、金沙、翠苇、游鱼、飞鸟、远山、彩荷等资源要素有机结合，形成了“舟行碧波翠苇间，人在如诗画中游”的独特景致，这

① 王安平、程曦：《中国十大魅力湿地——塞上传奇宁夏沙湖》，《中国农垦》2013年第12期。

里是上帝造物的奇迹、鸟的天堂、鱼的世界、人的乐园，越来越多的游客将之与“杭州的西湖”相比，赞誉其为“北方的西湖”！

三　建设成效

沙湖自1989年开发建设以来，得到国家有关部委的大力支持。在自治区党委、政府及各界的关心、帮助、支持下，各项旅游事业顺利发展，基础设施建设不断加强。自2011年以来，景区以“水利风景区”为契机、先导和载体，坚持“合理开发、文明经营、科学管理、可持续发展”的方针，抓生态保护、讲优势挖掘、促和谐发展，使景区特色更加突出，品牌效应发挥更明显，客源市场逐步拓展，员工素质不断提高，取得了良好的经济效益、社会效益、生态效益。

经过多年的开发建设，各项基础设施日益完善，水、电、通信设施完备，已经修建世纪大道、迎宾大道、景观大道、环湖路、生态停车场，同时，建成星级宾馆、餐厅、码头、船坞、医务室、商贸服务中心、游客服务中心、环保厕所等旅游服务设施。景区还拥有可满足不同游客需求的各类中高档观光游船100余艘，环保游艇和摩托艇50艘，摇橹船80条、龙舟50余条，设有接待室、VIP接待室等接待部门。近年来，为进一步提升景区服务接待功能，投资新建了景区东大门，开挖了新航道，开辟了新的旅游线路，继续丰富景点项目和旅游内容。建成了长47.7千米的环景区内部公路，建成连接高速公路出口的景观大道，进一步改善了景区的可进入性；建成功能完善、设施齐备的新门区及接待服务中心，包括有5000个停车位的生态停车场、20000平方米的新门区广场、3000平方米的游客中心和售票大厅等，在西部地区率先实现了数字化管理。

景区结合沙湖的景观特色和资源优势，建有宁夏湿地博物馆、宁夏农垦博物馆，开辟有高塔览胜、迷津荡舟、荷苑观花、乐园观鸟及鸟表演、大漠驼铃、滑沙索道、大漠冲浪、沙漠卡丁车、银河观光、空中飞伞、水上摩托、驰骋划水、天然浴场、国际沙雕艺术展等旅游项目，以及冬季的冰雕、滑冰、冰钓、冰橇、冰滑道、冰耙犁、冰上滚圈、冰上陀螺、冰车、雪雕、雪地摩托、滑雪、冬泳等60余种娱乐项目。

经过20多年的发展，景区逐渐摸索出了一套符合沙湖发展规律、富有沙湖特色的生态旅游发展之路。景区各项旅游事业和国家的方针政策紧密契合，经济效益逐年攀升。2010年，景区共接待游客87万人次，实现旅游直接营业收入1.67亿元，首次突破宁夏旅游企业年收入过亿元大关，创历史新高；实现利润2700万元；职工平均收入29500元，比2009年增加6860元。至2010年底，沙湖累计接待海内外游客900多万人次，累计实现旅游直接收入近10亿元，实现利税2亿多元，带动相关产业发展收入近40亿元，直接、间接解决了5000多人的就业问题。2010年末公司总资产为2.72亿元，净资产为1.48亿元。目前，景区已形成年均接待游客90万人次，年旅游直接收入1.6亿元的经营规模。旅游人次连续以每年10%的较高增长率递增。2014年，沙湖实现收入2.3亿元，实现利润4000多万元，接待游客118万人次。与宁夏其余两大支柱产业能源和特色农业的发展相比，在节能减排上，沙湖真真切切地履行着“无烟工业”的生态标牌，正在获得日益重要的经济效益、社会效益和生态效益。

2010年，沙湖旅游带动了当地社会经济的发展，区域内参与经营的经济实体有摊点200多个，带动景区相关产业收入1200万元，解决了5000多人的就业再就业，年均实现社会收入（按旅游业相关收入1∶5比例）达5.25亿元。沙湖旅游业已经成为促进本地区经济发展、社会进步、人民生活水平提高的新的经济增长点，对拉动区域内需、发展经济、调整结构、保护自然环境有着深远的意义，有力地推动了宁夏旅游业的进步和发展。

沙湖旅游对促进宁夏服务业转型，加快区域经济发展，调整产业结构，改善生态环境，增加职工收入发挥了重要作用。沙湖旅游已不仅是海内外游客认识宁夏、了解宁夏、体验宁夏的一次简单旅行，而已成为宁夏对外开放的窗口，精神文明建设的舞台，反映宁夏政治、经济、文化、社会全面建设辉煌成就的精装缩影。沙湖已不仅是沙湖人的沙湖、农垦人的沙湖，而已成为宁夏人的沙湖，中国人的沙湖。

四　基本经验

沙湖自1989年开发建设以来，凭借优越的资源条件和宁夏农垦人的苦干、实干精神，在自治区党委、政府及社会各界的大力支持下，坚持景区生态环境保护工作和旅游业发展“两手抓、两手都要硬”的方针，以发展旅游促进环境保护，以自然资源和环境的保护保障旅游业可持续发展，取得了辉煌成就。沙湖景区在水生态环境保护和水文化建设方面取得了显著成绩，积累了丰富的工作经验。

（一）科学规划，力促生态景区持续健康发展

1. 景区建设，规划先行

从1995年开发建设初期起，就逐步制定完善了生态保护建设规划。聘请河海大学、西北农林科技大学等院校的专家指导制定了《宁夏沙湖旅游区中远期生态建设发展规划》《宁夏沙湖湿地动植物普查报告》《宁夏沙湖湿地经济发展项目可行性报告》等文件，明确了生态环境保护与建设的目标、措施和任务。并就沙湖生态旅游区可持续发展问题与之进行了技术与研究方面的合作，先后选派多名业务骨干赴河海大学学习培训，增强环境保护的技术力量。1998年，沙湖自然保护处聘请区内外知名专家，组织编订了《宁夏沙湖自然保

护区总体规划》，详细介绍了保护区的地理位置、建设目的、任务、性质，介绍了保护区的自然条件和生物资源、社会经济概况、历史沿革与现状，规定了经营原则和建设方针、生物资源保护设计、多种经营设计、旅游工程设计、道路工程设计、组织机构与人员编制、效益评价等重要内容。1999 年，沙湖自然保护处聘请自治区环境保护研究所的专家考察论证后制定了《宁夏沙湖自然保护区综合考察报告》，就沙湖自然旅游区的生态建设进行了深入细致的评估、设计，拿出了科学、可行的生态建设规划。两个规划成为促进景区资源环境保护的“小宪法”。

另外，景区先后历经四轮生态景区总体规划修编，逐步确定了沙湖生态旅游景区可持续发展主旨。在几轮规划修编过程中，景区始终坚持一切工作围绕总规进行，以总规为纲，发展为要，走出了一条波澜壮阔的沙湖改革发展之路。第四轮规划巩固了《宁夏旅游业“十一五”规划》的成果，承接《宁夏旅游业“十二五”规划》，将沙湖旅游区作为宁夏龙头旅游景区之一，凭借宁夏首府银川市“一小时经济区”和隶属辖区宁夏石嘴山市大武口区“半小时生活区”的特殊地域优势，将之纳入“塞上江南新天府”核心旅游板块并作为“黄河金岸”沿黄城市带重要节点，使沙湖旅游景区的开发建设与周边地区的生态环境保护、旅游开发和经济社会发展相协调。

2. 加强环境监测，增加资金投入

总规在实施时，严格注意政策的延续性和实施的可行性。在具体的生态景区持续健康发展之路上，制定了多项环境保护政策与措施。

一是多管齐下坚持强化环境监测与保护。与自治区及市、县等林业和环保部门进行技术合作，在景区内设立了 10 个陆地及水样观测点，定期定点对景区的水、大气、环境等进行监测评估，确保景区良好的生态环境。利用亚行贷款投资建设沙湖湿地和鸟类观测站工程，对强化和完善沙湖鸟类保护、环境保护及生态建设起到了积极的促进作用。

依据《中华人民共和国环境保护法》《宁夏回族自治区自然保护区管理办法》等法律、法规申请自治区人大制定《宁夏沙湖自然保护区管理条例》，明确管理机构、管理人员、参与人员、所属部门的责任和义务，用以指导、组织、实施资源管理保护工作。在环保专家的指导下，对景区内的沼泽生态系统、沙漠景观、鸟类等采取有效保护措施，以拯救濒危、珍稀动植物。修建瞭望塔、观鸟台，设立观察点，制定保护区管理规章制度，配备治安民警对鸟类保护区进行24小时巡视，保证鸟类繁衍生息。严格按照ISO14001环境质量管理体系认证的要求，规范景区开发、建设行为，对景区旅游基础设施、旅游接待设施、旅游配套设施的立项、审批、建设做到“三同时”，并邀请自治区环保部门对项目进行环境因素评价分析，对影响景区资源保护的项目坚决予以取缔。

二是确保生态资源持续发展资金投入到位。1999～2001年，国家发改委先后投入2700万元资金，建成了垃圾填埋场（占地面积90亩，填埋垃圾20万立方米）、南岸北岸污水处理站（占地5.2亩，南岸每小时处理污水20立方米，北岸每小时处理污水240立方米）、沙湖环湖路（37.4千米）、世纪大道（主干路长1.37千米），这些资金的投入和设施的建设，极大地改善了沙湖基础设施的面貌。自2006年以来，景区逐年加大对资源保护的投入，如2006年为182.6万元，2010年达到了294.4万元。以2010年为例，沙湖景区用于资源环境保护单项的经费占到旅游总收入的2.5%以上，这些资金投入为景区走上健康、快速的可持续发展道路起了决定性作用，确保了沙湖景区民族文化、传统文化和旅游资源的有效传承和保护。

（二）多方筹谋，打造清洁能源生态景区

沙湖始终坚持“保护、开发、利用并举”的原则，把保护沙湖自然特色的完整性放在首位，确立了“全面保护景区自然环境，最

大限度恢复和发展生物资源，合理利用自然资源为人类造福”的沙湖生态发展宗旨，以生态、经济效益兼顾为目标，促进了景区旅游事业的全面协调、可持续发展。

1. 湖中寻宝，芦苇搭棚

坚持使用各种可再生的湖中自产芦苇资源建设景区硬件设施设备，逐步淘汰掉了一些影响景区外观或者环境污染大，不利于可持续发展的各种建筑资源。使用湖中自产芦苇搭设景区凉棚和建筑，在保持景观自然独特风格的同时，极大地节约了建筑材料，减少了建筑污染源。景区多处节点实现了芦苇搭草棚的总体建筑要求。该项工作还被写入2002年景区规划纲要并一直延续至今，已成为沙湖一道独特的风景线。

2. 积极筹建无排放生态旅游项目

坚持构建无污染无排放绿色生态旅游项目。一是1990年7月，沙湖旅游公司首次引进滑沙项目，积极打造生态型滑沙旅游项目，同时购买滑沙板40块，供游客使用。截至2013年底，共有滑沙板150块，使滑沙成为沙上主要娱乐项目。索道建成后，游客可通过索道进入滑沙场地。二是1990年8月，沙湖旅游公司从内蒙古阿左旗购买已驯化的骆驼10峰，增加了沙上骑骆驼沙漠旅游项目。1991年6月，为了扩大这一优势项目，沙湖旅游公司与内蒙古阿左旗边防部队联合经营骆驼项目，骆驼增加到40峰。目前共有骆驼85峰。沙湖旅游公司的沙上娱乐项目1990年5月仅有两项，目前已增加到18项，主要有滑草、滑道、滑索、沙漠骆驼、卡丁车等。

3. 沙雕建设，点石成金

景区利用沙湖丰富的沙资源，积极创新，学习国内和国外同行经验，积极开拓沙雕旅游市场，坚持筹办具有国际影响的各种沙雕观赏旅游项目。自2002年8月开始，“沙湖国际沙雕园”落成开幕以后，在沙湖旅游区定期举行沙雕比赛颁奖仪式已成惯例。在历届沙雕大赛上，已有来自澳大利亚、英国、美国、法国、西班牙、日本、俄罗斯、中国、新加坡、丹麦十国的沙雕艺术家的诸多作品获奖，如《水城威尼斯》等精品沙雕作品（由于风蚀的原因，沙湖旅游区每年要对沙雕作品进行维护更新）。其中，涌现出了一批游客爱不释手的经典作品。最为游客关注的是2005年以“中国红色旅游年”为主题创作的“万里长城、会师楼、延安宝塔上、一大会址、井冈山、六盘山、韶山冲”。

（三）节能减排，坚守生态旅游优势阵地

为了保持沙湖景区的自然美景，走可持续发展的道路，景区先后依照ISO9001国际质量管理体系及ISO14001国际环境质量管理体系认证标准，建立健全了科学有效的节能减排措施。

1. 开设环保项目，减少污染源

首先，禁止燃油交通工具进入景区，同时为减少水上船艇的过度使用，与银川顺利迪公司合作开展环保电瓶观光车项目，年运送游客70万人次以上，该项目对沙湖的环境保护发挥着积极作用。同时，修建环保生态星级厕所，减少对沙湖的污染。

2. 兴建环保设施，处理污染物

2002年投资873万元，建设了南北两岸2个污水处理厂和1个北岸垃圾处理场，并于2004年竣工投入使用，两项工程投入使用，解决了景区及周边各餐饮网点所产生的生活垃圾污染环境问题，提高了景区的生活污水和垃圾处理能力。

对湖面做到“四无一禁止”，即：无垃圾、无大颗粒硬物、无漂浮物、无污染源和禁止烧烤；对饭店、摊贩等商业网点通过加强区容卫生综合整治，坚持“四自一包”责任制（自觉清扫、自觉维护、自觉监督、自觉宣传、门前包片），提高卫生保洁质量。

3. 厉行环境整治，恢复原貌景观

近年来随着沙湖游客人数的增加，生态环境保护的压力较大，但景区宁肯牺牲眼前的经济利益，不为破坏生态环境付出代价。2009年投资1000多万元对自然保护区范围内的6500多平方米乱建乱搭的违章建筑设施和与景观不协调的娱乐项目、商业网点进行了拆除清理整治，拆除了景区南岸与沙漠景观极不协调、又严重污染和影响景观资源的建筑设施，铺设沙漠木栈道，用生态木房替换了原有的铁皮活动房；改建污水处理厂，新建环保公厕7座，对原有5座公厕进行了改建和整修，设立垃圾中转站8座，分类垃圾桶258个。整个环境整治工作历时近八个月时间，耗费人力4万余人次，使景区生态面貌得到很大改善，共清理垃圾50余吨，还原了沙湖景观的原貌。

4. 大力植树种草，营造原生态

进一步绿化美化沙湖景区及周边环境，降低和减少了废气、粉尘等污染物对沙湖的污染，努力营造原生态景区。投资800多万元重点对景观大道、新门区广场进行了绿化美化，沿运河种植了芦苇3200多亩，树木3万余株。到目前为止，景区已实现植树近20万株，草地覆盖面积8.7万平方米，修建南北岸码头2000多平方米，拓宽改造新码头航道5千米。2008～2009年，沙湖旅游公司又投入40余万元资金，对景区原有的导向标识标牌全部予以替换和更新，使景区面貌焕然一新，绿化、美化、亮化深受游客好评。

采取灌溉引水与生物种植相结合的措施，将沙湖东南部沼泽湿地近10万亩纳入自然保护区范围之内，进行综合治理，开发种植人工芦苇8000亩，在原有观赏荷花近8000亩的基础上，又扩种荷花2000亩，并积极发展水产业。下一步，还将依据专家意见继续扩湖增加湿地，计划扩湖26000亩，扩种芦苇6000亩，荷花5000亩，利用人工和自然生长的芦苇、荷花对湖水进行生物净化，确保补进湖中的水质达标，以降低湖水中氮、磷、钾等营养物质及化肥农药等残留物超标情况，有效促进沙湖周边大的生态环境的改善，为沙湖的长远发展提供重要的资源和空间。

5. 调整经营思路，拒绝二次污染

加强了与石嘴山市环保局的合作，定点对景区的水、大气、环境进行监测，严格控制“三废”排放，确保景区良好的生态环境；加大了对景区燃油船只的淘汰力度，多处筹措资金建造无污染、低噪声的环保电瓶观光游船，投资1000余万元，建造了20条无污染、仿古型环保电瓶观光游船，由于原有的4艘柴油发动机大船和30艘燃油型快艇排出的废气、废物严重地污染了空气和沙湖水环境，沙湖积极筹措资金用于更新改造燃油船只，将原有30艘燃油型快艇全部改造为环保型豪华快艇，先后建造了28艘大型仿古环保电瓶观光游船投入使用，适时引进了有江南特色的摇橹船80条供游客参与，彻底淘汰了燃油船只。进一步改善了景区的水域、空气和环境质量，良好的自然环境和先进的管理措施为沙湖赢得了广泛赞誉；减少了汽车、拖拉机、公交车等交通工具的使用量，在景区内逐步推广使用了环保型生态旅游交通工具；加强了对景区污水、垃圾处理场的管理，确保污水、垃圾处理率达到100%；拟继续加大生态免水冲式厕所的使用率，减少污水排放。

6. 广泛动员，深入宣传环保

设立广播宣传站、制作宣传牌、建立监督岗，每天对游客进行环境保护教育，使广大游客在观光游览过程中增长见识，树立保护环境、保护生态的意识。今后，还要制定《沙湖旅游区环境保护管理办法》、“沙湖员工环境保护十不准”等制度，定期聘请区、市环保专家、学者到沙湖来举行环保专题讲座，提升干部、员工的环境保护意识。上述措施会使沙湖的资源和环境得到更有效保护，为沙湖的湿地、沼泽、湖泊、沙漠及其各种动植物资源营造良好的生态环境，为积极申报国家生态旅游示范区奠定坚实的基础。

7. 多策并举，保护旅游生态资源

依托沙湖得天独厚的生态湿地资源，沙湖旅游公司抢抓机遇，投资3000万元，建成了西部第一、全国第二的湿地与鸟类博物馆——宁夏湿地博物馆，以湿地知识普及和鸟类博览为主要内容，成为提升景区文化品位的一大亮点，使广大游客在畅游自然、回归自然的同时，保护自然、保护湿地、保护鸟类，为提升宁夏生态建设水平和保持旅游业科学发展做出了表率。

针对沙湖生态保护区专业人才缺乏，短期内难以培养、成熟、到位的现状，与国内资源保护研究工作较为有名的河海大学、同济大学、中国环境科学研究院等科研院所、高校建立了技术合作项目，请他们定期为沙湖培训环保技术人员；加强与自治区、石嘴山市、平罗县环保管理部门的联系，促使其将沙湖纳入国家检测体系网络之中，在景区设立沙漠、水质、土壤、气体、动物、植物观测点，定期对景区资源进行检测评估，强化对生态环境的管理。

进一步加强对景区的沼泽、湿地、鸟类等生态系统的有效保护。在中国林科院、宁夏大学等单位鸟类专家的指导下，加强了对湿地生态系统、沙漠景观、鸟岛等处的保护力度，针对沙湖珍稀鸟类在孵化繁殖期易遭偷盗的情况，为加强防范，投资370万元建设了瞭望站和观察点，配备了30名治安员和7名专职工作人员在鸟类保护区24小时巡视。出台了沙湖自然保护区管理办法和“三不许”（即保护区内不允许捕杀、不允许接近、不允许大声喧哗）等规章制度，对员工和游客进行必要的约束。每年冬季铲收湖泊内芦苇时，沿鸟类核心保护区留出的缓冲带，禁止进入或进行铲收作业。目前，保护区鸟类已由建立之初的11目24科98种，增加到17目44科178种，鸟类数量最多时可达150万只。

（四）文化为魂，打造生态旅游沙湖特色文化品牌

沙湖所处地域因战略地位非常重要，自明朝开始即为军事要塞，集中体现了以农耕文化、游牧文化和军垦文化为主的边塞文化。新中国成立后的20世纪50年代初，一批又一批复转军人、支边青年、大专院校毕业生、科技人员和城市知识青年及库区移民，相继从祖国四面八方汇集到塞外边疆，加入沙湖建设的行列中。可以说沙湖是历史文化富集区，黄河文化、游牧文化、边关文化、移民文化、军垦文化、知青文化在这里相逢相撞，相融相汇，形成了多元并存、相互辉映的繁荣景象和移民屯垦、戍边的边塞文化。

一是积极构建生态文化载体。通过创办和制作《沙湖》《沙湖之歌》《美丽的沙湖》《沙湖传说》《沙湖影像》等刊物、书籍和影像资料，对外展示沙湖独特的文化内涵，吸引了一些著名作家和书法家到景区创作采风，使沙湖生态文化形成了富有时代性、独特性、创新性的综合文化生态体系。

二是提炼四大文化生态发展主题。①水文化主题。为了丰富沙湖旅游内涵，挖掘沙湖旅游文化，沙湖旅游公司围绕景区生态资源特色，做足“水”文化：开辟了具有江南水乡特色的迷津荡舟休闲项目，丰富了水上旅游文化的内涵；连续开展了十届“沙湖杯”龙舟邀请赛，承办了第七届全国少数民族传统体育运动会龙舟、赛马两项比赛，举办了西部青少年横渡沙湖游泳大赛、全国垂钓大赛等旅游文化赛事，促进了体育与旅游的融合。②鸟文化主题。做活“鸟”文化：建设了宁夏湿地博物馆、观鸟台、百鸟乐园，通过招商引资引进了鸟表演项目，凸显了人与自然的和谐，也使沙湖成为我国西部首个设鸟表演项目的景区；开展了沙湖国际观鸟节，促进了科普与旅游的结合。③沙文化主题。做精“沙”文化：先后连续举办了六届国际沙雕艺术节，邀请了来自世界20多个国家的300多名中外沙雕艺术

家到沙湖开展沙雕创作，建成了沙湖国际沙雕艺术城，促进了艺术与旅游的融合。④地域文化主题。做大做强“地域”文化：充分利用景区所处的地域优势，充分展示宁夏独特的游牧文化、黄河文化、回乡文化、西夏文化、军垦文化等，并先后举办了四届西部少数民族民歌（花儿）大赛、少数民族青年歌手大奖赛，为弘扬民族文化做出了积极贡献，促进了民族文化与旅游的结合。

三是积极丰富生态旅游文化内涵。沙湖十分重视生态旅游文化的发展，相继成立了文艺演出队、军乐队和龙舟队，连续多年举办生态旅游文化节庆活动和比赛。如坚持举办“沙湖国际沙雕节”“沙湖大漠冰雪艺术节”“沙湖荷花艺术节”“沙湖杯龙舟邀请赛”“绿色农垦旅游文化节”等重大生态文化活动，组织开展摄影展，书法、书画比赛，适时在景区开展大规模的“提升公民旅游文明素质”签名等活动，吸引广大游客积极参与，既丰富了景区的生态旅游文化内涵，又扩大了沙湖的社会影响，提升了知名度和文明建设水平。

四是创新生态文化元素。2008 年以来，沙湖采取措施不断强化项目包装和宣传，引进江南水乡文化，满足高端游客旅游需求，新建多艘豪华仿古电瓶船，购置 80 条摇橹船，倾力打造“沙湖摇橹，水乡韵致”旅游生态新线路；投资建设了沙湖湿地与鸟类博物馆，并使之成为融湿地与鸟类保护、湿地观光和湿地与鸟类保护教育为一体的生态型湿地与鸟类博物馆，成为沙湖新的旅游项目和亮点。沙湖率先在我国北方旅游景区开发引进了人鸟同乐项目，尝试驯化本土鸟类表演，形成融湿地观光、鸟文化展示为一体的沙湖鸟文化雏形。在景区开展了具有回族特色、伊斯兰风情的宁夏花儿文艺表演。与此同时，为提升景区文化品位，投资新建了景区东大门，突出文化内涵，新门区主体外观为展翅翱翔的天鹅，代表着沙湖旅游区展翅高飞；在新门区北侧建设了鹤舞文化广场，逼真的丹顶鹤群，徜徉在山石水瀑之中，仿佛人间仙境，实为游客夏季休闲纳凉极佳之处。建筑群与景区的生态环境、历史文化氛围相呼应，突出体现了沙湖景区沙、水、苇和湿地生态建设的和谐发展。

参考文献

1. 何文垣、乔世珊：《搭建水利风景区发展网系》，《中国水利报》2005 年 12 月 10 日。
2. 詹卫华：《水利风景区建设与管理实践探索》，中国环境出版社，2013。
3. 李鹏、董青：《水利旅游概论》，高等教育出版社，2014。
4. 胡四一：《努力建设中国特色水生态文明》，《中国水利》2013 年第 15 期。
5. 翟浩辉：《发展水利风景区促进生态文明建设》，《中国水利报》2013 年 3 月 15 日。
6. 祁正卫：《水利风景区：美丽中国“新名片”》，《中国经济导报》2013 年 12 月 26 日。
7. 詹卫华：《加强水利风景区建设与管理为构建生态文明服务》，《中国水利》2010 年第 15 期。
8. 吴殿廷、周伟、戎鑫、邢军伟：《水利风景区的旅游开发和规划若干问题》，《水利经济》2006 年第 5 期。
9. 王会战：《我国水利风景区旅游开发存在的问题及对策》，《经济与社会发展》2007 年第 1 期。
10. 赵敏：《中国生态水工思想考察——以都江堰为例》，《长沙铁道学院学报》（社会科学版）2005 年第 1 期。
11. 钟林生、唐承财、詹卫华：《基于生态文明理念的水利生态旅游发展策略》，《中国水利》2011 年第 2 期。
12. 江用峰：《对中国水利旅游发展的几点战略思考》，《中国水利报》2011 年 4 月 29 日。
13. 陈才明、曾广恩、李春晋：《城市河道的景观生态破坏机理及协调途径探讨》，《中国水利》2011 年第 2 期。
14. 邓雅敏、高华：《山东水利风景区资源类型与发展格局分析》，《山东水利》2014 年第 2 期。
15. 李锋、张德进：《浅谈我国发展水利旅游的四大基石》，《海河水利》2003 年第 3 期。
16. 李孟顺：《深入学习实践科学发展观加强水利风景区建设管理》，《河南水利与南水北调》2008 年第 12 期。
17. 刘晓鹏、范立柱：《广州市水生态文明城市建设试点实施方案浅析》，《广东水利水电》2014 年第 9 期。
18. 陈元夫：《民生水利视野下的水利旅游发展策略》，《中国旅游报》2011 年 6 月 22 日。
19. 胡争上、苏冠群：《水利风景区迎来发展新机遇》，《中国水利报》2010 年 3 月 19 日。
20. 钟再群：《从六个方面入手进一步推进水利风景区建设工作》，《湖南水利水电》2007 年第 1 期。
21. 刘继永：《实践科学发展观需要加快水利建设》，《中国水利报》2009 年 1 月 15 日。
22. 李柏文、吴倩倩、王林生：《水利旅游价值及其发展研究》，《旅游调研》2013 年第 8 期。

附　　录

Appendix

BLUE BOOK

B.16

国家水利风景区名录（2001～2014年）

附录1：国家水利风景区名录（2001～2014年）

序号	行政隶属	景区名称	类型	批次
1	水利部(2)	黄河小浪底水利枢纽水利风景区	水库型	3
2		黄河万家寨水利枢纽水利风景区	水库型	3
3	长委(2)	丹江口市松涛水利风景区	水库型	6
4		丹江口大坝水利风景区	水库型	13
5	黄委(21)	黄河三门峡大坝水利风景区	水库型	2
6		河南黄河花园口水利风景区	自然河湖型	2
7		济南百里黄河水利风景区	自然河湖型	3
8		山西永济黄河蒲津渡水利风景区	自然河湖型	4
9		开封黄河柳园口水利风景区	自然河湖型	4
10		濮阳黄河水利风景区	自然河湖型	5
11		范县黄河水利风景区	自然河湖型	6

续表

序号	行政隶属	景区名称	类型	批次
12	黄委(21)	潼关县金三角黄河水利风景区	自然河湖型	6
13		河南台前县将军渡黄河水利风景区	自然河湖型	7
14		山东淄博黄河水利风景区	自然河湖型	7
15		河南孟州黄河开仪水利风景区	自然河湖型	8
16		山东滨州黄河水利风景区	自然河湖型	9
17		东阿黄河水利风景区	自然河湖型	10
18		德州黄河水利风景区	自然河湖型	10
19		垦利县黄河口水利风景区	自然河湖型	10
20		山东邹平黄河水利风景区	自然河湖型	11
21		山东菏泽黄河水利风景区	自然河湖型	11
22		甘肃庆阳南小河沟水利风景区	水土保持型	11
23		河南故县洛宁西子湖水利风景区	水库型	11
24		利津县黄河生态水利风景区	自然河湖型	12
25		洛阳孟津黄河水利风景区	自然河湖型	14
26	淮委(2)	舞钢市石漫滩水库水利风景区	水库型	1
27		沂河刘家道口枢纽水利风景区	城市河湖型	13
28	海委(2)	德州市漳卫南运河水利风景区	水库型	4
29		迁西县潘家口水利风景区	水库型	5
30	松辽委(2)	兴安盟市察尔森水库水利风景区	水库型	5
31		齐齐哈尔市尼尔基水利风景区	水库型	7
32	太湖局(1)	吴江市太湖浦江源水利风景区	城市河湖型	11
33	北京(3)	昌平区十三陵水库水利风景区	水库型	1
34		怀柔区青龙峡水利风景区	水库型	2
35		门头沟区妙峰山水利风景区	水土保持型	9
36	天津(2)	北辰区北运河水利风景区	城市河湖型	3
37		东丽区东丽湖水利风景区	城市河湖型	3
38	河北(16)	秦皇岛市桃林口水库水利风景区	水库型	2
39		鹿泉市中山湖水利风景区	水库型	4
40		秦皇岛市燕塞湖水利风景区	水库型	4

续表

序号	行政隶属	景区名称	类型	批次
41	河北(16)	衡水市衡水湖水利风景区	湿地型	4
42		平山县沕沕水水利风景区	自然河湖型	5
43		武安市京娘湖水利风景区	水库型	5
44		邢台县前南峪生态水利风景区	水土保持型	6
45		邢台县凤凰湖水利风景区	水库型	6
46		承德市庙宫水库水利风景区	水库型	6
47		邯郸市东武仕水库水利风景区	水库型	6
48		迁安市滦河生态防洪水利风景区	城市河湖型	7
49		沽源县闪电河水库水利风景区	水库型	9
50		丰宁县黄土梁水库水利风景区	水库型	10
51		魏县梨乡水城水利风景区	城市河湖型	14
52		临漳邺城公园水利风景区	城市河湖型	14
53		衡水滏阳河水利风景区	城市河湖型	14
54	山西(16)	太原市汾河二库水利风景区	水库型	2
55		忻州市汾源水利风景区	水库型	2
56		太原市汾河水利风景区	城市河湖型	5
57		阳泉市翠枫山水利风景区	水库型	8
58		平顺县太行水乡水利风景区	水库型	8
59		晋城市山里泉自然风光水利风景区	水库型	8
60		吕梁市柳林县昌盛水保示范园水利风景区	水土保持型	8
61		盂县藏山水利风景区	自然河湖型	8
62		朔州市桑干河湿地水利风景区	水库型	8
63		宁武县暖泉沟水利风景区	水土保持型	12
64		汾河水库水利风景区	水库型	12
65		沁县北方水城水利风景区	城市河湖型	12
66		长子县精卫湖水利风景区	水库型	12
67		繁峙县滹源水利风景区	自然河湖型	13
68		原平滹沱河水利风景区	自然河湖型	14
69		长治漳泽湖水利风景区	水库型	14

续表

序号	行政隶属	景区名称	类型	批次
70	内蒙古(23)	赤峰市红山湖水利风景区	水库型	4
71		赤峰市宁城县打虎石水利风景区	水库型	4
72		包头市石门水利风景区	水库型	4
73		鄂尔多斯市巴图湾水利风景区	水库型	4
74		巴彦淖尔市黄河三盛公水利风景区	水库型	5
75		赤峰市南山水土保持示范园水利风景区	水土保持型	6
76		赤峰市达理诺尔水利风景区	湿地型	6
77		鄂尔多斯市杭锦旗七星湖沙漠水利风景区	湿地型	6
78		赤峰市喀喇沁旗锦山水上公园水利风景区	城市河湖型	6
79		呼和浩特市和林县前夭子水库水利风景区	水库型	7
80		兴安盟科右中旗翰嘎利水库水利风景区	水库型	7
81		鄂尔多斯市沙漠大峡谷水利风景区	水库型	7
82		赤峰市阿鲁科尔沁旗达哈拉湖水利风景区	自然河湖型	8
83		赤峰市巴林左旗沙那水库水利风景区	水库型	8
84		呼和浩特市敕勒川(哈素海)水利风景区	水库型	8
85		锡林郭勒盟多伦县西山湾水利风景区	水库型	8
86		巴彦淖尔市二黄河水利风景区	灌区型	9
87		牙克石市凤凰湖水利风景区	水库型	9
88		呼和浩特市白石水利风景区	水库型	10
89		鄂尔多斯市砒砂岩水利风景区	水土保持型	11

续表

序号	行政隶属	景区名称	类型	批次
90	内蒙古(23)	额济纳旗东居延海水利风景区	自然河湖型	11
91		巴彦淖尔德岭山水库水利风景区	水库型	14
92		赤峰德日苏宝冷水库水利风景区	水库型	14
93	辽宁(8)	本溪县关门山水利风景区	水库型	2
94		抚顺市大伙房水库水利风景区	水库型	2
95		大连市碧流河水利风景区	水库型	4
96		朝阳市大凌河水利风景区	城市河湖型	5
97		沈阳市汤河水库水利风景区	水库型	5
98		抚顺县关山湖水利风景区	水库型	5
99		沈阳市浑河水利风景区	城市河湖型	8
100		沈阳市蒲河水利风景区	城市河湖型	12
101	吉林(22)	长春市新立湖水利风景区	水库型	2
102		集安市鸭绿江水利风景区	水库型	2
103		磐石市黄河水库水利风景区	水库型	3
104		长春市石头口门水库水利风景区	水库型	3
105		通化市桃园湖水利风景区	水库型	4
106		舒兰市亮甲山水利风景区	水库型	4
107		长春市净月潭水库水利风景区	水库型	5
108		东辽县白泉镇聚龙潭水库水利风景区	水库型	5
109		松原市查干湖水利风景区	自然河湖型	6
110		梅河口市磨盘湖水利风景区	水库型	7
111		延吉市布尔哈通河水利风景区	城市河湖型	8
112		长白县十五道沟水利风景区	自然河湖型	8
113		松原市龙坑水利风景区	自然河湖型	9
114		吉林市松花江清水绿带水利风景区	城市河湖型	9
115		白城市嫩水韵白水利风景区	灌区型	11
116		四平市二龙湖水利风景区	水库型	11
117		沙河水库水利风景区	水库型	12

续表

序号	行政隶属	景区名称	类型	批次
118	吉林(22)	长岭县龙凤湖水利风景区	水库型	12
119		东辽县鴜鹭湖水利风景区	水库型	13
120		松原市哈达山水利风景区	水库型	13
121		和龙市龙门湖水利风景区	水库型	13
122		和龙图们江流域红旗河水利风景	自然河湖型	14
123	黑龙江(27)	安达市红旗泡水库红湖水利风景区	水库型	1
124		五常市龙凤山水利风景区	水库型	3
125		五大连池市山口湖水利风景区	水库型	5
126		甘南县音河水库水利风景区	水库型	6
127		齐齐哈尔市劳动湖水利风景区	城市河湖型	6
128		佳木斯市柳树岛水利风景区	自然河湖型	6
129		鹤岗市鹤立湖水利风景区	水库型	7
130		密山市农垦兴凯湖第二泄洪闸水利风景区	水库型	7
131		哈尔滨市太阳岛水利风景区	湿地型	8
132		密山市当壁镇兴凯湖水利风景区	自然河湖型	8
133		哈尔滨市白鱼泡水利风景区	湿地型	9
134		黑河市法别拉水利风景区	水库型	9
135		密山市青年水库水利风景区	水库型	9
136		孙吴县二门山水库水利风景区	水库型	9
137		伊春市红星湿地水利风景区	湿地型	10
138		伊春市上甘岭水利风景区	自然河湖型	10
139		伊春市卧龙湖水利风景区	水库型	10
140		伊春市乌伊岭水利风景区	湿地型	10
141		伊春市新青湿地水利风景区	湿地型	10
142		伊春市伊春河水利风景区	城市河湖型	10
143		哈尔滨市西泉眼水利风景区	水库型	10
144		哈尔滨市呼兰富强水利风景区	自然河湖型	11
145		哈尔滨市金河湾水利风景区	城市河湖型	13

续表

序号	行政隶属	景区名称	类型	批次
146	黑龙江(27)	大庆市黑鱼湖水利风景区	湿地型	13
147		鹤岗市清源湖水利风景区	水库型	13
148		兰西县河口水利风景区	水库型	13
149		伊春市滨水新区水利风景区	城市河湖型	13
150	上海(4)	松江区松江生态水利风景区	城市河湖型	3
151		青浦区淀山湖水利风景区	城市河湖型	6
152		海湾区碧海金沙水利风景区	自然河湖型	7
153		浦东新区滴水湖水利风景区	城市河湖型	9
154	江苏(45)	溧阳市天目湖旅游度假水利风景区	水库型	1
155		江都市水利枢纽水利风景区	城市河湖型	1
156		徐州市云龙湖水利风景区	水库型	2
157		扬州市瓜洲古渡水利风景区	自然河湖型	2
158		淮安市三河闸水利风景区	水库型	3
159		泰州市引江河水利风景区	水土保持型	3
160		苏州市胥口水利风景区	水库型	4
161		淮安市水利枢纽水利风景区	水库型	4
162		淮安市古运河水利风景区	城市河湖型	5
163		盐城市通榆河枢纽水利风景区	灌区型	5
164		姜堰市溱湖水利风景区	湿地型	5
165		南京市金牛湖水利风景区	水库型	6
166		宜兴市横山水库水利风景区	水库型	6
167		无锡市梅梁湖水利风景区	自然河湖型	7
168		泰州市凤凰河水利风景区	城市河湖型	7
169		南京市外秦淮河水利风景区	自然河湖型	8
170		宿迁市中运河水利风景区	城市河湖型	8
171		徐州市故黄河水利风景区	城市河湖型	9
172		太仓市金仓湖水利风景区	城市河湖型	9
173		南京市珍珠泉水利风景区	水库型	9
174		南京市天生桥河水利风景区	自然河湖型	9

续表

序号	行政隶属	景区名称	类型	批次
175	江苏(45)	邳州市艾山九龙水利风景区	水库型	10
176		赣榆县小塔山水库水利风景区	水库型	10
177		淮安市樱花园水利风景区	水土保持型	11
178		如皋市龙游水利风景区	城市河湖型	11
179		无锡市长广溪湿地水利风景区	湿地型	12
180		连云港市花果山大圣湖水利风景区	水库型	12
181		宝应县宝应湖湿地水利风景区	湿地型	12
182		盐城市大纵湖水利风景区	湿地型	12
183		泗阳县泗水河水利风景区	城市河湖型	12
184		盱眙县天泉湖水利风景区	水库型	12
185		淮安市清晏园水利风景区	城市河湖型	12
186		淮安市古淮河水利风景区	城市河湖型	12
187		苏州市旺山水利风景区	水土保持型	13
188		张家港市环城河水利风景区	城市河湖型	13
189		扬州市凤凰岛水利风景区	湿地型	13
190		徐州潘安湖水利风景区	自然河湖型	13
191		徐州市金龙湖水利风景区	城市河湖型	13
192		连云港市海陵湖水利风景区	水库型	13
193		金坛愚池湾水利风景区	城市河湖型	14
194		昆山明镜荡水利风景区	城市河湖型	14
195		镇江金山湖水利风景区	城市河湖型	14
196		无锡新区梁鸿水利风景区	湿地型	14
197		宿迁宿城古黄河水利风景区	城市河湖型	14
198		溧阳南山竹海水利风景区	水土保持型	14
199	浙江(26)	宁波市宁海县天河生态水利风景区	水库型	1
200		海宁市钱江潮韵度假村水利风景区	自然河湖型	1
201		奉化市亭下湖水利风景区	水库型	1
202		湖州市太湖水利风景区	自然河湖型	2

续表

序号	行政隶属	景区名称	类型	批次
203	浙江(26)	湖州市安吉县天赋水利风景区	水库型	2
204		慈溪市杭州湾水利风景区	水库型	2
205		江山市峡里湖水利风景区	水库型	3
206		新昌县沃洲湖水利风景区	水库型	3
207		绍兴市环城河水利风景区	城市河湖型	3
208		江山市月亮湖水利风景区	水库型	4
209		余姚市姚江水利风景区	城市河湖型	5
210		台州市天台山龙穿峡水利风景区	水库型	5
211		绍兴市浙东古运河绍兴运河园水利风景区	城市河湖型	7
212		安吉县江南天池水利风景区	水库型	7
213		上虞市曹娥江城防水利风景区	城市河湖型	8
214		台州市玉环县玉环水利风景区	湿地型	8
215		丽水市南明湖及生态河川水利风景区	城市河湖型	9
216		安吉县老石坎水库水利风景区	水库型	9
217		绍兴市曹娥江大闸水利风景区	自然河湖型	10
218		天台县琼台仙谷水利风景区	水库型	10
219		衢州市乌溪江水利风景区	水库型	10
220		富阳市富春江水利风景区	自然河湖型	10
221		衢州市信安湖水利风景区	城市河湖型	11
222		遂昌县十八里翠水利风景区	水库型	12
223		桐庐县富春江水利风景区	自然河湖型	13
224		松阳县松阴溪水利风景区	自然河湖型	13
225	安徽(29)	六安市龙河口(万佛湖)水利风景区	水库型	1
226		黄山市太平湖水利风景区	自然河湖型	1
227		六安市佛子岭水库水利风景区	水库型	3
228		蚌埠市龙子湖水利风景区	城市河湖型	3
229		金寨县梅山水库水利风景区	水库型	4

续表

序号	行政隶属	景区名称	类型	批次
230	安徽(29)	六安市响洪甸水库水利风景区	水库型	4
231		太湖县花亭湖水利风景区	自然河湖型	4
232		蚌埠市淮河蚌埠闸枢纽水利风景区	城市河湖型	4
233		宁国市青龙湾水利风景区	水库型	4
234		六安市横排头水利风景区	灌区型	5
235		霍邱县水门塘水利风景区	水库型	6
236		宣城市广德县卢湖竹海水利风景区	水库型	7
237		泾县桃花潭水利风景区	自然河湖型	8
238		黄山市歙县霸王山摇铃秀水水利风景区	自然河湖型	9
239		凤台县茨淮新河水利风景区	自然河湖型	9
240		霍邱县临淮岗工程水利风景区	自然河湖型	9
241		亳州市白鹭洲水利风景区	自然河湖型	9
242		阜南县王家坝水利风景区	水库型	10
243		淮南市焦岗湖水利风景区	自然河湖型	10
244		郎溪县石佛山天子湖水利风景区	水库型	10
245		黄山市石门水利风景区	水库型	10
246		芜湖市滨江水利风景区	城市河湖型	11
247		六安市淠河水利风景区	城市河湖型	11
248		岳西县天峡水利风景区	自然河湖型	12
249		来安县白鹭岛水利风景区	水库型	12
250		全椒襄河水利风景区	城市河湖型	14
251		岳西大别山彩虹瀑布水利风景区	自然河湖型	14
252		颍上八里河水利风景区	自然河湖型	14
253		肥东岱山湖水利风景区	水库型	14
254	福建(21)	福清市东张水库石竹湖水利风景区	水库型	1
255		仙游县九鲤湖水利风景区	水库型	2

续表

序号	行政隶属	景区名称	类型	批次
256	福建(21)	南平市延平湖水利风景区	水库型	5
257		永安市桃源洞水利风景区	自然河湖型	6
258		永泰县天门山水利风景区	自然河湖型	6
259		德化县岱仙湖水利风景区	水库型	8
260		尤溪县闽湖水利风景区	水库型	9
261		龙岩市梅花湖水利风景区	水库型	9
262		华安县九龙江水利风景区	水库型	11
263		永定县龙湖水利风景区	水库型	11
264		漳平市九鹏溪水利风景区	水库型	12
265		泉州市山美水库水利风景区	水库型	13
266		漳州开发区南太武新港城水利风景区	水库型	13
267		莆田市木兰陂水利风景区	灌区型	13
268		三明市泰宁水利风景区	水库型	13
269		顺昌县华阳山水利风景区	自然河湖型	13
270		武夷山市东湖水利风景区	水库型	13
271		南靖土楼水乡水利风景区	自然河湖型	14
272		邵武云灵山水利风景区	水库型	14
273		宁德东湖水利风景区	湿地型	14
274		泉州金鸡拦河闸水利风景区	水库型	14
275	江西(32)	宜春市上游湖水利风景区	水库型	3
276		景德镇市玉田湖水利风景区	水库型	3
277		贵溪市白鹤湖水利风景区	水库型	4
278		井冈山市井冈湖水利风景区	水库型	4
279		南丰县潭湖水利风景区	水库型	4
280		乐平市翠平湖水利风景区	水库型	4
281		南城县麻源三谷水利风景区	自然河湖型	4
282		泰和县白鹭湖水利风景区	水库型	4
283		宜春市飞剑潭水利风景区	水库型	4
284		上饶市枫泽湖水利风景区	水库型	5

续表

序号	行政隶属	景区名称	类型	批次
285	江西(32)	赣州市三江水利风景区	水库型	5
286		铜鼓县九龙湖水利风景区	水库型	6
287		安福县武功湖水利风景区	水库型	6
288		景德镇市月亮湖水利风景区	水库型	7
289		九江市都昌县张岭水库水利风景区	水库型	9
290		萍乡市明月湖水利风景区	水库型	9
291		会昌县汉仙湖水利风景区	水库型	10
292		南昌市赣抚平原灌区水利风景区	灌区型	10
293		星子县庐湖水利风景区	水库型	10
294		宜丰县渊明湖水利风景区	水库型	11
295		新建县梦山水库水利风景区	水库型	11
296		新建县溪霞水库水利风景区	水库型	11
297		武宁县武陵岩桃源水利风景区	自然河湖型	12
298		九江市庐山西海水利风景区	水库型	13
299		万年县群英水库水利风景区	自然河湖型	13
300		玉山县三清湖水利风景区	水库型	13
301		广丰县铜钹山九仙湖水利风景区	水库型	13
302		弋阳龟峰湖水利风景区	水库型	14
303		德兴凤凰湖水利风景区	水库型	14
304		宁都赣江源水利风景区	水库型	14
305		新干黄泥埠水库水利风景区	水库型	14
306		吉安螺滩水利风景区	水库型	14
307	山东(77)	临沂市沂蒙湖水利风景区	城市河湖型	1
308		东营市天鹅湖水利风景区	水库型	2
309		聊城市江北水城风景区	城市河湖型	3
310		诸城市潍河水利风景区	城市河湖型	5
311		泰安市天平湖水上公园水利风景区	水库型	5
312		昌乐县仙月湖风光水利风景区	水库型	5

续表

序号	行政隶属	景区名称	类型	批次
313	山东(77)	东营市清风湖水利风景区	城市河湖型	5
314		安丘市汶河水利风景区	城市河湖型	6
315		寿光市弥河水利风景区	城市河湖型	6
316		滨州市中海水利风景区	城市河湖型	6
317		广饶县孙武湖水利风景区	城市河湖型	7
318		东阿县洛神湖水利风景区	城市河湖型	7
319		胶州市三里河公园水利风景区	城市河湖型	7
320		淄博市峨庄水土保持生态水利风景区	水土保持型	7
321		枣庄市抱犊崮龟蛇湖水利风景区	水库型	7
322		海阳市东村河水利风景区	城市河湖型	7
323		莱西市莱西湖水利风景区	水库型	7
324		潍坊市峡山湖水利风景区	水库型	8
325		昌邑市潍河水利风景区	城市河湖型	8
326		滕州市微山湖湿地红荷水利风景区	湿地型	8
327		桓台县马踏湖水利风景区	自然河湖型	8
328		高唐县鱼丘湖水利风景区	城市河湖型	8
329		枣庄市岩马湖水利风景区	水库型	8
330		肥城市康王河公园水利风景区	城市河湖型	8
331		潍坊市白浪河水利风景区	城市河湖型	9
332		枣庄市台儿庄运河水利风景区	城市河湖型	9
333		淄博市太公湖水利风景区	城市河湖型	9
334		沾化县秦口河水利风景区	自然河湖型	9
335		临朐县淌水崖水库水利风景区	水库型	9
336		高青县千乘湖水利风景区	城市河湖型	9
337		高密市胶河水利风景区	城市河湖型	9
338		新泰市青云湖水利风景区	水库型	9
339		潍坊市浞河水利风景区	城市河湖型	10
340		文登市抱龙河水利风景区	城市河湖型	10

续表

序号	行政隶属	景区名称	类型	批次
341	山东(77)	胶州市少海水利风景区	城市河湖型	10
342		莱芜市雪野湖水利风景区	水库型	10
343		泰安市天颐湖水利风景区	水库型	10
344		东平县东平湖水利风景区	自然河湖型	10
345		菏泽市赵王河水利风景区	城市河湖型	10
346		滨州市三河湖水利风景区	自然河湖型	10
347		莒南县天马岛水利风景区	水库型	10
348		滨州市小开河灌区水利风景区	灌区型	10
349		沂源县沂河源水利风景区	自然河湖型	10
350		淄博市五阳湖水利风景区	水库型	11
351		青州市仁河水库水利风景区	水库型	11
352		临朐县沂山东镇湖水利风景区	水库型	11
353		莱阳市五龙河水利风景区	水库型	11
354		乳山市岠嵎湖水利风景区	水库型	11
355		沂南县竹泉水利风景区	水库型	11
356		单县浮龙湖水利风景区	水库型	11
357		惠民县古城河水利风景区	城市河湖型	11
358		无棣县黄河岛水利风景区	城市河湖型	11
359		龙口市王屋水库水利风景区	水库型	12
360		栖霞市长春湖水利风景区	城市河湖型	12
361		泗水县万紫千红水利风景区	水土保持型	12
362		乳山市大乳山水利风景区	水库型	12
363		邹平县黛溪河水利风景区	城市河湖型	12
364		招远市金都龙王湖水利风景区	城市河湖型	13
365		沾化县徒骇河思源湖水利风景区	城市河湖型	13
366		夏津县黄河故道水利风景区	水土保持型	13
367		博兴县打渔张引黄灌区水利风景区	灌区型	13
368		章丘市绣源河水利风景区	城市河湖型	13
369		济南市长清湖水利风景区	城市河湖型	13

续表

序号	行政隶属	景区名称	类型	批次
370	山东(77)	微山县微山湖水利风景区	自然河湖型	13
371		枣庄市城河水利风景区	自然河湖型	13
372		曲阜沂河水利风景区	城市河湖型	14
373		济宁蓼河水利风景区	城市河湖型	14
374		青州弥河水利风景区	自然河湖型	14
375		单县东沟河绿色生态长廊水利风景区	城市河湖型	14
376		茌平金牛湖水利风景区	城市河湖型	14
377		滨州秦皇河水利风景区	城市河湖型	14
378		寿光洰淀湖水利风景区	湿地型	14
379		烟台芝罘大沽夹河水利风景区	城市河湖型	14
380		禹城大禹文化水利风景区	城市河湖型	14
381		巨野洙水河水利风景区	城市河湖型	14
382		烟台牟平沁水河水利风景区	城市河湖型	14
383		滨州韩墩引黄灌区水利风景区	灌区型	14
384	河南(34)	信阳市南湾湖水利风景区	水库型	1
385		驻马店市薄山湖水利风景区	水库型	1
386		修武县云台山水利风景区	水库型	2
387		平顶山市昭平湖水利风景区	水库型	2
388		焦作市群英湖水利风景区	水库型	2
389		焦作市博爱青天河水利风景区	水库型	3
390		灵宝市窄口水库水利风景区	水库型	3
391		林州市红旗渠水利风景区	灌区型	4
392		驻马店市铜山湖水利风景区	水库型	4
393		信阳市香山湖水利风景区	水库型	4
394		商城县鲇鱼山水库水利风景区	水库型	4
395		西峡县石门湖水利风景区	水库型	5
396		光山县龙山水库水利风景区	水库型	5
397		许昌市白沙水库水利风景区	水库型	5
398		方城县望花湖水利风景区	水库型	6

续表

序号	行政隶属	景区名称	类型	批次
399	河南(34)	安阳市彰武南海水库水利风景区	水库型	6
400		卫辉市沧河水利风景区	水库型	7
401		驻马店市宿鸭湖水利风景区	水库型	7
402		信阳市光山县泼河水利风景区	水库型	7
403		洛阳市陆浑湖水利风景区	水库型	8
404		漯河市沙澧河水利风景区	自然河湖型	9
405		南阳市龙王沟水利风景区	水库型	9
406		信阳市北湖水利风景区	水库型	9
407		商丘市黄河故道湿地水利风景区	湿地型	10
408		南阳市鸭河口水库水利风景区	水库型	10
409		郑州市黄河生态水利风景区	自然河湖型	11
410		柘城县容湖水利风景区	城市河湖型	11
411		商丘市商丘古城水利风景区	城市河湖型	12
412		驻马店市板桥水库水利风景区	水库型	12
413		禹州市颍河水利风景区	城市河湖型	13
414		武陟嘉应观黄河水利风景区	自然河湖型	14
415		永城沱河日月湖水利风景区	城市河湖型	14
416		淮阳龙湖水利风景区	城市河湖型	14
417		民权黄河故道水利风景区	水库型	14
418	湖北(14)	荆门市漳河水利风景区	水库型	2
419		恩施市龙麟宫水利风景区	水库型	3
420		京山县惠亭湖水利风景区	水库型	4
421		襄樊市三道河水镜湖水利风景区	水库型	5
422		钟祥市温峡湖水利风景区	水库型	6
423		荆州市澨水水利风景区	水库型	7
424		武汉市夏家寺水利风景区	水库型	7
425		武汉市江滩水利风景区	城市河湖型	8
426		孝昌县观音湖水利风景区	水库型	9
427		罗田县天堂湖水利风景区	水库型	9
428		英山县毕升湖水利风景区	水库型	10

续表

序号	行政隶属	景区名称	类型	批次
429	湖北(14)	通山县富水湖水利风景区	水库型	11
430		长阳土家族自治县清江水利风景区	水库型	12
431		麻城浮桥河水利风景区	水库型	14
432	湖南(29)	张家界市溇江水利风景区	水库型	2
433		娄底市水府水利风景区	水库型	2
434		怀化市九龙潭大峡谷水利风景区	自然河湖型	3
435		衡阳市衡东洣水水利风景区	水库型	4
436		长沙市湘江水利风景区	城市河湖型	4
437		攸县酒埠江水利风景区	水库型	4
438		益阳市鱼形山水利风景区	水库型	5
439		永兴县便江水利风景区	自然河湖型	5
440		长沙市千龙湖水利风景区	水库型	5
441		湘西土家族苗族自治州大龙洞水利风景区	水库型	6
442		双牌县阳明山水利风景区	水库型	6
443		怀化市五龙溪水利风景区	水库型	7
444		长沙市皂市水利风景区	水库型	8
445		衡山县九观湖水利风景区	水库型	8
446		凤凰县长潭岗水利风景区	水库型	8
447		衡阳县织女湖水利风景区	水库型	8
448		长沙市宁乡县黄材水库水利风景区	水库型	9
449		新化县紫鹊界水利风景区	灌区型	9
450		韶山市青年水库水利风景区	水库型	9
451		衡阳县斜陂堰水库水利风景区	水库型	9
452		花垣县花垣边城水利风景区	自然河湖型	10
453		耒阳市蔡伦竹海水利风景区	水库型	11
454		澧县王家厂水利风景区	水库型	12
455		辰溪县燕子洞水利风景区	自然河湖型	12

续表

序号	行政隶属	景区名称	类型	批次
456	湖南(29)	常德市柳叶湖水利风景区	城市河湖型	13
457		益阳市皇家湖水利风景区	城市河湖型	13
458		江华瑶族自治县潇湘源水利风景区	水库型	13
459		湘潭韶山灌区水利风景区	灌区型	14
460		汉寿清水湖水利风景区	水库型	14
461	广东(10)	清远市飞来峡水利枢纽水利风景区	水库型	1
462		茂名市玉湖水利风景区	水库型	4
463		茂名市小良水土保持水利风景区	水土保持型	4
464		惠州市白盆湖水利风景区	水库型	5
465		梅州市洞天湖水利风景区	水库型	7
466		五华县益塘水库水利风景区	水库型	9
467		连州市湟川三峡水利风景区	自然河湖型	10
468		增城市增江画廊水利风景区	城市河湖型	11
469		仁化县丹霞源水利风景区	水库型	13
470		珠海竹洲水乡水利风景区	自然河湖型	14
471	广西(10)	百色市澄碧河水利风景区	水库型	2
472		北海市洪潮江水利风景区	水库型	2
473		南宁市大王滩水利风景区	水库型	2
474		南宁市天雹水库水利风景区	水库型	4
475		德保县鉴河水利风景区	自然河湖型	11
476		鹿寨县月岛湖水利风景区	水库型	12
477		南丹县地下大峡谷水利风景区	自然河湖型	13
478		柳城县融江河谷水利风景区	自然河湖型	13
479		象州县象江水利风景区	自然河湖型	13
480		靖西龙潭鹅泉水利风景区	自然河湖型	14
481	海南(3)	儋州市松涛水库水利风景区	水库型	2
482		定安县南丽湖水利风景区	水库型	6
483		琼海合水水库水利风景区	水库型	14

续表

序号	行政隶属	景区名称	类型	批次
484	重庆(12)	大足县龙水湖水利风景区	水库型	4
485		江津区清溪沟水利风景区	水库型	9
486		璧山县大沟水库水利风景区	水库型	9
487		合川区双龙湖水利风景区	水库型	9
488		黔江区小南海水利风景区	自然河湖型	9
489		武隆县山虎关水库水利风景区	水库型	9
490		潼南县从刊水库水利风景区	水库型	10
491		石柱县龙河水利风景区	城市河湖型	10
492		南岸区南滨路水利风景区	城市河湖型	11
493		永川区勤俭水库水利风景区	水库型	12
494		开县汉丰湖水利风景区	城市河湖型	12
495		璧山璧南河水利风景区	城市河湖型	14
496	四川(25)	绵阳市仙海水利风景区	水库型	2
497		三台县鲁班湖水利风景区	水库型	5
498		绵阳市安县白水湖水利风景区	水库型	5
499		自贡市双溪湖水利风景区	水库型	5
500		自贡市尖山水利风景区	水库型	6
501		盐源县凉山州泸沽湖水利风景区	自然河湖型	6
502		巴中市平昌县江口水乡水利风景区	水库型	8
503		蓬安县大深南海水利风景区	水库型	11
504		都江堰水利风景区	灌区型	13
505		汶川县水墨藏寨水利风景区	自然河湖型	13
506		绵阳市涪江六峡水利风景区	水库型	13
507		眉山市黑龙滩水利风景区	水库型	13
508		隆昌县古宇庙水库水利风景区	水库型	13
509		南充市升钟湖水利风景区	水库型	13
510		苍溪县白鹭湖水利风景区	水库型	13
511		西充县青龙湖水利风景区	水库型	13
512		遂宁市琼江源水利风景区	水库型	13

续表

序号	行政隶属	景区名称	类型	批次
513	四川(25)	乐山大渡河金口大峡谷水利风景区	自然河湖型	14
514		峨边大小杜鹃池水利风景区	自然河湖型	14
515		犍为桫椤湖水利风景区	自然河湖型	14
516		蓬安嘉陵第一桑梓水利风景区	自然河湖型	14
517		阆中金沙湖水利风景区	城市河湖型	14
518		青川青竹江水利风景区	自然河湖型	14
519		武胜太极湖水利风景区	自然河湖型	14
520		金口河大瓦山五池水利风景区	自然河湖型	14
521	贵州(22)	镇远县舞阳河水利风景区	自然河湖型	1
522		毕节市织金恐龙湖水利风景区	自然河湖型	1
523		岑巩县龙鳌河水利风景区	水库型	2
524		贞丰县三岔河水利风景区	自然河湖型	2
525		黄平县舞阳湖水利风景区	水库型	2
526		长顺县杜鹃湖水利风景区	水库型	2
527		毕节市天河水利风景区	水库型	3
528		贵阳市松柏山水利风景区	水库型	4
529		龙里县生态科技示范园水利风景区	水土保持型	4
530		贵阳市金茫林海水利风景区	水土保持型	7
531		六盘水市明湖水利风景区	水库型	11
532		关岭布依族苗族自治县木城河水利风景区	自然河湖型	11
533		遵义市大板水水利风景区	水土保持型	11
534		贵阳市永乐湖水利风景区	水库型	11
535		沿河土家族自治县乌江山峡水利风景区	水库型	11
536		罗甸县高原千岛湖水利风景区	水库型	11
537		惠水县涟江水利风景区	灌区型	12
538		剑河县仰阿莎湖水利风景区	水库型	12

续表

序号	行政隶属	景区名称	类型	批次
539	贵州(22)	铜仁市锦江水利风景区	城市河湖型	12
540		施秉县舞阳河水利风景区	自然河湖型	13
541		织金县织金关水利风景区	自然河湖型	13
542		龙里莲花水利风景区	城市河湖型	14
543	云南(16)	曲靖市珠江源水利风景区	自然河湖型	2
544		泸西县五者温泉水利风景区	水库型	2
545		普洱市梅子湖水利风景区	水库型	3
546		建水县绵羊冲水利风景区	水库型	5
547		景谷傣族彝族自治县昔木水库水利风景区	水库型	5
548		泸西县阿拉湖水利风景区	水库型	5
549		潞西市孔雀湖水利风景区	自然河湖型	5
550		普洱市西盟县勐梭龙潭水利风景区	自然河湖型	6
551		保山市北庙湖水利风景区	水库型	6
552		洱源县茈碧湖水利风景区	水库型	7
553		泸西县阿庐湖水利风景区	水库型	9
554		丘北县摆龙湖水利风景区	水库型	9
555		普洱市洗马河水利风景区	水库型	10
556		丽江市玉龙县拉市海水利风景区	水库型	11
557		文山市君龙湖水利风景区	水库型	12
558		祥云县青海湖水利风景区	水库型	13
559	西藏(2)	林芝地区措木及日湖水利风景区	自然河湖型	10
560		乃东县雅砻河谷水利风景区	自然河湖型	13
561	陕西(29)	铜川市锦阳湖水利风景区	水库型	2
562		汉中市石门水利风景区	水库型	2
563		渭南市黄河魂水利风景区	自然河湖型	3
564		安康市瀛湖水利风景区	水库型	4
565		汉中市南郑县红寺湖水利风景区	水库型	4

续表

序号	行政隶属	景区名称	类型	批次
566	陕西(29)	渭南市友谊湖休闲度假山庄水利风景区	自然河湖型	5
567		西安市霸柳生态综合开发园水利风景区	城市河湖型	5
568		商洛市丹江公园水利风景区	城市河湖型	6
569		汉中市城固县南沙湖水利风景区	水库型	7
570		咸阳市郑国渠水利风景区	灌区型	8
571		丹凤县龙驹寨水利风景区	城市河湖型	9
572		凤县嘉陵江源水利风景区	自然河湖型	9
573		宝鸡市千湖水利风景区	水库型	10
574		西安市汉城湖水利风景区	水库型	10
575		宝鸡市渭水之央水利风景区	城市河湖型	11
576		商南县金丝大峡谷水利风景区	自然河湖型	11
577		太白县黄柏塬水利风景区	自然河湖型	12
578		西安市翠华山水利风景区	自然河湖型	12
579		西安市灞桥湿地水利风景区	湿地型	12
580		宜川县黄河壶口瀑布水利风景区	自然河湖型	13
581		神木县红碱淖水利风景区	自然河湖型	13
582		户县金龙峡水利风景区	水库型	14
583		太白青峰峡水利风景区	自然河湖型	14
584		合阳洽川水利风景区	湿地型	14
585		丹凤桃花谷水利风景区	水土保持型	14
586		柞水乾佑河源水利风景区	自然河湖型	14
587		西安世博园水利风景区	城市河湖型	14
588		岐山岐渭水利风景区	自然河湖型	14
589		汉阴凤堰古梯田水利风景区	灌区型	14
590	甘肃(25)	酒泉市金塔县鸳鸯池水库水利风景区	水库型	2
591		武威市凉州天梯山水利风景区	水库型	3
592		平凉市崆峒水库水利风景区	水库型	3

续表

序号	行政隶属	景区名称	类型	批次
593	甘肃(25)	酒泉市赤金峡水利风景区	水库型	4
594		高台县大湖湾水利风景区	水库型	4
595		庄浪县竹林寺水库水利风景区	水库型	4
596		泾川县田家沟水利风景区	水土保持型	4
597		嘉峪关禹苑水利风景区	自然河湖型	5
598		安西县瓜州苑水利风景区	水库型	5
599		临泽县双泉湖水利风景区	水库型	6
600		张掖市二坝湖水利风景区	水库型	6
601		张掖市大野口水库水利风景区	水库型	7
602		张掖市临泽县平川水库水利风景区	水库型	8
603		陇南市西河县晚家霞湖水利风景区	水库型	8
604		山丹县李桥水库水利风景区	水库型	9
605		阿克塞县金山湖水利风景区	城市河湖型	9
606		迭部县白龙江腊子口水利风景区	自然河湖型	10
607		临潭县冶力关水利风景区	自然河湖型	10
608		民勤县红崖山水库水利风景区	水库型	11
609		敦煌市党河风情线水利风景区	城市河湖型	11
610		玛曲县黄河首曲水利风景区	湿地型	12
611		康县阳坝水利风景区	自然河湖型	13
612		卓尼县洮河水利风景区	自然河湖型	13
613		两当云屏河水利风景区	自然河湖型	14
614		崇信龙泽湖水利风景区	城市河湖型	14
615	青海(12)	互助土族自治县南门峡水库水利风景区	水库型	5
616		西宁市长岭沟水利风景区	水土保持型	5
617		黄南藏族自治州黄河走廊水利风景区	水库型	7
618		大通县黑泉水库水利风景区	水库型	8

续表

序号	行政隶属	景区名称	类型	批次
619	青海(12)	循化县孟达天池水利风景区	自然河湖型	8
620		互助县北山水利风景区	自然河湖型	9
621		久治县年保玉则水利风景区	自然河湖型	10
622		民和县三川黄河水利风景区	自然河湖型	10
623		玛多县黄河源水利风景区	自然河湖型	11
624		囊谦县澜沧江水利风景区	自然河湖型	13
625		海西州巴音河水利风景区	自然河湖型	13
626		乌兰县金子海水利风景区	自然河湖型	13
627	宁夏(10)	青铜峡市唐徕闸水利风景区	水库型	4
628		中卫市沙坡头水利风景区	水库型	5
629		银川市艾依河水利风景区	城市河湖型	6
630		石嘴山市星海湖水利风景区	自然河湖型	7
631		灵武市鸭子荡水利风景区	水库型	10
632		石嘴山市沙湖水利风景区	自然河湖型	11
633		中卫市腾格里湿地水利风景区	湿地型	11
634		彭阳县茹河水利风景区	城市河湖型	12
635		隆德县清流河水利风景区	水土保持型	13
636		银川市鸣翠湖水利风景区	湿地型	13
637	新疆(12)	拜城县克孜尔水库水利风景区	水库型	4
638		巴音郭楞州西海湾明珠水利风景区	自然河湖型	4
639		伊犁州喀什河流域龙口水利风景区	灌区型	5
640		和田市乌鲁瓦提水利风景区	水库型	5
641		吐鲁番市坎儿井水利风景区	自然河湖型	6
642		塔城市喀浪古尔水利风景区	水库型	7
643		玛纳斯县石门子水库水利风景区	水库型	8
644		沙湾县千泉湖水利风景区	水库型	10
645		天山天池水利风景区	自然河湖型	11
646		巩留县库尔德宁水利风景区	自然河湖型	13

续表

序号	行政隶属	景区名称	类型	批次
647	新疆(12)	岳普湖县达瓦昆沙漠水利风景区	水库型	13
648		巩留县野核桃沟水利风景区	水土保持型	13
649	新疆兵团(10)	农八师石河子市北湖水利风景区	水库型	1
650		五家渠市青格达湖水利风景区	湿地型	3
651		喀什市西海湾水库水利风景区	水库型	3
652		阿拉尔市塔里木多浪湖水利风景区	水库型	4
653		阿克苏市千鸟湖水利风景区	水库型	4
654		奎屯市双湖水利风景区	水库型	4
655		石河子市巴音山庄水利风景区	水库型	5
656		石河子市桃源水利风景区	水库型	5
657		阿拉尔市塔里木祥龙湖水利风景区	灌区型	5
658		北屯市福海县布伦托海西海水利风景区	自然河湖型	6

B.17
后　记

《中国水利风景区发展报告（2015）》蓝皮书和大家见面了。这是第一本关于我国水利风景区建设与管理的研究报告，分为总报告、专题报告、案例分析和附录四个部分。既对 2014 年度全国水利风景区发展的基本情况进行了回顾和概述，也对 2001～2014 年全国水利风景区的建设与管理进展进行了较为系统的分析与评价，全面分析与反映了我国水利风景区发展动态，系统总结了水利风景区改革发展的成果。本报告运用理论与实证相结合、一般与特殊相结合、定性分析和定量分析相结合等方法，通过多学科理论知识的综合运用，结合持续多年的具体实践及典型案例分析，系统总结水利风景区发展进程，阐述水利风景区与水生态文明建设的内在关系，指出水利风景区面临的发展机遇与挑战，剖析了存在的问题，提出了对策措施，对发展前景做了展望。

水利风景区以水域（水体）或水利工程为依托，以优化水环境、保护水资源、修复水生态、维护水工程、弘扬水文化为宗旨，实现社会效益、环境效益和经济效益的有机统一。随着时代的发展和社会的进步，现代水利所进行的兴利除害事业，不仅要满足人民群众生存和经济发展的基本需求，还要服务于物质文明、精神文明、政治文明、社会文明和生态文明“五大文明”建设。水利风景区顺应了时代要求，不仅以工程设施保障了防洪安全、饮水安全、粮食安全和经济安全，还以其优美的水域风光和工程景观成为亮丽的风景，在滨水区域通过自然或人工打造形成了优美的滨水景观，为人们提供了一个又一个宜居环境，创造了一个又一个可以休闲、观光、进行宣传和接受教育的怡然空间。水利风景区已成为水生态文明和美丽中国建设的重要组成部分。

《中国水利风景区发展报告（2015）》蓝皮书是集体智慧的结晶。水利部副部长、水利部水利风景区建设与管理领导小组组长胡四一及各领导小组成员为本书编写提出了基本思路和要求。水利部综合事业局局长郑通汉及有关局领导提出了指导意见。水利部有关专家何文垣、顾浩、谭徐明、祁正卫、陈庚寅等多次参与研讨，明确编写框架。水利部水利风景区建设与管理领导小组办公室李晓华、詹卫华、司毅兵、陈吉虎等提供了诸多建设性意见。兰思仁、董建文、董青共同提出了编写提纲，汪升华、李柏文、邹秀萍、周波、李鹏、孙艺惠、陈远生、邹永广、徐增让、钟林生、李亚伟、王灵恩、谢祥财、温乐平、胡咏君、薛祺、冯冲、黄河等参加了本书的编写工作。董青、汪升华进行了统稿修改，祁正卫参与了部分章节的统稿工作。

本蓝皮书编写组在策划、研究与写作过程中，先后深入山东、江苏、河南、浙江、陕西、宁夏等地调研，召开研讨会，就目标定位、框架结构、主题特点等问题进行讨论，广泛征求意见，得到各地大力支持。本书在编写中也借鉴和吸收了学术界和水利行业管理部门实践探索的有益成果。中国社会科学院社会科学文献出版社王绯分社长、赵慧英编辑等对本书的出版提供了大力支持与帮助。在此，一并表示衷心感谢。由于各方面局限，本报告难免存在不足和问题，也请读者及时为我们提出宝贵意见，以便我们在以后的工作中予以改正。

《中国水利风景区发展报告（2015）》蓝皮书编写组

2015 年 3 月 15 日

❖ 皮书起源 ❖

“皮书”起源于十七、十八世纪的英国，主要指官方或社会组织正式发表的重要文件或报告，多以“白皮书”命名。在中国，“皮书”这一概念被社会广泛接受，并被成功运作、发展成为一种全新的出版型态，则源于中国社会科学院社会科学文献出版社。

❖ 皮书定义 ❖

皮书是对中国与世界发展状况和热点问题进行年度监测，以专业的角度、专家的视野和实证研究方法，针对某一领域或区域现状与发展态势展开分析和预测，具备权威性、前沿性、原创性、实证性、时效性等特点的连续性公开出版物，由一系列权威研究报告组成。皮书系列是社会科学文献出版社编辑出版的蓝皮书、绿皮书、黄皮书等的统称。

❖ 皮书作者 ❖

皮书系列的作者以中国社会科学院、著名高校、地方社会科学院的研究人员为主，多为国内一流研究机构的权威专家学者，他们的看法和观点代表了学界对中国与世界的现实和未来最高水平的解读与分析。

❖ 皮书荣誉 ❖

皮书系列已成为社会科学文献出版社的著名图书品牌和中国社会科学院的知名学术品牌。2011 年，皮书系列正式列入“十二五”国家重点图书出版规划项目；2012~2014 年，重点皮书列入中国社会科学院承担的国家哲学社会科学创新工程项目；2015 年，41 种院外皮书使用“中国社会科学院创新工程学术出版项目”标识。

中国皮书网

www.pishu.cn

发布皮书研创资讯，传播皮书精彩内容
引领皮书出版潮流，打造皮书服务平台

栏目设置：

- ☐ 资讯：皮书动态、皮书观点、皮书数据、皮书报道、皮书发布、电子期刊
- ☐ 标准：皮书评价、皮书研究、皮书规范
- ☐ 服务：最新皮书、皮书书目、重点推荐、在线购书
- ☐ 链接：皮书数据库、皮书博客、皮书微博、在线书城
- ☐ 搜索：资讯、图书、研究动态、皮书专家、研创团队

中国皮书网依托皮书系列“权威、前沿、原创”的优质内容资源，通过文字、图片、音频、视频等多种元素，在皮书研创者、使用者之间搭建了一个成果展示、资源共享的互动平台。

自2005年12月正式上线以来，中国皮书网的IP访问量、PV浏览量与日俱增，受到海内外研究者、公务人员、商务人士以及专业读者的广泛关注。

2008年、2011年中国皮书网均在全国新闻出版业网站荣誉评选中获得“最具商业价值网站”称号；2012年，获得“出版业网站百强”称号。

2014年，中国皮书网与皮书数据库实现资源共享，端口合一，将提供更丰富的内容，更全面的服务。

法律声明

权威·前沿·原创

社会科学文献出版社

皮书系列

2015年

盘点年度资讯 预测时代前程

社会科学文献出版社 学术传播中心 编制

社会科学文献出版社成立于1985年，是直属于中国社会科学院的人文社会科学专业学术出版机构。

成立以来，特别是1998年实施第二次创业以来，依托于中国社会科学院丰厚的学术出版和专家学者两大资源，坚持“创社科经典，出传世文献”的出版理念和“权威、前沿、原创”的产品定位，社科文献立足内涵式发展道路，从战略层面推动学术出版五大能力建设，逐步走上了智库产品与专业学术成果系列化、规模化、数字化、国际化、市场化发展的经营道路。

先后策划出版了著名的图书品牌和学术品牌“皮书”系列、“列国志”、“社科文献精品译库”、“全球化译丛”、“全面深化改革研究书系”、“近世中国”、“甲骨文”、“中国史话”等一大批既有学术影响又有市场价值的系列图书，形成了较强的学术出版能力和资源整合能力。2014年社科文献出版社发稿5.5亿字，出版图书1500余种，承印发行中国社科院院属期刊71种，在多项指标上都实现了较大幅度的增长。

凭借着雄厚的出版资源整合能力，社科文献出版社长期以来一直致力于从内容资源和数字平台两个方面实现传统出版的再造，并先后推出了皮书数据库、列国志数据库、中国田野调查数据库等一系列数字产品。数字出版已经初步形成了产品设计、内容开发、编辑标引、产品运营、技术支持、营销推广等全流程体系。

在国内原创著作、国外名家经典著作大量出版，数字出版突飞猛进的同时，社科文献出版社从构建国际话语体系的角度推动学术出版国际化。先后与斯普林格、荷兰博睿、牛津、剑桥等十余家国际出版机构合作面向海外推出了“皮书系列”“改革开放30年研究书系”“中国梦与中国发展道路研究丛书”“全面深化改革研究书系”等一系列在世界范围内引起强烈反响的作品；并持续致力于中国学术出版走出去，组织学者和编辑参加国际书展，筹办国际性学术研讨会，向世界展示中国学者的学术水平和研究成果。

此外，社科文献出版社充分利用网络媒体平台，积极与中央和地方各类媒体合作，并联合大型书店、学术书店、机场书店、网络书店、图书馆，逐步构建起了强大的学术图书内容传播平台。学术图书的媒体曝光率居全国之首，图书馆藏率居于全国出版机构前十位。

上述诸多成绩的取得，有赖于一支以年轻的博士、硕士为主体，一批从中国社科院刚退出科研一线的各学科专家为支撑的300多位高素质的编辑、出版和营销队伍，为我们实现学术立社，以学术品位、学术价值来实现经济效益和社会效益这样一个目标的共同努力。

作为已经开启第三次创业梦想的人文社会科学学术出版机构，2015年的社会科学文献出版社将迎来她30周岁的生日，“三十而立”再出发，我们将以改革发展为动力，以学术资源建设为中心，以构建智慧型出版社为主线，以社庆三十周年系列活动为重要载体，以“整合、专业、分类、协同、持续”为各项工作指导原则，全力推进出版社数字化转型，坚定不移地走专业化、数字化、国际化发展道路，全面提升出版社核心竞争力，为实现“社科文献梦”奠定坚实基础。

社长致辞

我们是图书出版者，更是人文社会科学内容资源供应商；

我们背靠中国社会科学院，面向中国与世界人文社会科学界，坚持为人文社会科学的繁荣与发展服务；

我们精心打造权威信息资源整合平台，坚持为中国经济与社会的繁荣与发展提供决策咨询服务；

我们以读者定位自身，立志让爱书人读到好书，让求知者获得知识；

我们精心编辑、设计每一本好书以形成品牌张力，以优秀的品牌形象服务读者，开拓市场；

我们始终坚持“创社科经典，出传世文献”的经营理念，坚持“权威、前沿、原创”的产品特色；

我们“以人为本”，提倡阳光下创业，员工与企业共享发展之成果；

我们立足于现实，认真对待我们的优势、劣势，我们更着眼于未来，以不断的学习与创新适应不断变化的世界，以不断的努力提升自己的实力；

我们愿与社会各界友好合作，共享人文社会科学发展之成果，共同推动中国学术出版乃至内容产业的繁荣与发展。

社会科学文献出版社社长

中国社会学会秘书长

2015 年 1 月

❖ 皮书起源 ❖

“皮书”起源于十七、十八世纪的英国，主要指官方或社会组织正式发表的重要文件或报告，多以“白皮书”命名。在中国，“皮书”这一概念被社会广泛接受，并被成功运作、发展成为一种全新的出版形态，则源于中国社会科学院社会科学文献出版社。

❖ 皮书定义 ❖

皮书是对中国与世界发展状况和热点问题进行年度监测，以专业的角度、专家的视野和实证研究方法，针对某一领域或区域现状与发展态势展开分析和预测，具备权威性、前沿性、原创性、实证性、时效性等特点的连续性公开出版物，由一系列权威研究报告组成。皮书系列是社会科学文献出版社编辑出版的蓝皮书、绿皮书、黄皮书等的统称。

❖ 皮书作者 ❖

皮书系列的作者以中国社会科学院、著名高校、地方社会科学院的研究人员为主，多为国内一流研究机构的权威专家学者，他们的看法和观点代表了学界对中国与世界的现实和未来最高水平的解读与分析。

❖ 皮书荣誉 ❖

皮书系列已成为社会科学文献出版社的著名图书品牌和中国社会科学院的知名学术品牌。2011 年，皮书系列正式列入“十二五”国家重点出版规划项目；2012~2014 年，重点皮书列入中国社会科学院承担的国家哲学社会科学创新工程项目；2015 年，41 种院外皮书使用“中国社会科学院创新工程学术出版项目”标识。

经 济 类

经济类皮书涵盖宏观经济、城市经济、大区域经济，
提供权威、前沿的分析与预测

经济蓝皮书

2015 年中国经济形势分析与预测

李　扬 / 主编　　2014 年 12 月出版　　定价 :69.00 元

◆　本书为总理基金项目，由著名经济学家李扬领衔，联合中国社会科学院、国务院发展中心等数十家科研机构、国家部委和高等院校的专家共同撰写，系统分析了 2014 年的中国经济形势并预测 2015 年我国经济运行情况，2015 年中国经济仍将保持平稳较快增长，预计增速 7% 左右。

城市竞争力蓝皮书

中国城市竞争力报告 No.13

倪鹏飞 / 主编　　2015 年 5 月出版　　定价 :89.00 元

◆　本书由中国社会科学院城市与竞争力研究中心主任倪鹏飞主持编写，以“巨手：托起城市中国新版图”为主题，分别从市场、产业、要素、交通一体化角度论证了东中一体化程度不断加深。建议：中国经济分区应该由四分区调整为二分区；按照“一团五线”的发展格局对中国的城市体系做出重大调整。

西部蓝皮书

中国西部发展报告（2015）

姚慧琴　徐璋勇 / 主编　　2015 年 7 月出版　　估价 :89.00 元

◆　本书由西北大学中国西部经济发展研究中心主编，汇集了源自西部本土以及国内研究西部问题的权威专家的第一手资料，对国家实施西部大开发战略进行年度动态跟踪，并对 2015 年西部经济、社会发展态势进行预测和展望。

中部蓝皮书

中国中部地区发展报告（2015）

喻新安 / 主编　　2015 年 7 月出版　　估价 :69.00 元

◆　本书敏锐地抓住当前中部地区经济发展中的热点、难点问题，紧密地结合国家和中部经济社会发展的重大战略转变，对中部地区经济发展的各个领域进行了深入、全面的分析研究，并提出了具有理论研究价值和可操作性强的政策建议。

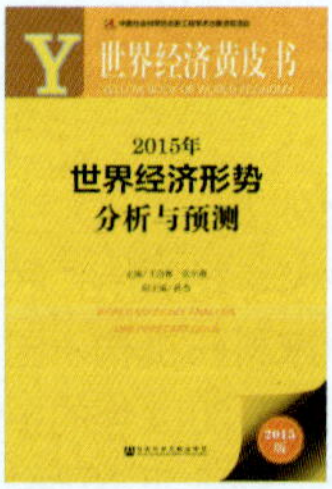

世界经济黄皮书

2015 年世界经济形势分析与预测

王洛林　张宇燕 / 主编　　2015 年 1 月出版　　定价 :69.00 元

◆　本书为中国社会科学院创新工程学术出版资助项目，由中国社会科学院世界经济与政治研究所的研创团队撰写。该书认为，2014 年，世界经济维持了上年度的缓慢复苏，同时经济增长格局分化显著。预计 2015 年全球经济增速按购买力平价计算的增长率为 3.3%，按市场汇率计算的增长率为 2.8%。

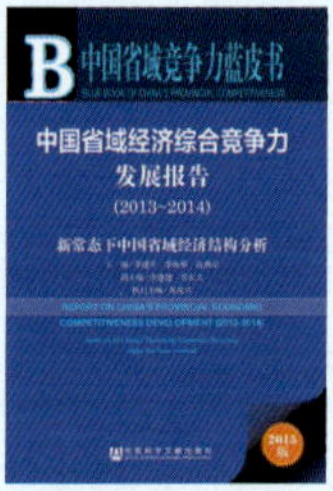

中国省域竞争力蓝皮书

中国省域经济综合竞争力发展报告（2013~2014）

李建平　李闽榕　高燕京 / 主编　　2015 年 2 月出版　定价 :198.00 元

◆　本书充分运用数理分析、空间分析、规范分析与实证分析相结合、定性分析与定量分析相结合的方法，建立起比较科学完善、符合中国国情的省域经济综合竞争力指标评价体系及数学模型，对 2012~2013 年中国内地 31 个省、市、区的经济综合竞争力进行全面、深入、科学的总体评价与比较分析。

城市蓝皮书

中国城市发展报告 No.8

潘家华　魏后凯 / 主编　2015 年 9 月出版　　估价 :69.00 元

◆　本书由中国社会科学院城市发展与环境研究中心编著，从中国城市的科学发展、城市环境可持续发展、城市经济集约发展、城市社会协调发展、城市基础设施与用地管理、城市管理体制改革以及中国城市科学发展实践等多角度、全方位地立体展示了中国城市的发展状况，并对中国城市的未来发展提出了建议。

金融蓝皮书

中国金融发展报告（2015）

李　扬　王国刚 / 主编　2014 年 12 月出版　定价 :75.00 元

◆　由中国社会科学院金融研究所组织编写的《中国金融发展报告（2015）》，概括和分析了 2014 年中国金融发展和运行中的各方面情况,研讨和评论了 2014 年发生的主要金融事件。本书由业内专家和青年精英联合编著，有利于读者了解掌握 2014 年中国的金融状况，把握 2015 年中国金融的走势。

低碳发展蓝皮书

中国低碳发展报告（2015）

齐　晔 / 主编　2015 年 7 月出版　估价 :89.00 元

◆　本书对中国低碳发展的政策、行动和绩效进行科学、系统、全面的分析。重点是通过归纳中国低碳发展的绩效，评估与低碳发展相关的政策和措施，分析政策效应的制度背景和作用机制，为进一步的政策制定、优化和实施提供支持。

经济信息绿皮书

中国与世界经济发展报告（2015）

杜　平 / 主编　2014 年 12 月出版　定价 :79.00 元

◆　本书是由国家信息中心组织专家队伍精心研究编撰的年度经济分析预测报告，书中指出，2014 年，我国经济增速有所放慢，但仍处于合理运行区间。主要新兴国家经济总体仍显疲软。2015 年应防止经济下行和财政金融风险相互强化，促进经济向新常态平稳过渡。

低碳经济蓝皮书

中国低碳经济发展报告（2015）

薛进军　赵忠秀 / 主编　2015 年 6 月出版　定价 :85.00 元

◆　本书汇集来自世界各国的专家学者、政府官员，探讨世界金融危机后国际经济的现状，提出“绿色化”为经济转型期国家的可持续发展提供了重要范本，并将成为解决气候系统保护与经济发展矛盾的重要突破口，也将是中国引领“一带一路”沿线国家实现绿色发展的重要抓手。

社会政法类

社会政法类皮书聚焦社会发展领域的热点、难点问题，提供权威、原创的资讯与视点

社会蓝皮书

2015年中国社会形势分析与预测

李培林　陈光金　张　翼 / 主编　2014年12月出版　定价 :69.00元

◆　本书由中国社会科学院社会学研究所组织研究机构专家、高校学者和政府研究人员撰写，聚焦当下社会热点，指出2014年我国社会存在城乡居民人均收入增速放缓、大学生毕业就业压力加大、社会老龄化加速、住房价格继续飙升、环境群体性事件多发等问题。

法治蓝皮书

中国法治发展报告 No.13（2015）

李　林　田　禾 / 主编　　2015年3月出版　　定价 :105.00元

◆　本年度法治蓝皮书回顾总结了2014年度中国法治取得的成效及存在的问题，并对2015年中国法治发展形势进行预测、展望，还从立法、人权保障、行政审批制度改革、反价格垄断执法、教育法治、政府信息公开等方面研讨了中国法治发展的相关问题。

环境绿皮书

中国环境发展报告（2015）

刘鉴强 / 主编　　2015年7月出版　　估价 :79.00元

◆　本书由民间环保组织“自然之友”组织编写，由特别关注、生态保护、宜居城市、可持续消费以及政策与治理等版块构成，以公共利益的视角记录、审视和思考中国环境状况，呈现2014年中国环境与可持续发展领域的全局态势，用深刻的思考、科学的数据分析2014年的环境热点事件。

反腐倡廉蓝皮书

中国反腐倡廉建设报告 No.4

李秋芳　张英伟 / 主编　2014 年 12 月出版　　定价 :79.00 元

◆　本书继续坚持“建设”主题，既描摹出反腐败斗争的感性特点，又揭示出反腐政治格局深刻变化的根本动因。指出当前症结在于权力与资本“隐蔽勾连”、“官场积弊”消解“吏治改革”效力、部分公职人员基本价值观迷乱、封建主义与资本主义思想依然影响深重。提出应以科学思维把握反腐治标与治本问题，建构“不需腐”的合理合法薪酬保障机制。

女性生活蓝皮书

中国女性生活状况报告 No.9（2015）

韩湘景 / 主编　2015 年 4 月出版　定价 :79.00 元

◆　本书由中国妇女杂志社、华坤女性生活调查中心和华坤女性消费指导中心组织编写，通过调查获得的大量调查数据，真实展现当年中国城市女性的生活状况、消费状况及对今后的预期。

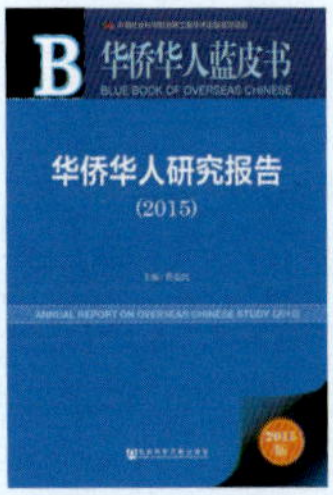

华侨华人蓝皮书

华侨华人研究报告 (2015)

贾益民 / 主编　2015 年 12 月出版　估价 :118.00 元

◆　本书为中国社会科学院创新工程学术出版资助项目，是华侨大学向世界提供最新涉侨动态、理论研究和政策建议的平台。主要介绍了相关国家华侨华人的规模、分布、结构、发展趋势，以及全球涉侨生存安全环境和华文教育情况等。

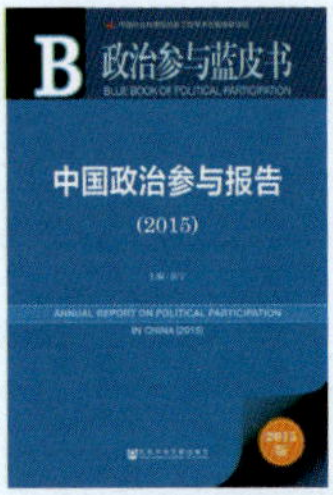

政治参与蓝皮书

中国政治参与报告（2015）

房　宁 / 主编　2015 年 7 月出版　估价 :105.00 元

◆　本书作者均来自中国社会科学院政治学研究所，聚焦中国基层群众自治的参与情况介绍了城镇居民的社区建设与居民自治参与和农村居民的村民自治与农村社区建设参与情况。其优势是其指标评估体系的建构和问卷调查的设计专业，数据量丰富，统计结论科学严谨。

行业报告类

行业报告类皮书立足重点行业、新兴行业领域，
提供及时、前瞻的数据与信息

房地产蓝皮书

中国房地产发展报告 No.12（2015）

魏后凯　李景国 / 主编　　2015 年 5 月出版　　定价 :79.00 元

◆　本年度房地产蓝皮书指出，2014 年中国房地产市场出现了较大幅度的回调，商品房销售明显遇冷，库存居高不下。展望 2015 年，房价保持低速增长的可能性较大，但区域分化将十分明显，人口聚集能力强的一线城市和部分热点二线城市房价有回暖、房价上涨趋势，而人口聚集能力差、库存大的部分二线城市或三四线城市房价会延续下跌（回调）态势。

保险蓝皮书

中国保险业竞争力报告（2015）

姚庆海　王　力 / 主编　2015 年 12 出版　　估价 :98.00 元

◆　本皮书主要为监管机构、保险行业和保险学界提供保险市场一年来发展的总体评价，外在因素对保险业竞争力发展的影响研究；国家监管政策、市场主体经营创新及职能发挥、理论界最新研究成果等综述和评论。

企业社会责任蓝皮书

中国企业社会责任研究报告（2015）

黄群慧　彭华岗　钟宏武　张　蒽 / 编著
2015 年 11 月出版　估价 :69.00 元

◆　本书系中国社会科学院经济学部企业社会责任研究中心组织编写的《企业社会责任蓝皮书》2015 年分册。该书在对企业社会责任进行宏观总体研究的基础上，根据 2014 年企业社会责任及相关背景进行了创新研究，在全国企业中观层面对企业健全社会责任管理体系提供了弥足珍贵的丰富信息。

投资蓝皮书

中国投资发展报告（2015）

谢　平 / 主编　　2015 年 4 月出版　　定价 :128.00 元

◆　2014 年，适应新常态发展的宏观经济政策逐步成型和出台，成为保持经济平稳增长、促进经济活力增强、结构不断优化升级的有力保障。2015 年，应重点关注先进制造业、TMT 产业、大健康产业、大文化产业及非金融全新产业的投资机会，适应新常态下的产业发展变化，在投资布局中争取主动。

住房绿皮书

中国住房发展报告（2014~2015）

倪鹏飞 / 主编　　2014 年 12 月出版　　定价 :79.00 元

◆　本年度住房绿皮书指出，中国住房市场从 2014 年第一季度开始进入调整状态，2014 年第三季度进入全面调整期。2015 年的住房市场走势 : 整体延续衰退，一、二线城市 2015 年下半年、三四线城市 2016 年下半年复苏。

人力资源蓝皮书

中国人力资源发展报告（2015）

余兴安 / 主编　　2015 年 9 月出版　　估价 :79.00 元

◆　本书是在人力资源和社会保障部部领导的支持下，由中国人事科学研究院汇集我国人力资源开发权威研究机构的诸多专家学者的研究成果编写而成。作为关于人力资源的蓝皮书，本书通过充分利用有关研究成果，更广泛、更深入地展示近年来我国人力资源开发重点领域的研究成果。

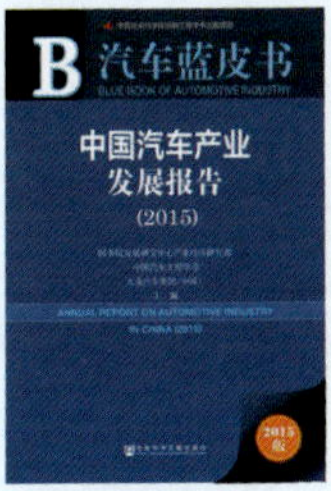

汽车蓝皮书

中国汽车产业发展报告（2015）

国务院发展研究中心产业经济研究部　中国汽车工程学会
大众汽车集团（中国）/ 主编　2015 年 8 月出版　　估价 :128.00 元

◆　本书由国务院发展研究中心产业经济研究部、中国汽车工程学会、大众汽车集团（中国）联合主编，是关于中国汽车产业发展的研究性年度报告，介绍并分析了本年度中国汽车产业发展的形势。

国别与地区类

国别与地区类皮书关注全球重点国家与地区，
提供全面、独特的解读与研究

亚太蓝皮书

亚太地区发展报告（2015）

李向阳 / 主编　　2015 年 1 月出版　　定价 :59.00 元

◆ 本年度的专题是“一带一路”，书中对“一带一路”战略的经济基础、“一带一路”与区域合作等进行了阐述。除对亚太地区 2014 年的整体变动情况进行深入分析外，还在此基础上提出了对于 2015 年亚太地区各个方面发展情况的预测。

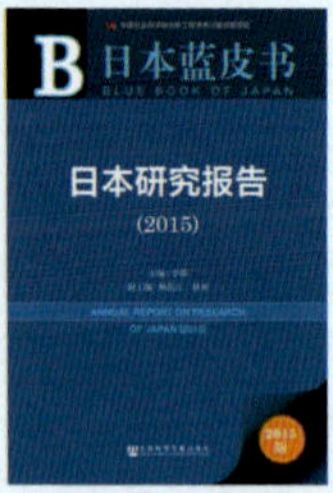

日本蓝皮书

日本研究报告（2015）

李　薇 / 主编　　2015 年 4 月出版　　定价 :69.00 元

◆ 本书由中华日本学会、中国社会科学院日本研究所合作推出，是以中国社会科学院日本研究所的研究人员为主完成的研究成果。对 2014 年日本的政治、外交、经济、社会文化作了回顾、分析，并对 2015 年形势进行展望。

德国蓝皮书

德国发展报告（2015）

郑春荣　伍慧萍 / 主编　2015 年 5 月出版　定价 :69.00 元

◆ 本报告由同济大学德国研究所组织编撰，由该领域的专家学者对德国的政治、经济、社会文化、外交等方面的形势发展情况，进行全面的阐述与分析。德国作为欧洲大陆第一强国，与中国各方面日渐紧密的合作关系，值得国内各界深切关注。

国际形势黄皮书

全球政治与安全报告（2015）

李慎明　张宇燕 / 主编　2015 年 1 月出版　定价 :69.00 元

◆　本书对中、俄、美三国之间的合作与冲突进行了深度分析，揭示了影响中美、俄美及中俄关系的主要因素及变化趋势。重点关注了乌克兰危机、克里米亚问题、苏格兰公投、西非埃博拉疫情以及西亚北非局势等国际焦点问题。

拉美黄皮书

拉丁美洲和加勒比发展报告（2014~2015）

吴白乙 / 主编　2015 年 5 月出版　定价 :89.00 元

◆　本书是中国社会科学院拉丁美洲研究所的第 14 份关于拉丁美洲和加勒比地区发展形势状况的年度报告。本书对 2014 年拉丁美洲和加勒比地区诸国的政治、经济、社会、外交等方面的发展情况做了系统介绍，对该地区相关国家的热点及焦点问题进行了总结和分析，并在此基础上对该地区各国 2015 年的发展前景做出预测。

美国蓝皮书

美国研究报告（2015）

郑秉文　黄　平 / 主编　2015 年 6 月出版　定价 :89.00 元

◆　本书是由中国社会科学院美国所主持完成的研究成果，重点讲述了美国的“再平衡”战略，另外回顾了美国 2014 年的经济、政治形势与外交战略，对 2014 年以来美国内政外交发生的重大事件以及重要政策进行了较为全面的回顾和梳理。

大湄公河次区域蓝皮书

大湄公河次区域合作发展报告（2015）

刘　稚 / 主编　2015 年 9 月出版　估价 :79.00 元

◆　云南大学大湄公河次区域研究中心深入追踪分析该区域发展动向，以把握全面，突出重点为宗旨，系统介绍和研究大湄公河次区域合作的年度热点和重点问题，展望次区域合作的发展趋势，并对新形势下我国推进次区域合作深入发展提出相关对策建议。

地方发展类

地方发展类皮书关注大陆各省份、经济区域，
提供科学、多元的预判与咨政信息

北京蓝皮书

北京公共服务发展报告（2014~ 2015）

施昌奎 / 主编　　2015 年 1 月出版　定价：69.00 元

◆　本书是由北京市政府职能部门的领导、首都著名高校的教授、知名研究机构的专家共同完成的关于北京市公共服务发展与创新的研究成果。本年度主题为“北京公共服务均衡化发展和市场化改革”，内容涉及了北京市公共服务发展的方方面面，既有对北京各个城区的综合性描述，也有对局部、细部、具体问题的分析。

上海蓝皮书

上海经济发展报告（2015）

沈开艳 / 主编　2015 年 1 月出版　定价 :69.00 元

◆　本书系上海社会科学院系列之一，本年度将“建设具有全球影响力的科技创新中心”作为主题，对 2015 年上海经济增长与发展趋势的进行了预测，把握了上海经济发展的脉搏和学术研究的前沿。

广州蓝皮书

广州经济发展报告（2015）

李江涛　朱名宏 / 主编　2015 年 7 月出版　估价 :69.00 元

◆　本书是由广州市社会科学院主持编写的“广州蓝皮书”系列之一，本报告对广州 2014 年宏观经济运行情况作了深入分析，对 2015 年宏观经济走势进行了合理预测，并在此基础上提出了相应的政策建议。

文化传媒类

文化传媒类皮书透视文化领域、文化产业，
探索文化大繁荣、大发展的路径

新媒体蓝皮书

中国新媒体发展报告 No.6（2015）

唐绪军 / 主编　　2015 年 7 月出版　　定价 :79.00 元

◆　本书深入探讨了中国网络信息安全、媒体融合状况、微信谣言问题、微博发展态势、互联网金融、移动舆论场舆情、传统媒体转型、新媒体产业发展、网络助政、网络舆论监督、大数据、数据新闻、数字版权等热门问题，展望了中国新媒体的未来发展趋势。

舆情蓝皮书

中国社会舆情与危机管理报告（2015）

谢耘耕 / 主编　　2015 年 8 月出版　　估价 :98.00 元

◆　本书由上海交通大学舆情研究实验室和危机管理研究中心主编，已被列入教育部人文社会科学研究报告培育项目。本书以新媒体环境下的中国社会为立足点，对 2014 年中国社会舆情、分类舆情等进行了深入系统的研究，并预测了 2015 年社会舆情走势。

文化蓝皮书

中国文化产业发展报告（2015）

张晓明　王家新　章建刚 / 主编　　2015 年 7 月出版　　估价 :79.00 元

◆　本书由中国社会科学院文化研究中心编写。 从 2012 年开始，中国社会科学院文化研究中心设立了国内首个文化产业的研究类专项资金——“文化产业重大课题研究计划”，开始在全国范围内组织多学科专家学者对我国文化产业发展重大战略问题进行联合攻关研究。本书集中反映了该计划的研究成果。

经济类

G20国家创新竞争力黄皮书
二十国集团（G20）国家创新竞争力发展报告（2015）
著(编)者:黄茂兴 李闽榕 李建平 赵新力
2015年9月出版 / 估价:128.00元

产业蓝皮书
中国产业竞争力报告（2015）
著(编)者:张其仔 2015年7月出版 / 估价:79.00元

长三角蓝皮书
2015年全面深化改革中的长三角
著(编)者:张伟斌 2015年10月出版 / 估价:69.00元

城乡一体化蓝皮书
中国城乡一体化发展报告（2015）
著(编)者:付崇兰 汝信 2015年12月出版 / 估价:79.00元

城市创新蓝皮书
中国城市创新报告（2015）
著(编)者:周天勇 旷建伟 2015年8月出版 / 估价:69.00元

城市竞争力蓝皮书
中国城市竞争力报告（2015）
著(编)者:倪鹏飞 2015年5月出版 / 定价:89.00元

城市蓝皮书
中国城市发展报告NO.8
著(编)者:潘家华 魏后凯 2015年9月出版 / 估价:69.00元

城市群蓝皮书
中国城市群发展指数报告（2015）
著(编)者:刘新静 刘士林 2015年10月出版 / 估价:59.00元

城乡统筹蓝皮书
中国城乡统筹发展报告（2015）
著(编)者:潘晨光 程志强 2015年7月出版 / 估价:59.00元

城镇化蓝皮书
中国新型城镇化健康发展报告（2015）
著(编)者:张占斌 2015年7月出版 / 估价:79.00元

低碳发展蓝皮书
中国低碳发展报告（2015）
著(编)者:齐晔 2015年7月出版 / 估价:89.00元

低碳经济蓝皮书
中国低碳经济发展报告（2015）
著(编)者:薛进军 赵忠秀 2015年6月出版 / 定价:85.00元

东北蓝皮书
中国东北地区发展报告（2015）
著(编)者:马克 黄文艺 2015年8月出版 / 估价:79.00元

发展和改革蓝皮书
中国经济发展和体制改革报告（2015）
著(编)者:邹东涛 2015年11月出版 / 估价:98.00元

工业化蓝皮书
中国工业化进程报告（2015）
著(编)者:黄群慧 吕铁 李晓华 2015年11月出版 / 估价:89.00元

国际城市蓝皮书
国际城市发展报告（2015）
著(编)者:屠启宇 2015年1月出版 / 定价:79.00元

国家创新蓝皮书
中国创新发展报告（2015）
著(编)者:陈劲 2015年7月出版 / 估价:59.00元

环境竞争力绿皮书
中国省域环境竞争力发展报告（2015）
著(编)者:李建平 李闽榕 王金南
2015年12月出版 / 估价:198.00元

金融蓝皮书
中国金融发展报告（2015）
著(编)者:李扬 王国刚 2014年12月出版 / 定价:75.00元

金融信息服务蓝皮书
金融信息服务发展报告（2015）
著(编)者:鲁广锦 殷剑峰 林义相
2015年7月出版 / 估价:89.00元

经济蓝皮书
2015年中国经济形势分析与预测
著(编)者:李扬 2014年12月出版 / 定价:69.00元

经济蓝皮书·春季号
2015年中国经济前景分析
著(编)者:李扬 2015年5月出版 / 定价:79.00元

经济蓝皮书·夏季号
中国经济增长报告（2015）
著(编)者:李扬 2015年7月出版 / 估价:69.00元

经济信息绿皮书
中国与世界经济发展报告（2015）
著(编)者:杜平 2014年12月出版 / 定价:79.00元

就业蓝皮书
2015年中国大学生就业报告
著(编)者:麦可思研究院 2015年7月出版 / 估价:98.00元

就业蓝皮书
2015年中国高职高专生就业报告
著(编)者:麦可思研究院 2015年6月出版 / 定价:98.00元

就业蓝皮书
2015年中国本科生就业报告
著(编)者:麦可思研究院 2015年6月出版 / 定价:98.00元

临空经济蓝皮书
中国临空经济发展报告（2015）
著(编)者:连玉明 2015年9月出版 / 估价:79.00元

民营经济蓝皮书
中国民营经济发展报告（2015）
著(编)者:王钦敏 2015年12月出版 / 估价:79.00元

农村绿皮书
中国农村经济形势分析与预测（2014~2015）
著(编)者:中国社会科学院农村发展研究所
国家统计局农村社会经济调查司
2015年4月出版 / 定价:69.00元

农业应对气候变化蓝皮书
气候变化对中国农业影响评估报告（2015）
著(编)者:矫梅燕　2015年8月出版 / 估价:98.00元

企业公民蓝皮书
中国企业公民报告（2015）
著(编)者:邹东涛　2015年12月出版 / 估价:79.00元

气候变化绿皮书
应对气候变化报告（2015）
著(编)者:王伟光 郑国光　2015年10月出版 / 估价:79.00元

区域蓝皮书
中国区域经济发展报告（2014~2015）
著(编)者:梁昊光　2015年5月出版 / 定价:79.00元

全球环境竞争力绿皮书
全球环境竞争力报告（2015）
著(编)者:李建建 李闽榕 李建平 王金南
2015年12月出版 / 估价:198.00元

人口与劳动绿皮书
中国人口与劳动问题报告No.15
著(编)者:蔡昉　2015年1月出版 / 定价:59.00元

商务中心区蓝皮书
中国商务中心区发展报告（2015）
著(编)者:中国商务区联盟
中国社会科学院城市发展与环境研究所
2015年10月出版 / 估价:69.00元

商务中心区蓝皮书
中国商务中心区发展报告No.1（2014）
著(编)者:魏后凯　李国红　2015年1月出版 / 定价:89.00元

世界经济黄皮书
2015年世界经济形势分析与预测
著(编)者:王洛林　张宇燕　2015年1月出版 / 定价:69.00元

世界旅游城市绿皮书
世界旅游城市发展报告（2015）
著(编)者:鲁勇 周正宇 宋宇　2015年7月出版 / 估价:88.00元

西北蓝皮书
中国西北发展报告（2015）
著(编)者:赵宗福　孙发平　苏海红　鲁顺元　段庆林
2014年12月出版 / 定价:79.00元

西部蓝皮书
中国西部发展报告（2015）
著(编)者:姚慧琴 徐璋勇　2015年7月出版 / 估价:89.00元

新型城镇化蓝皮书
新型城镇化发展报告（2015）
著(编)者:李伟　2015年10月出版 / 估价:89.00元

新兴经济体蓝皮书
金砖国家发展报告（2015）
著(编)者:林跃勤 周文　2015年7月出版 / 估价:79.00元

中部竞争力蓝皮书
中国中部经济社会竞争力报告（2015）
著(编)者:教育部人文社会科学重点研究基地
南昌大学中国中部经济社会发展研究中心
2015年9月出版 / 估价:79.00元

中部蓝皮书
中国中部地区发展报告（2015）
著(编)者:喻新安　2015年7月出版 / 估价:69.00元

中国省域竞争力蓝皮书
中国省域经济综合竞争力发展报告（2013~2014）
著(编)者:李建平 李闽榕 高燕京
2015年2月出版 / 定价:198.00元

中三角蓝皮书
长江中游城市群发展报告（2015）
著(编)者:秦尊文　2015年10月出版 / 估价:69.00元

中小城市绿皮书
中国中小城市发展报告（2015）
著(编)者:中国城市经济学会中小城市经济发展委员会
《中国中小城市发展报告》编纂委员会
中小城市发展战略研究院
2015年10月出版 / 估价:98.00元

中原蓝皮书
中原经济区发展报告（2015）
著(编)者:李英杰　2015年7月出版 / 估价:88.00元

社会政法类

北京蓝皮书
中国社区发展报告（2015）
著(编)者:于燕燕　2015年7月出版 / 估价:69.00元

殡葬绿皮书
中国殡葬事业发展报告（2014~2015）
著(编)者:李伯森　2015年4月出版 / 定价:158.00元

城市管理蓝皮书
中国城市管理报告（2015）
著(编)者:谭维克 刘林　2015年12月出版 / 估价:158.00元

城市生活质量蓝皮书
中国城市生活质量报告（2015）
著(编)者:中国经济实验研究院　2015年7月出版 / 估价:59.00元

城市政府能力蓝皮书
中国城市政府公共服务能力评估报告（2015）
著(编)者:何艳玲　2015年7月出版 / 估价:59.00元

创新蓝皮书
创新型国家建设报告（2015）
著(编)者:詹正茂　2015年7月出版 / 估价:69.00元

慈善蓝皮书
中国慈善发展报告（2015）
著(编)者:杨团　2015年6月出版 / 定价:79.00元

地方法治蓝皮书
中国地方法治发展报告No.1（2014）
著(编)者:李林　田禾　2015年1月出版 / 定价:98.00元

法治蓝皮书
中国法治发展报告No.13（2015）
著(编)者:李林 田禾　2015年3月出版 / 定价:105.00元

反腐倡廉蓝皮书
中国反腐倡廉建设报告No.4
著(编)者:李秋芳　张英伟　2014年12月出版 / 定价:79.00元

非传统安全蓝皮书
中国非传统安全研究报告（2014~2015）
著(编)者:余潇枫 魏志江　2015年5月出版 / 定价:79.00元

妇女发展蓝皮书
中国妇女发展报告（2015）
著(编)者:王金玲　2015年9月出版 / 估价:148.00元

妇女教育蓝皮书
中国妇女教育发展报告（2015）
著(编)者:张李玺　2015年7月出版 / 估价:78.00元

妇女绿皮书
中国性别平等与妇女发展报告（2015）
著(编)者:谭琳　2015年12月出版 / 估价:99.00元

公共服务蓝皮书
中国城市基本公共服务力评价（2015）
著(编)者:钟君 吴正杲　2015年12月出版 / 估价:79.00元

公共服务满意度蓝皮书
中国城市公共服务评价报告（2015）
著(编)者:胡伟　2015年12月出版 / 估价:69.00元

公共外交蓝皮书
中国公共外交发展报告（2015）
著(编)者:赵启正 雷蔚真　2015年4月出版 / 定价:89.00元

公民科学素质蓝皮书
中国公民科学素质报告（2015）
著(编)者:李群 许佳军　2015年7月出版 / 估价:79.00元

公益蓝皮书
中国公益发展报告（2015）
著(编)者:朱健刚　2015年7月出版 / 估价:78.00元

管理蓝皮书
中国管理发展报告（2015）
著(编)者:张晓东　2015年9月出版 / 估价:98.00元

国际人才蓝皮书
中国国际移民报告（2015）
著(编)者:王辉耀　2015年2月出版 / 定价:79.00元

国际人才蓝皮书
中国海归发展报告（2015）
著(编)者:王辉耀 苗绿　2015年7月出版 / 估价:69.00元

国际人才蓝皮书
中国留学发展报告（2015）
著(编)者:王辉耀 苗绿　2015年9月出版 / 估价:69.00元

国家安全蓝皮书
中国国家安全研究报告（2015）
著(编)者:刘慧　2015年7月出版 / 估价:98.00元

行政改革蓝皮书
中国行政体制改革报告（2014~2015）
著(编)者:魏礼群　2015年4月出版 / 定价:98.00元

华侨华人蓝皮书
华侨华人研究报告（2015）
著(编)者:贾益民　2015年12月出版 / 估价:118.00元

环境绿皮书
中国环境发展报告（2015）
著(编)者:刘鉴强　2015年7月出版 / 估价:79.00元

基金会蓝皮书
中国基金会发展报告（2015）
著(编)者:刘忠祥　2016年6月出版 / 估价:69.00元

基金会绿皮书
中国基金会发展独立研究报告（2015）
著(编)者:基金会中心网　2015年8月出版 / 估价:88.00元

基金会透明度蓝皮书
中国基金会透明度发展研究报告（2015）
著(编)者:基金会中心网 清华大学廉政与治理研究中心
2015年9月出版 / 估价:78.00元

教师蓝皮书
中国中小学教师发展报告（2014）
著(编)者:曾晓东 鱼霞　2015年6月出版 / 定价:69.00元

教育蓝皮书
中国教育发展报告（2015）
著(编)者:杨东平　2015年5月出版 / 定价:79.00元

科普蓝皮书
中国科普基础设施发展报告（2015）
著(编)者:任福君　2015年7月出版 / 估价:59.00元

劳动保障蓝皮书
中国劳动保障发展报告（2015）
著(编)者:刘燕斌　2015年7月出版 / 估价:89.00元

老龄蓝皮书
中国老年宜居环境发展报告(2015)
著(编)者:吴玉韶　2015年9月出版 / 估价:79.00元

连片特困区蓝皮书
中国连片特困区发展报告（2014~2015）
著(编)者:游俊　冷志明　丁建军　2015年3月出版 / 定价:98.00元

民间组织蓝皮书
中国民间组织报告(2015)
著(编)者:潘晨光 黄晓勇　2015年8月出版 / 估价:69.00元

民调蓝皮书
中国民生调查报告（2015）
著(编)者:谢耘耕　2015年7月出版 / 估价:128.00元

民族发展蓝皮书
中国民族发展报告（2015）
著(编)者:郝时远 王延中 王希恩
2015年4月出版 / 定价:98.00元

女性生活蓝皮书
中国女性生活状况报告No.9（2015）
著(编)者:韩湘景 2015年4月出版 / 定价:79.00元

企业公众透明度蓝皮书
中国企业公众透明度报告(2014~2015)No.1
著(编)者:黄速建 王晓光 肖红军
2015年1月出版 / 定价:98.00元

企业国际化蓝皮书
中国企业国际化报告(2015)
著(编)者:王辉耀 2015年10月出版 / 估价:79.00元

汽车社会蓝皮书
中国汽车社会发展报告（2015）
著(编)者:王俊秀 2015年7月出版 / 估价:59.00元

青年蓝皮书
中国青年发展报告No.3
著(编)者:廉思 2015年7月出版 / 估价:59.00元

区域人才蓝皮书
中国区域人才竞争力报告（2015）
著(编)者:桂昭明 王辉耀 2015年7月出版 / 估价:69.00元

群众体育蓝皮书
中国群众体育发展报告（2015）
著(编)者:刘国永 杨桦 2015年8月出版 / 估价:69.00元

人才蓝皮书
中国人才发展报告（2015）
著(编)者:潘晨光 2015年8月出版 / 估价:85.00元

人权蓝皮书
中国人权事业发展报告（2015）
著(编)者:中国人权研究会 2015年8月出版 / 估价:99.00元

森林碳汇绿皮书
中国森林碳汇评估发展报告（2015）
著(编)者:闫文德 胡文臻 2015年9月出版 / 估价:79.00元

社会保障绿皮书
中国社会保障发展报告（2015）No.7
著(编)者:王延中 2015年4月出版 / 定价:89.00元

社会工作蓝皮书
中国社会工作发展报告（2015）
著(编)者:民政部社会工作研究中心
2015年8月出版 / 估价:79.00元

社会管理蓝皮书
中国社会管理创新报告（2015）
著(编)者:连玉明 2015年9月出版 / 估价:89.00元

社会蓝皮书
2015年中国社会形势分析与预测
著(编)者:李培林 陈光金 张 翼
2014年12月出版 / 定价:69.00元

社会体制蓝皮书
中国社会体制改革报告No.3（2015）
著(编)者:龚维斌 2015年4月出版 / 定价:79.00元

社会心态蓝皮书
中国社会心态研究报告（2015）
著(编)者:王俊秀 杨宜音 2015年10月出版 / 估价:69.00元

社会组织蓝皮书
中国社会组织评估发展报告（2015）
著(编)者:徐家良 廖鸿 2015年12月出版 / 估价:69.00元

生态城市绿皮书
中国生态城市建设发展报告（2015）
著(编)者:刘举科 孙伟平 胡文臻 2015年7月出版 / 估价:98.00元

生态文明绿皮书
中国省域生态文明建设评价报告（ECI 2015）
著(编)者:严耕 2015年9月出版 / 估价:85.00元

世界社会主义黄皮书
世界社会主义跟踪研究报告（2014~2015）
著(编)者:李慎明 2015年4月出版 / 定价:258.00元

水与发展蓝皮书
中国水风险评估报告（2015）
著(编)者:王浩 2015年9月出版 / 估价:69.00元

土地整治蓝皮书
中国土地整治发展研究报告No.2
著(编)者:国土资源部土地整治中心 2015年5月出版 / 定价:89.00元

网络空间安全蓝皮书
中国网络空间安全发展报告（2015）
著(编)者:惠志斌 唐涛 2015年4月出版 / 定价:79.00元

危机管理蓝皮书
中国危机管理报告（2015）
著(编)者:文学国 2015年8月出版 / 估价:89.00元

协会商会蓝皮书
中国行业协会商会发展报告（2014）
著(编)者:景朝阳 李勇 2015年4月出版 / 定价:99.00元

形象危机应对蓝皮书
形象危机应对研究报告（2015）
著(编)者:唐钧 2015年7月出版 / 估价:149.00元

医改蓝皮书
中国医药卫生体制改革报告（2015～2016）
著(编)者:文学国 房志武 2015年12月出版 / 估价:79.00元

医疗卫生绿皮书
中国医疗卫生发展报告（2015）
著(编)者:申宝忠 韩玉珍 2015年7月出版 / 估价:75.00元

应急管理蓝皮书
中国应急管理报告（2015）
著(编)者:宋英华 2015年10月出版 / 估价:69.00元

政治参与蓝皮书
中国政治参与报告（2015）
著(编)者:房宁 2015年7月出版 / 估价:105.00元

政治发展蓝皮书
中国政治发展报告（2015）
著(编)者:房宁 杨海蛟　2015年7月出版 / 估价:88.00元

中国农村妇女发展蓝皮书
流动女性城市融入发展报告（2015）
著(编)者:谢丽华　2015年11月出版 / 估价:69.00元

宗教蓝皮书
中国宗教报告（2015）
著(编)者:金泽 邱永辉　2016年5月出版 / 估价:59.00元

行业报告类

保险蓝皮书
中国保险业竞争力报告（2015）
著(编)者:项俊波　2015年12月出版 / 估价:98.00元

彩票蓝皮书
中国彩票发展报告（2015）
著(编)者:益彩基金　2015年4月出版 / 定价:98.00元

餐饮产业蓝皮书
中国餐饮产业发展报告（2015）
著(编)者:邢颖　2015年4月出版 / 定价:69.00元

测绘地理信息蓝皮书
智慧中国地理空间智能体系研究报告（2015）
著(编)者:库热西·买合苏提　2015年12月出版 / 估价:98.00元

茶业蓝皮书
中国茶产业发展报告（2015）
著(编)者:杨江帆 李闽榕　2015年10月出版 / 估价:78.00元

产权市场蓝皮书
中国产权市场发展报告（2015）
著(编)者:曹和平　2015年12月出版 / 估价:79.00元

电子政务蓝皮书
中国电子政务发展报告（2015）
著(编)者:洪毅 杜平　2015年11月出版 / 估价:79.00元

杜仲产业绿皮书
中国杜仲橡胶资源与产业发展报告（2014~2015）
著(编)者:杜红岩 胡文臻 俞锐
2015年1月出版 / 定价:85.00元

房地产蓝皮书
中国房地产发展报告No.12（2015）
著(编)者:魏后凯 李景国　2015年5月出版 / 定价:79.00元

服务外包蓝皮书
中国服务外包产业发展报告（2015）
著(编)者:王晓红 刘德军　2015年7月出版 / 估价:89.00元

工业和信息化蓝皮书
移动互联网产业发展报告（2014~2015）
著(编)者:洪京一　2015年4月出版 / 定价:79.00元

工业和信息化蓝皮书
世界网络安全发展报告（2014~2015）
著(编)者:洪京一　2015年4月出版 / 定价:69.00元

工业和信息化蓝皮书
世界制造业发展报告（2014~2015）
著(编)者:洪京一　2015年4月出版 / 定价:69.00元

工业和信息化蓝皮书
世界信息化发展报告（2014~2015）
著(编)者:洪京一　2015年4月出版 / 定价:69.00元

工业和信息化蓝皮书
世界信息技术产业发展报告（2014~2015）
著(编)者:洪京一　2015年4月出版 / 定价:79.00元

工业设计蓝皮书
中国工业设计发展报告（2015）
著(编)者:王晓红 于炜 张立群　2015年9月出版 / 估价:138.00元

互联网金融蓝皮书
中国互联网金融发展报告（2015）
著(编)者:芮晓武 刘烈宏　2015年8月出版 / 估价:79.00元

会展蓝皮书
中外会展业动态评估年度报告（2015）
著(编)者:张敏　2015年1月出版 / 估价:78.00元

金融监管蓝皮书
中国金融监管报告（2015）
著(编)者:胡滨　2015年4月出版 / 定价:89.00元

金融蓝皮书
中国商业银行竞争力报告（2015）
著(编)者:王松奇　2015年12月出版 / 估价:69.00元

客车蓝皮书
中国客车产业发展报告（2014~2015）
著(编)者:姚蔚　2015年2月出版 / 定价:85.00元

老龄蓝皮书
中国老龄产业发展报告（2015）
著(编)者:吴玉韶 党俊武　2015年9月出版 / 估价:79.00元

流通蓝皮书
中国商业发展报告（2015）
著(编)者:荆林波　2015年7月出版 / 估价:89.00元

旅游安全蓝皮书
中国旅游安全报告（2015）
著(编)者:郑向敏 谢朝武　2015年5月出版 / 定价:128.00元

旅游景区蓝皮书
中国旅游景区发展报告（2015）
著(编)者:黄安民　2015年7月出版 / 估价:79.00元

旅游绿皮书
2014~2015年中国旅游发展分析与预测
著(编)者:宋瑞　2015年1月出版 / 定价:98.00元

煤炭蓝皮书
中国煤炭工业发展报告（2015）
著(编)者:岳福斌　2015年12月出版 / 估价:79.00元

民营医院蓝皮书
中国民营医院发展报告（2015）
著(编)者:庄一强　2015年10月出版 / 估价:75.00元

闽商蓝皮书
闽商发展报告（2015）
著(编)者:王日根 李闽榕　2015年12月出版 / 估价:69.00元

能源蓝皮书
中国能源发展报告（2015）
著(编)者:崔民选 王军生　2015年8月出版 / 估价:79.00元

农产品流通蓝皮书
中国农产品流通产业发展报告（2015）
著(编)者:贾敬敦 张东科 张玉玺 孔令羽 张鹏毅
2015年9月出版 / 估价:89.00元

企业蓝皮书
中国企业竞争力报告（2015）
著(编)者:金碚　2015年11月出版 / 估价:89.00元

企业社会责任蓝皮书
中国企业社会责任研究报告（2015）
著(编)者:黄群慧　彭华岗　钟宏武　张蒽
2015年11月出版 / 估价:69.00元

汽车安全蓝皮书
中国汽车安全发展报告（2015）
著(编)者:中国汽车技术研究中心
2015年7月出版 / 估价:79.00元

汽车工业蓝皮书
中国汽车工业发展年度报告（2015）
著(编)者:中国汽车工业协会 中国汽车技术研究中心
丰田汽车（中国）投资有限公司
2015年4月出版 / 定价:128.00元

汽车蓝皮书
中国汽车产业发展报告（2015）
著(编)者:国务院发展研究中心产业经济研究部
中国汽车工程学会 大众汽车集团（中国）
2015年7月出版 / 估价:128.00元

清洁能源蓝皮书
国际清洁能源发展报告（2015）
著(编)者:国际清洁能源论坛（澳门）
2015年9月出版 / 估价:89.00元

人力资源蓝皮书
中国人力资源发展报告（2015）
著(编)者:余兴安　2015年9月出版 / 估价:79.00元

融资租赁蓝皮书
中国融资租赁业发展报告（2014~2015）
著(编)者:李光荣　王力　2015年1月出版 / 定价:89.00元

软件和信息服务业蓝皮书
中国软件和信息服务业发展报告（2015）
著(编)者:陈新河　洪京一　2015年12月出版 / 估价:198.00元

上市公司蓝皮书
上市公司质量评价报告（2015）
著(编)者:张跃文 王力　2015年10月出版 / 估价:118.00元

设计产业蓝皮书
中国设计产业发展报告（2014~2015）
著(编)者:陈冬亮　梁昊光　2015年3月出版 / 定价:89.00元

食品药品蓝皮书
食品药品安全与监管政策研究报告（2015）
著(编)者:唐民皓　2015年7月出版 / 估价:69.00元

世界能源蓝皮书
世界能源发展报告（2015）
著(编)者:黄晓勇　2015年6月出版 / 定价:99.00元

碳市场蓝皮书
中国碳市场报告（2015）
著(编)者:低碳发展国际合作联盟
2015年11月出版 / 估价:69.00元

体育蓝皮书
中国体育产业发展报告（2015）
著(编)者:阮伟 钟秉枢　2015年7月出版 / 估价:69.00元

体育蓝皮书
长三角地区体育产业发展报告（2014~2015）
著(编)者:张林　2015年4月出版 / 定价:79.00元

投资蓝皮书
中国投资发展报告（2015）
著(编)者:谢平　2015年4月出版 / 定价:128.00元

物联网蓝皮书
中国物联网发展报告（2015）
著(编)者:黄桂田　2015年7月出版 / 估价:59.00元

西部工业蓝皮书
中国西部工业发展报告（2015）
著(编)者:方行明 甘犁 刘方健 姜凌 等
2015年9月出版 / 估价:79.00元

西部金融蓝皮书
中国西部金融发展报告（2015）
著(编)者:李忠民　2015年8月出版 / 估价:75.00元

新能源汽车蓝皮书
中国新能源汽车产业发展报告（2015）
著(编)者:中国汽车技术研究中心
日产（中国）投资有限公司 东风汽车有限公司
2015年8月出版 / 估价:69.00元

信托市场蓝皮书
中国信托业市场报告（2014~2015）
著(编)者:用益信托工作室　2015年2月出版 / 定价:198.00元

信息产业蓝皮书
世界软件和信息技术产业发展报告（2015）
著(编)者:洪京一　2015年8月出版 / 估价:79.00元

信息化蓝皮书
中国信息化形势分析与预测（2015）
著(编)者:周宏仁　2015年8月出版 / 估价:98.00元

信用蓝皮书
中国信用发展报告（2014~2015）
著(编)者:章政　田侃　2015年4月出版 / 定价:99.00元

休闲绿皮书
2015年中国休闲发展报告
著(编)者:刘德谦　2015年7月出版 / 估价:59.00元

医药蓝皮书
中国中医药产业园战略发展报告（2015）
著(编)者:裴长洪　房书亭　吴篠心　2015年7月出版 / 估价:89.00元

邮轮绿皮书
中国邮轮产业发展报告（2015）
著(编)者:汪泓　2015年9月出版 / 估价:79.00元

中国上市公司蓝皮书
中国上市公司发展报告（2015）
著(编)者:许雄斌 张平 2015年9月出版 / 估价:98.00元

中国总部经济蓝皮书
中国总部经济发展报告（2015）
著(编)者:赵弘　2015年7月出版 / 估价:79.00元

住房绿皮书
中国住房发展报告（2014~2015）
著(编)者:倪鹏飞　2014年12月出版 / 定价:79.00元

资本市场蓝皮书
中国场外交易市场发展报告（2015）
著(编)者:高峦　2015年8月出版 / 估价:79.00元

资产管理蓝皮书
中国资产管理行业发展报告（2015）
著(编)者:智信资产管理研究院　2015年6月出版 / 定价:89.00元

文化传媒类

传媒竞争力蓝皮书
中国传媒国际竞争力研究报告（2015）
著(编)者:李本乾　2015年9月出版 / 估价:88.00元

传媒蓝皮书
中国传媒产业发展报告（2015）
著(编)者:崔保国　2015年5月出版 / 定价:98.00元

传媒投资蓝皮书
中国传媒投资发展报告（2015）
著(编)者:张向东　2015年7月出版 / 估价:89.00元

动漫蓝皮书
中国动漫产业发展报告（2015）
著(编)者:卢斌 郑玉明 牛兴侦　2015年7月出版 / 估价:79.00元

非物质文化遗产蓝皮书
中国非物质文化遗产发展报告（2015）
著(编)者:陈平　2015年5月出版 / 定价:98.00元

广电蓝皮书
中国广播电影电视发展报告（2015）
著(编)者:杨明品　2015年7月出版 / 估价:98.00元

广告主蓝皮书
中国广告主营销传播趋势报告（2015）
著(编)者:黄升民　2015年7月出版 / 估价:148.00元

国际传播蓝皮书
中国国际传播发展报告（2015）
著(编)者:胡正荣 李继东 姬德强
2015年7月出版 / 估价:89.00元

国家形象蓝皮书
2015年国家形象研究报告
著(编)者:张昆　2015年7月出版 / 估价:79.00元

纪录片蓝皮书
中国纪录片发展报告（2015）
著(编)者:何苏六　2015年9月出版 / 估价:79.00元

科学传播蓝皮书
中国科学传播报告（2015）
著(编)者:詹正茂　2015年7月出版 / 估价:69.00元

两岸文化蓝皮书
两岸文化产业合作发展报告（2015）
著(编)者:胡惠林 李保宗　2015年7月出版 / 估价:79.00元

媒介与女性蓝皮书
中国媒介与女性发展报告（2015）
著(编)者:刘利群　2015年8月出版 / 估价:69.00元

全球传媒蓝皮书
全球传媒发展报告（2015）
著(编)者:胡正荣　2015年12月出版 / 估价:79.00元

少数民族非遗蓝皮书
中国少数民族非物质文化遗产发展报告（2015）
著(编)者:肖远平　柴立　2015年6月出版 / 定价:128.00元

世界文化发展蓝皮书
世界文化发展报告（2015）
著(编)者:张庆宗　高乐田　郭熙煌
2015年7月出版 / 估价:89.00元

视听新媒体蓝皮书
中国视听新媒体发展报告（2015）
著(编)者:袁同楠　2015年7月出版 / 定价:98.00元

文化创新蓝皮书
中国文化创新报告（2015）
著(编)者:于平 傅才武　2015年7月出版 / 估价:79.00元

文化建设蓝皮书
中国文化发展报告（2015）
著(编)者:江畅 孙伟平 戴茂堂
2016年4月出版 / 估价:138.00元

文化科技蓝皮书
文化科技创新发展报告（2015）
著(编)者:于平 李凤亮　2015年10月出版 / 估价:89.00元

文化蓝皮书
中国文化产业供需协调检测报告（2015）
著(编)者:王亚南 2015年2月出版 / 定价:79.00元

文化蓝皮书
中国文化消费需求景气评价报告（2015）
著(编)者:王亚南 2015年2月出版 / 定价:79.00元

文化蓝皮书
中国文化产业发展报告（2015）
著(编)者:张晓明 王家新 章建刚
2015年7月出版 / 估价:79.00元

文化蓝皮书
中国公共文化投入增长测评报告(2015)
著(编)者:王亚南　2014年12月出版 / 定价:79.00元

文化蓝皮书
中国文化政策发展报告（2015）
著(编)者:傅才武 宋文玉 燕东升
2015年9月出版 / 估价:98.00元

文化品牌蓝皮书
中国文化品牌发展报告（2015）
著(编)者:欧阳友权　2015年4月出版 / 定价:89.00元

文化遗产蓝皮书
中国文化遗产事业发展报告（2015）
著(编)者:刘世锦　2015年12月出版 / 估价:89.00元

文学蓝皮书
中国文情报告（2014~2015）
著(编)者:白烨　2015年5月出版 / 定价:49.00元

新媒体蓝皮书
中国新媒体发展报告No.6（2015）
著(编)者:唐绪军　2015年7月出版 / 定价:79.00元

新媒体社会责任蓝皮书
中国新媒体社会责任研究报告（2015）
著(编)者:钟瑛　2015年10月出版 / 估价:79.00元

移动互联网蓝皮书
中国移动互联网发展报告（2015）
著(编)者:官建文　2015年6月出版 / 定价:79.00元

舆情蓝皮书
中国社会舆情与危机管理报告（2015）
著(编)者:谢耘耕　2015年8月出版 / 估价:98.00元

地方发展类

安徽经济蓝皮书
芜湖创新型城市发展报告（2015）
著(编)者:杨少华 王开玉　2015年7月出版 / 估价:69.00元

安徽蓝皮书
安徽社会发展报告（2015）
著(编)者:程桦　2015年4月出版 / 定价:89.00元

安徽社会建设蓝皮书
安徽社会建设分析报告（2015）
著(编)者:黄家海 王开玉 蔡宪　2015年7月出版 / 估价:69.00元

澳门蓝皮书
澳门经济社会发展报告（2014~2015）
著(编)者:吴志良 郝雨凡　2015年5月出版 / 定价:79.00元

北京蓝皮书
北京公共服务发展报告（2014~2015）
著(编)者:施昌奎　2015年1月出版 / 定价:69.00元

北京蓝皮书
北京经济发展报告（2014~2015）
著(编)者:杨松　2015年6月出版 / 定价:79.00元

北京蓝皮书
北京社会治理发展报告（2014~2015）
著(编)者:殷星辰　2015年6月出版 / 定价:79.00元

北京蓝皮书
北京文化发展报告（2014~2015）
著(编)者:李建盛　2015年5月出版 / 定价:79.00元

北京蓝皮书
北京社会发展报告（2015）
著(编)者:缪青　2015年7月出版 / 估价:79.00元

北京蓝皮书
北京社区发展报告（2015）
著(编)者:于燕燕　2015年1月出版 / 定价:79.00元

北京旅游绿皮书
北京旅游发展报告（2015）
著(编)者:北京旅游学会　2015年7月出版 / 估价:88.00元

北京律师蓝皮书
北京律师发展报告（2015）
著(编)者:王隽　2015年12月出版 / 估价:75.00元

北京人才蓝皮书
北京人才发展报告（2015）
著(编)者:于淼　2015年7月出版 / 估价:89.00元

北京社会心态蓝皮书
北京社会心态分析报告（2015）
著(编)者:北京社会心理研究所　2015年7月出版 / 估价:69.00元

北京社会组织管理蓝皮书
北京社会组织发展与管理（2015）
著(编)者:黄江松　2015年4月出版 / 定价:78.00元

北京养老产业蓝皮书
北京养老产业发展报告（2015）
著(编)者:周明明　冯喜良　2015年4月出版 / 定价:69.00元

滨海金融蓝皮书
滨海新区金融发展报告（2015）
著(编)者:王爱俭 张锐钢　2015年9月出版 / 估价:79.00元

城乡一体化蓝皮书
中国城乡一体化发展报告（北京卷）（2014~2015）
著(编)者:张宝秀 黄序　2015年5月出版 / 定价:79.00元

创意城市蓝皮书
北京文化创意产业发展报告（2015）
著(编)者:张京成　2015年11月出版 / 估价:65.00元

创意城市蓝皮书
无锡文化创意产业发展报告（2015）
著(编)者:谭军 张鸣年　2015年10月出版 / 估价:75.00元

创意城市蓝皮书
武汉市文化创意产业发展报告（2015）
著(编)者:袁堃 黄永林　2015年11月出版 / 估价:85.00元

创意城市蓝皮书
重庆创意产业发展报告（2015）
著(编)者:程宇宁　2015年7月出版 / 估价:89.00元

创意城市蓝皮书
青岛文化创意产业发展报告（2015）
著(编)者:马达 张丹妮　2015年7月出版 / 估价:79.00元

福建妇女发展蓝皮书
福建省妇女发展报告（2015）
著(编)者:刘群英　2015年10月出版 / 估价:58.00元

甘肃蓝皮书
甘肃舆情分析与预测（2015）
著(编)者:陈双梅　郝树声　2015年1月出版 / 定价:79.00元

甘肃蓝皮书
甘肃文化发展分析与预测（2015）
著(编)者:安文华　周小华　2015年1月出版 / 定价:79.00元

甘肃蓝皮书
甘肃社会发展分析与预测（2015）
著(编)者:安文华　包晓霞　2015年1月出版 / 定价:79.00元

甘肃蓝皮书
甘肃经济发展分析与预测（2015）
著(编)者:朱智文 罗哲　2015年1月出版 / 定价:79.00元

甘肃蓝皮书
甘肃县域经济综合竞争力评价（2015）
著(编)者:刘进军　2015年7月出版 / 估价:69.00元

甘肃蓝皮书
甘肃县域社会发展评价报告（2015）
著(编)者:刘进军　柳民　王建兵　2015年1月出版 / 定价:79.00元

广东蓝皮书
广东省电子商务发展报告（2015）
著(编)者:程晓　2015年12月出版 / 估价:69.00元

广东蓝皮书
广东社会工作发展报告（2015）
著(编)者:罗观翠　2015年7月出版 / 估价:89.00元

广东社会建设蓝皮书
广东省社会建设发展报告（2015）
著(编)者:广东省社会工作委员会　2015年10月出版 / 估价:89.00元

广东外经贸蓝皮书
广东对外经济贸易发展研究报告（2014~2015）
著(编)者:陈万灵　2015年5月出版 / 定价:89.00元

广西北部湾经济区蓝皮书
广西北部湾经济区开放开发报告（2015）
著(编)者:广西北部湾经济区规划建设管理委员会办公室
广西社会科学院广西北部湾发展研究院
2015年8月出版 / 估价:79.00元

广州蓝皮书
广州社会保障发展报告（2015）
著(编)者:蔡国萱　2015年7月出版 / 估价:65.00元

广州蓝皮书
2015年中国广州社会形势分析与预测
著(编)者:张强 陈怡霓 杨秦　2015年6月出版 / 定价:79.00元

广州蓝皮书
广州经济发展报告（2015）
著(编)者:李江涛 朱名宏　2015年7月出版 / 估价:69.00元

广州蓝皮书
广州商贸业发展报告（2015）
著(编)者:李江涛 王旭东 荀振英　2015年7月出版 / 估价:69.00元

广州蓝皮书
2015年中国广州经济形势分析与预测
著(编)者:庾建设 沈奎 谢博能
2015年6月出版 / 定价:79.00元

广州蓝皮书
中国广州文化发展报告（2015）
著(编)者:徐俊忠 陆志强 顾涧清
2015年7月出版 / 估价:69.00元

广州蓝皮书
广州农村发展报告（2015）
著(编)者:李江涛 汤锦华　2015年8月出版 / 估价:69.00元

广州蓝皮书
中国广州城市建设与管理发展报告（2015）
著(编)者:董皞 冼伟雄　2015年7月出版 / 估价:69.00元

广州蓝皮书
中国广州科技和信息化发展报告（2015）
著(编)者:邹采荣 马正勇 冯元
2015年7月出版 / 估价:79.00元

广州蓝皮书
广州创新型城市发展报告（2015）
著(编)者:李江涛 2015年7月出版 / 估价:69.00元

广州蓝皮书
广州文化创意产业发展报告（2015）
著(编)者:甘新 2015年8月出版 / 估价:79.00元

广州蓝皮书
广州志愿服务发展报告（2015）
著(编)者:魏国华 张强 2015年9月出版 / 估价:69.00元

广州蓝皮书
广州城市国际化发展报告（2015）
著(编)者:朱名宏 2015年9月出版 / 估价:59.00元

广州蓝皮书
广州汽车产业发展报告（2015）
著(编)者:李江涛 杨再高 2015年9月出版 / 估价:69.00元

贵州房地产蓝皮书
贵州房地产发展报告（2015）
著(编)者:武廷方 2015年6月出版 / 定价:89.00元

贵州蓝皮书
贵州人才发展报告（2015）
著(编)者:于杰 吴大华 2015年7月出版 / 估价:69.00元

贵州蓝皮书
贵安新区发展报告（2014）
著(编)者:马长青 吴大华 2015年4月出版 / 定价:69.00元

贵州蓝皮书
贵州社会发展报告（2015）
著(编)者:王兴骥 2015年5月出版 / 定价:79.00元

贵州蓝皮书
贵州法治发展报告（2015）
著(编)者:吴大华 2015年5月出版 / 定价:79.00元

贵州蓝皮书
贵州国有企业社会责任发展报告（2015）
著(编)者:郭丽 2015年10月出版 / 估价:79.00元

海淀蓝皮书
海淀区文化和科技融合发展报告（2015）
著(编)者:孟景伟 陈名杰 2015年7月出版 / 估价:75.00元

海峡西岸蓝皮书
海峡西岸经济区发展报告（2015）
著(编)者:黄端 2015年9月出版 / 估价:65.00元

杭州都市圈蓝皮书
杭州都市圈发展报告（2015）
著(编)者:董祖德 沈翔 2015年7月出版 / 估价:89.00元

杭州蓝皮书
杭州妇女发展报告（2015）
著(编)者:魏颖 2015年4月出版 / 定价:79.00元

河北经济蓝皮书
河北省经济发展报告（2015）
著(编)者:马树强 金浩 刘兵 张贵 2015年3月出版 / 定价:89.00元

河北蓝皮书
河北经济社会发展报告（2015）
著(编)者:周文夫 2015年1月出版 / 定价:79.00元

河北食品药品安全蓝皮书
河北食品药品安全研究报告（2015）
著(编)者:丁锦霞 2015年6月出版 / 定价:79.00元

河南经济蓝皮书
2015年河南经济形势分析与预测
著(编)者:胡五岳 2015年2月出版 / 定价:69.00元

河南蓝皮书
河南城市发展报告（2015）
著(编)者:谷建全 王建国 2015年3月出版 / 定价:79.00元

河南蓝皮书
2015年河南社会形势分析与预测
著(编)者:刘道兴 牛苏林 2015年4月出版 / 定价:69.00元

河南蓝皮书
河南工业发展报告（2015）
著(编)者:龚绍东 赵西三 2015年1月出版 / 定价:79.00元

河南蓝皮书
河南文化发展报告（2015）
著(编)者:卫绍生 2015年3月出版 / 定价:79.00元

河南蓝皮书
河南经济发展报告（2015）
著(编)者:喻新安 2014年12月出版 / 定价:79.00元

河南蓝皮书
河南法治发展报告（2015）
著(编)者:丁同民 闫德民 2015年7月出版 / 估价:69.00元

河南蓝皮书
河南金融发展报告（2015）
著(编)者:喻新安 谷建全 2015年6月出版 / 定价:69.00元

河南蓝皮书
河南农业农村发展报告（2015）
著(编)者:吴海峰 2015年4月出版 / 定价:69.00元

河南商务蓝皮书
河南商务发展报告（2015）
著(编)者:焦锦淼 穆荣国 2015年4月出版 / 定价:88.00元

黑龙江产业蓝皮书
黑龙江产业发展报告（2015）
著(编)者:于渤 2015年9月出版 / 估价:79.00元

黑龙江蓝皮书
黑龙江经济发展报告（2015）
著(编)者:曲伟 2015年1月出版 / 定价:79.00元

黑龙江蓝皮书
黑龙江社会发展报告（2015）
著(编)者:张新颖 2015年1月出版 / 定价:79.00元

湖北文化蓝皮书
湖北文化发展报告（2015）
著(编)者:江畅　吴成国　　2015年7月出版 / 估价:89.00元

湖南城市蓝皮书
区域城市群整合
著(编)者:童中贤 韩未名　　2015年12月出版 / 估价:79.00元

湖南蓝皮书
2015年湖南电子政务发展报告
著(编)者:梁志峰　　2015年5月出版 / 定价:98.00元

湖南蓝皮书
2015年湖南社会发展报告
著(编)者:梁志峰　　2015年5月出版 / 定价:98.00元

湖南蓝皮书
2015年湖南产业发展报告
著(编)者:梁志峰　　2015年5月出版 / 定价:98.00元

湖南蓝皮书
2015年湖南经济展望
著(编)者:梁志峰　　2015年5月出版 / 定价:128.00元

湖南蓝皮书
2015年湖南县域经济社会发展报告
著(编)者:梁志峰　　2015年5月出版 / 定价:98.00元

湖南蓝皮书
2015年湖南两型社会与生态文明发展报告
著(编)者:梁志峰　　2015年5月出版 / 定价:98.00元

湖南县域绿皮书
湖南县域发展报告No.2
著(编)者:朱有志　　2015年7月出版 / 估价:69.00元

沪港蓝皮书
沪港发展报告（2014~2015）
著(编)者:尤安山　2015年4月出版 / 定价:89.00元

吉林蓝皮书
2015年吉林经济社会形势分析与预测
著(编)者:马克　2015年2月出版 / 定价:89.00元

济源蓝皮书
济源经济社会发展报告（2015）
著(编)者:喻新安　2015年4月出版 / 定价:69.00元

健康城市蓝皮书
北京健康城市建设研究报告（2015）
著(编)者:王鸿春　　2015年4月出版 / 定价:79.00元

江苏法治蓝皮书
江苏法治发展报告（2015）
著(编)者:李力 龚廷泰　　2015年9月出版 / 估价:98.00元

京津冀蓝皮书
京津冀发展报告（2015）
著(编)者:文魁 祝尔娟　　2015年4月出版 / 定价:89.00元

经济特区蓝皮书
中国经济特区发展报告（2015）
著(编)者:陶一桃　　2015年7月出版 / 估价:89.00元

辽宁蓝皮书
2015年辽宁经济社会形势分析与预测
著(编)者:曹晓峰　张晶　梁启东　2014年12月出版 / 定价:79.00元

南京蓝皮书
南京文化发展报告（2015）
著(编)者:南京文化产业研究中心　2015年12月出版 / 估价:79.00元

内蒙古蓝皮书
内蒙古反腐倡廉建设报告（2015）
著(编)者:张志华 无极　　2015年12月出版 / 估价:69.00元

浦东新区蓝皮书
上海浦东经济发展报告（2015）
著(编)者:沈开艳 陆沪根　　2015年1月出版 / 定价:69.00元

青海蓝皮书
2015年青海经济社会形势分析与预测
著(编)者:赵宗福　　2014年12月出版 / 定价:69.00元

人口与健康蓝皮书
深圳人口与健康发展报告（2015）
著(编)者:曾序春　　2015年12月出版 / 估价:89.00元

山东蓝皮书
山东社会形势分析与预测（2015）
著(编)者:张华 唐洲雁　　2015年7月出版 / 估价:89.00元

山东蓝皮书
山东经济形势分析与预测（2015）
著(编)者:张华 唐洲雁　　2015年7月出版 / 估价:89.00元

山东蓝皮书
山东文化发展报告（2015）
著(编)者:张华 唐洲雁　　2015年7月出版 / 估价:98.00元

山西蓝皮书
山西资源型经济转型发展报告（2015）
著(编)者:李志强　　2015年5月出版 / 定价:89.00元

陕西蓝皮书
陕西经济发展报告（2015）
著(编)者:任宗哲 白宽犁 裴成荣　　2015年1月出版 / 定价:69.00元

陕西蓝皮书
陕西社会发展报告（2015）
著(编)者:任宗哲 白宽犁 牛昉　　2015年1月出版 / 定价:69.00元

陕西蓝皮书
陕西文化发展报告（2015）
著(编)者:任宗哲 白宽犁 王长寿　　2015年1月出版 / 定价:65.00元

陕西蓝皮书
丝绸之路经济带发展报告（2015）
著(编)者:任宗哲 石英 白宽犁
2015年8月出版 / 估价:79.00元

上海蓝皮书
上海文学发展报告（2015）
著(编)者:陈圣来　2015年1月出版 / 定价:69.00元

上海蓝皮书
上海文化发展报告（2015）
著(编)者:荣跃明　2015年1月出版 / 定价:74.00元

上海蓝皮书
上海资源环境发展报告（2015）
著(编)者:周冯琦 汤庆合 任文伟
2015年1月出版 / 定价:69.00元

上海蓝皮书
上海社会发展报告（2015）
著(编)者:杨雄 周海旺 2015年1月出版 / 定价:69.00元

上海蓝皮书
上海经济发展报告（2015）
著(编)者:沈开艳 2015年1月出版 / 定价:69.00元

上海蓝皮书
上海传媒发展报告（2015）
著(编)者:强荧 焦雨虹 2015年1月出版 / 定价:69.00元

上海蓝皮书
上海法治发展报告（2015）
著(编)者:叶青 2015年5月出版 / 定价:69.00元

上饶蓝皮书
上饶发展报告（2015）
著(编)者:朱寅健 2015年7月出版 / 估价:128.00元

社会建设蓝皮书
2015年北京社会建设分析报告
著(编)者:宋贵伦 冯虹 2015年7月出版 / 估价:79.00元

深圳蓝皮书
深圳劳动关系发展报告（2015）
著(编)者:汤庭芬 2015年7月出版 / 估价:75.00元

深圳蓝皮书
深圳经济发展报告（2015）
著(编)者:张骁儒 2015年7月出版 / 估价:79.00元

深圳蓝皮书
深圳社会发展报告（2015）
著(编)者:叶民辉 张骁儒 2015年7月出版 / 估价:89.00元

深圳蓝皮书
深圳法治发展报告（2015）
著(编)者:张骁儒 2015年5月出版 / 定价:69.00元

四川蓝皮书
四川文化产业发展报告（2015）
著(编)者:侯水平 2015年4月出版 / 定价:79.00元

四川蓝皮书
四川企业社会责任研究报告（2014~2015）
著(编)者:侯水平 盛毅 2015年4月出版 / 定价:79.00元

四川蓝皮书
四川法治发展报告（2015）
著(编)者:郑泰安 2015年1月出版 / 定价:69.00元

四川蓝皮书
四川生态建设报告（2015）
著(编)者:李晟之 2015年4月出版 / 定价:79.00元

四川蓝皮书
四川城镇化发展报告（2015）
著(编)者:侯水平 范秋美 2015年4月出版 / 定价:79.00元

四川蓝皮书
四川社会发展报告（2015）
著(编)者:郭晓鸣 2015年4月出版 / 定价:79.00元

四川蓝皮书
2015年四川经济发展形势分析与预测
著(编)者:杨钢 2015年1月出版 / 定价:89.00元

四川法治蓝皮书
四川依法治省年度报告No.1（2015）
著(编)者:李林 杨天宗 田禾 2015年3月出版 / 定价:108.00元

天津金融蓝皮书
天津金融发展报告（2015）
著(编)者:王爱俭 杜强 2015年9月出版 / 估价:89.00元

温州蓝皮书
2015年温州经济社会形势分析与预测
著(编)者:潘忠强 王春光 金浩 2015年4月出版 / 定价:69.00元

扬州蓝皮书
扬州经济社会发展报告（2015）
著(编)者:丁纯 2015年12月出版 / 估价:89.00元

长株潭城市群蓝皮书
长株潭城市群发展报告（2015）
著(编)者:张萍 2015年7月出版 / 估价:69.00元

郑州蓝皮书
2015年郑州文化发展报告
著(编)者:王哲 2015年9月出版 / 估价:65.00元

中医文化蓝皮书
北京中医药文化传播发展报告（2015）
著(编)者:毛嘉陵 2015年5月出版 / 定价:79.00元

珠三角流通蓝皮书
珠三角商圈发展研究报告（2015）
著(编)者:林至颖 王先庆 2015年7月出版 / 估价:98.00元

国别与地区类

阿拉伯黄皮书
阿拉伯发展报告（2015）
著(编)者:马晓霖 2015年7月出版 / 估价:79.00元

北部湾蓝皮书
泛北部湾合作发展报告（2015）
著(编)者:吕余生 2015年8月出版 / 估价:69.00元

大湄公河次区域蓝皮书
大湄公河次区域合作发展报告（2015）
著(编)者:刘稚　2015年9月出版 / 估价:79.00元

大洋洲蓝皮书
大洋洲发展报告（2015）
著(编)者:喻常森　2015年8月出版 / 估价:89.00元

德国蓝皮书
德国发展报告（2015）
著(编)者:郑春荣 伍慧萍　2015年5月出版 / 定价:69.00元

东北亚黄皮书
东北亚地区政治与安全（2015）
著(编)者:黄凤志 刘清才 张慧智
2015年7月出版 / 估价:69.00元

东盟黄皮书
东盟发展报告（2015）
著(编)者:崔晓麟　2015年7月出版 / 估价:75.00元

东南亚蓝皮书
东南亚地区发展报告（2015）
著(编)者:王勤　2015年7月出版 / 估价:79.00元

俄罗斯黄皮书
俄罗斯发展报告（2015）
著(编)者:李永全　2015年7月出版 / 估价:79.00元

非洲黄皮书
非洲发展报告（2015）
著(编)者:张宏明　2015年7月出版 / 估价:79.00元

国际形势黄皮书
全球政治与安全报告（2015）
著(编)者:李慎明 张宇燕　2015年1月出版 / 定价:69.00元

韩国蓝皮书
韩国发展报告（2015）
著(编)者:刘宝全 牛林杰　2015年8月出版 / 估价:79.00元

加拿大蓝皮书
加拿大发展报告（2015）
著(编)者:仲伟合　2015年4月出版 / 定价:89.00元

拉美黄皮书
拉丁美洲和加勒比发展报告（2014~2015）
著(编)者:吴白乙　2015年5月出版 / 定价:89.00元

美国蓝皮书
美国研究报告（2015）
著(编)者:郑秉文 黄平　2015年6月出版 / 定价:89.00元

缅甸蓝皮书
缅甸国情报告（2015）
著(编)者:李晨阳　2015年8月出版 / 估价:79.00元

欧洲蓝皮书
欧洲发展报告（2015）
著(编)者:周弘　2015年7月出版 / 估价:89.00元

葡语国家蓝皮书
葡语国家发展报告（2015）
著(编)者:对外经济贸易大学区域国别研究所 葡语国家研究中心
2015年7月出版 / 估价:89.00元

葡语国家蓝皮书
中国与葡语国家关系发展报告·巴西（2014）
著(编)者:澳门科技大学　2015年7月出版 / 估价:89.00元

日本经济蓝皮书
日本经济与中日经贸关系研究报告（2015）
著(编)者:王洛林 张季风　2015年5月出版 / 定价:79.00元

日本蓝皮书
日本研究报告（2015）
著(编)者:李薇　2015年4月出版 / 定价:69.00元

上海合作组织黄皮书
上海合作组织发展报告（2015）
著(编)者:李进峰 吴宏伟 李伟
2015年9月出版 / 估价:89.00元

世界创新竞争力黄皮书
世界创新竞争力发展报告（2015）
著(编)者:李闽榕 李建平 赵新力
2015年12月出版 / 估价:148.00元

土耳其蓝皮书
土耳其发展报告（2015）
著(编)者:郭长刚 刘义　2015年7月出版 / 估价:89.00元

图们江区域合作蓝皮书
图们江区域合作发展报告（2015）
著(编)者:李铁　2015年4月出版 / 定价:98.00元

亚太蓝皮书
亚太地区发展报告（2015）
著(编)者:李向阳　2015年1月出版 / 定价:59.00元

印度蓝皮书
印度国情报告（2015）
著(编)者:吕昭义　2015年7月出版 / 估价:89.00元

印度洋地区蓝皮书
印度洋地区发展报告（2015）
著(编)者:汪戎　2015年5月出版 / 定价:89.00元

中东黄皮书
中东发展报告（2015）
著(编)者:杨光　2015年11月出版 / 估价:89.00元

中欧关系蓝皮书
中欧关系研究报告（2015）
著(编)者:周弘　2015年12月出版 / 估价:98.00元

中亚黄皮书
中亚国家发展报告（2015）
著(编)者:孙力 吴宏伟　2015年9月出版 / 估价:89.00元

中国皮书网

www.pishu.cn

发布皮书研创资讯，传播皮书精彩内容
引领皮书出版潮流，打造皮书服务平台

栏目设置：

□ 资讯：皮书动态、皮书观点、皮书数据、皮书报道、皮书发布、电子期刊

□ 标准：皮书评价、皮书研究、皮书规范

□ 服务：最新皮书、皮书书目、重点推荐、在线购书

□ 链接：皮书数据库、皮书博客、皮书微博、在线书城

□ 搜索：资讯、图书、研究动态、皮书专家、研创团队

中国皮书网依托皮书系列“权威、前沿、原创”的优质内容资源，通过文字、图片、音频、视频等多种元素，在皮书研创者、使用者之间搭建了一个成果展示、资源共享的互动平台。

自 2005 年 12 月正式上线以来，中国皮书网的 IP 访问量、PV 浏览量与日俱增，受到海内外研究者、公务人员、商务人士以及专业读者的广泛关注。

2008 年、2011 年，中国皮书网均在全国新闻出版业网站荣誉评选中获得“最具商业价值网站”称号;2012 年,获得“出版业网站百强”称号。

2014 年，中国皮书网与皮书数据库实现资源共享，端口合一，将提供更丰富的内容，更全面的服务。

皮书大事记
（2014）

☆　2014年10月，中国社会科学院2014年度皮书纳入创新工程学术出版资助名单正式公布，相关资助措施进一步落实。

☆　2014年8月，由中国社会科学院主办，贵州省社会科学院、社会科学文献出版社承办的“第十五次全国皮书年会（2014）”在贵州贵阳隆重召开。

☆　2014年8月，第二批淘汰的27种皮书名单公布。

☆　2014年7月，第五届优秀皮书奖评审会在京召开。本届优秀皮书奖首次同时评选优秀皮书和优秀皮书报告。

☆　2014年7月，第三届皮书学术评审委员会于北京成立。

☆　2014年6月，社会科学文献出版社与北京报刊发行局签订合同，将部分重点皮书纳入邮政发行系统。

☆　2014年6月，《中国社会科学院皮书管理办法》正式颁布实施。

☆　2014年4月，出台《社会科学文献出版社关于加强皮书编审工作的有关规定》《社会科学文献出版社皮书责任编辑管理规定》《社会科学文献出版社关于皮书准入与退出的若干规定》。

☆　2014年1月，首批淘汰的44种皮书名单公布。

☆　2014年1月，“2013(第七届)全国新闻出版业网站年会”在北京举办，中国皮书网被评为“最具商业价值网站”。

☆　2014年1月,社会科学文献出版社在原皮书评价研究中心的基础上成立了皮书研究院。

皮书数据库
www.pishu.com.cn

皮书数据库三期

- 皮书数据库（SSDB）是社会科学文献出版社整合现有皮书资源开发的在线数字产品，全面收录“皮书系列”的内容资源，并以此为基础整合大量相关资讯构建而成。

- 皮书数据库现有中国经济发展数据库、中国社会发展数据库、世界经济与国际政治数据库等子库，覆盖经济、社会、文化等多个行业、领域，现有报告30000多篇，总字数超过5亿字，并以每年4000多篇的速度不断更新累积。

- 新版皮书数据库主要围绕存量+增量资源整合、资源编辑标引体系建设、产品架构设置优化、技术平台功能研发等方面开展工作，并将中国皮书网与皮书数据库合二为一联体建设，旨在以“皮书研创出版、信息发布与知识服务平台”为基本功能定位，打造一个全新的皮书品牌综合门户平台，为您提供更优质更到位的服务。

更多信息请登录

中国皮书网
http://www.pishu.cn

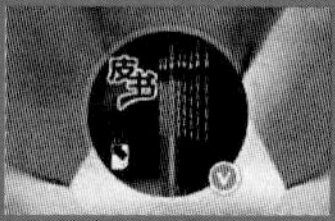

中国皮书网 http://www.pishu.cn	皮书微博 http://weibo.com/pishu	皮书博客 http://blog.sina.com.cn/pishu	皮书微信 皮书说

请到各地书店皮书专架 / 专柜购买，也可办理邮购

咨询 / 邮购电话： 010-59367028　59367070　　　**邮　　箱：** duzhe@ssap.cn
邮购地址： 北京市西城区北三环中路甲29号院3号楼华龙大厦13层读者服务中心
邮　　编： 100029
银行户名： 社会科学文献出版社
开户银行： 中国工商银行北京北太平庄支行
账　　号： 0200010019200365434
网上书店： 010-59367070　qq：1265056568
网　　址： www.ssap.com.cn　　www.pishu.cn

S 子库介绍
Sub-Database Introduction

中国经济发展数据库

涵盖宏观经济、农业经济、工业经济、产业经济、财政金融、交通旅游、商业贸易、劳动经济、企业经济、房地产经济、城市经济、区域经济等领域，为用户实时了解经济运行态势、把握经济发展规律、洞察经济形势、做出经济决策提供参考和依据。

中国社会发展数据库

全面整合国内外有关中国社会发展的统计数据、深度分析报告、专家解读和热点资讯构建而成的专业学术数据库。涉及宗教、社会、人口、政治、外交、法律、文化、教育、体育、文学艺术、医药卫生、资源环境等多个领域。

中国行业发展数据库

以中国国民经济行业分类为依据，跟踪分析国民经济各行业市场运行状况和政策导向，提供行业发展最前沿的资讯，为用户投资、从业及各种经济决策提供理论基础和实践指导。内容涵盖农业，能源与矿产业，交通运输业，制造业，金融业，房地产业，租赁和商务服务业，科学研究，环境和公共设施管理，居民服务业，教育，卫生和社会保障，文化、体育和娱乐业等 100 余个行业。

中国区域发展数据库

以特定区域内的经济、社会、文化、法治、资源环境等领域的现状与发展情况进行分析和预测。涵盖中部、西部、东北、西北等地区，长三角、珠三角、黄三角、京津冀、环渤海、合肥经济圈、长株潭城市群、关中—天水经济区、海峡经济区等区域经济体和城市圈，北京、上海、浙江、河南、陕西等 34 个省份及中国台湾地区。

中国文化传媒数据库

包括文化事业、文化产业、宗教、群众文化、图书馆事业、博物馆事业、档案事业、语言文字、文学、历史地理、新闻传播、广播电视、出版事业、艺术、电影、娱乐等多个子库。

世界经济与国际政治数据库

以皮书系列中涉及世界经济与国际政治的研究成果为基础，全面整合国内外有关世界经济与国际政治的统计数据、深度分析报告、专家解读和热点资讯构建而成的专业学术数据库。包括世界经济、世界政治、世界文化、国际社会、国际关系、国际组织、区域发展、国别发展等多个子库。